dtv

Erich Kästner
und der Film

Von Ingo Tornow

W0074670

Erich Kästner und der Film

Mit den Songtexten Kästners aus
›Die Koffer des Herrn O.F.‹

Von Ingo Tornow

Deutscher Taschenbuch Verlag

Originalausgabe
Dezember 1998
Deutscher Taschenbuch Verlag GmbH & Co. KG, München
© 1998 Deutscher Taschenbuch Verlag, München
Umschlagkonzept: Balk & Brumshagen
Umschlagbild: Kästner und Josef von Baky mit Jutta und Isa Günther
bei den Dreharbeiten zu »Das doppelte Lottchen« (1950)
Abb. S. 3: Erich Kästner signiert sein »Doppeltes Lottchen«
für einige zum Casting eingeladene Zwillingspaare
© für beide Abbildungen: Erich Kästner Archiv
(Nachlaß Luiselotte Enderle) RA Peter Beisler, München
Layout und Satz: Stephan Schöll, München
Gesetzt aus der Garamond und Künstler Script
Reproduktion: Menrath Reproduktion, Weilheim i. Obb.
Druck und Bindung: Appl, Wemding
Gedruckt auf säurefreiem, chlorfrei gebleichtem Papier
Printed in Germany • ISBN 3-423-12611-6

Inhalt

Warum Kästner
für Filmfans?

In den fünfziger Jahren konnte man Kästners Konterfei noch auf Film-Fanpostkarten verkaufen. Heute muß man erklären, wie man dazu kommt, von einem Schriftsteller, dessen wichtigster Werkaspekt - abgesehen von seinen Kinderbüchern - die Lyrik und die Essayistik sind, eine kommentierte Filmographie zu erstellen. Doch Kästner ist nicht nur einer der meistverfilmten deutschen Autoren, sondern er hat selbst die Drehbuchfassung vieler seiner Bücher geschrieben und auch einige Originalstoffe geliefert. Sein Name ist mit einer ganzen Reihe von Höhepunkten des deutschen Films verbunden, zu denen schon die erste Kästner-Verfilmung gehört, die bis heute wohl im-mer noch berühmteste: EMIL UND DIE DETEKTIVE aus dem Jahre 1931. Außerdem hat Kästner das Drehbuch zum Jubiläumsfilm der UFA (MÜNCHHAUSEN, 1942) verfaßt, dem vielleicht besten, zumindest aber berühmtesten phantastischen Film, der in Deutschland entstand.

Kästner auf einer Fan-Postkarte zu »Das fliegende Klassenzimmer« von 1954 (in der Schlußszene des Films im Hofgarten-Café in München).

Der erste »Deutsche Filmpreis« wurde 1951 an eine Kästner-Verfilmung vergeben, DAS DOPPELTE LOTTCHEN, ebenso wie die Drehbuchprämie an den Drehbuchautor dieses Films ging - an Erich Kästner. Der bedeutendste deutsche Komödienregisseur der Nachkriegszeit, Kurt Hoffmann, hat von keinem anderen Autor so viele Werke verfilmt wie von Kästner, meist in Zusammenarbeit mit dem Autor (sieht man allerdings die Auswahl, wirft das auf Hoffmann wie auf die filmische Kästner-Rezeption ein bezeichnendes Licht; doch davon später).

Schließlich entstand der erste abendfüllende deutsche Zeichentrickfilm in Farbe nach einem Kästnerbuch (DIE KONFERENZ DER TIERE, 1969), und noch in den achtziger Jahren verbuchte der Neue Deutsche Film mit einer Kästner-Verfilmung einen seiner größten Kassenerfolge (FABIAN, 1980). Kästner-Bücher wurden in den USA, in Großbritannien, Frankreich, Schweden, Japan, Brasilien, der Tschechoslowakei und

Ungarn verfilmt und zumindest die frühen deutschen Kästnerfilme in aller Welt gezeigt.

Und bis in unsere Tage erstreckt sich für Filmfreunde die Faszination des Autors Kästner, zumindest des Kinderbuchautors, wie die Neuverfilmungen des DOPPELTEN LOTTCHEN und von PÜNKTCHEN UND ANTON in jüngster Zeit beweisen. Die Faszination des Erwachsenenautors reicht zumindest so weit, daß eine der Verfilmungen von DREI MÄNNER IM SCHNEE (meist natürlich die von Kurt Hoffmann) für das Deutsche Fernsehen fast genauso unverrückbar zum Heiligabend gehört wie Freddy Frintons ›Dinner For One‹ zu Silvester.

Doch wie schon angedeutet, Kästner hat mit dem Film nicht nur als Autor von Vorlagen zu tun, er war der Filmwirtschaft als Ideengeber und Drehbuchautor während seiner gesamten aktiven Laufbahn manchmal mehr, manchmal weniger eng verbunden. Angesichts des Gewichts, das der filmische Aspekt in der Biographie Kästners hat, erstaunt es, daß dieser Aspekt in den Arbeiten über Kästner immer zu kurz kommt, ja beinahe ganz ausgeblendet wird. Einige pauschale Hinweise, oft genug auf die Zeittafel beschränkt und, wenn sie ausführlicher sind, mit Klischees und falschen Daten befrachtet, sind meist alles.

Der MÜNCHHAUSEN wird fast immer erwähnt, aber nur als biographische Tatsache. Manchmal wird er als Arbeit im Interesse des Regimes verunglimpft, aber nirgends wird der künstlerische Wert des Drehbuchs, das immerhin seit 1959 gedruckt vorliegt, gewürdigt oder eine Einschätzung seiner Bedeutung für den Wert dieses epochalen Films unternommen, geschweige denn, daß man versucht hätte, die Bedeutung von Kästners anderen Arbeiten für den Film, die Qualität der Kästner-Verfilmungen gemessen am literarischen Werk des Autors und ihren Stellenwert in der Kästner-Rezeption einzuschätzen. Kästner-Verfilmungen dienen vielmehr meist als unkritischer Beleg dafür, wie beliebt der Autor war (und ist) und welche Verbreitung seine Werke hatten (und haben).

Einen ersten Versuch einer kritischen Würdigung des filmischen Schaffens Erich Kästners und der filmischen Kästner-Re-zeption stellt dieses Buch dar. Es ist keine Kästner-Biographie. Kenntnisse von Kästners Leben und literarischem Werk werden weitgehend vorausgesetzt. Für eine weitergehende Beschäftigung damit sei auf die im Literaturverzeichnis aufgeführten grundlegenden Arbeiten von Enderle, Beutler, Kiesel, Bemmann, Schneyder, Görtz/Sarkowicz und Hanuschek verwiesen.

Erich Kästners Verhältnis zum Film

Bereits seit August 1927, noch vor dem Entstehen seines ersten Romans EMIL UND DIE DETEKTIVE (1929), seines ersten verfilmbaren Werks also, und unmittelbar nach seiner Übersiedlung von Leipzig nach Berlin, verhandelte Kästner mit Reinhold Schünzel über zwei Filmstoffe, für die dieser sich offenbar auch interessierte, die aber nicht realisiert wurden. Ob Schünzel das Interesse wieder verlor oder ob die von Kästner erwähnten Herren in den Vorstandsetagen der UFA die Zustimmung versagten, ist nicht auszumachen.[2]

Bei diesen frühen Kontakten war Kästner noch voller Mißtrauen, ausgenutzt zu werden, aber auch sehr realistisch. Er wollte Schünzel vorschlagen, den »Tartarin« von Daudet zu spielen, war aber besorgt, für die Idee nicht honoriert zu werden: »...wie soll ich's andrehen, daß sie mich dabei nicht veräppeln? Denn der Vorschlag ist viel Geld wert. Man muß den Einfall eben *haben* ! Nachher sagen sie: Jaja, kleiner Kästner, das hatten wir schon lange vor! Und ich stehe da mit dem dicken Koppe!« schrieb er an seine Mutter.[3] Wenig später schrieb er: »Bis Montag soll ich ihm (Schünzel, d. Verf.) bißchen was erzählen, wie ich mir einiges in dem Film denke.

»Wenn ich Stücke schreiben dürfte, wäre mir das ja noch lieber, als mich mit Filmleuten rumzuärgern.«[1]

Also umsonst arbeiten. Bis ich den Betrieb richtig kenne, laß ich mir das vielleicht gefallen. Dann aber kostet jedes Husten einen Taler.«[4]

So richtig zum Husten kam Kästner erst 1931. Da arbeitete er kurz nacheinander an vier Filmen mit. Die UFA interessierte sich für die Verfilmung von EMIL UND DIE DETEKTIVE, und er schrieb mit Emmerich Preßburger einen Drehbuchentwurf. Für Max Ophüls' Filmdebüt, wie damals üblich ein Kurzfilm als Gesellenstück, lieferte er unter dem Titel DANN SCHON LIEBER LEBERTRAN eine Idee und wurde zusammen mit Preßburger, mit dem er damals kurzzeitig ein regelrechtes Team gebildet zu haben scheint[5], mit der Abfassung des Drehbuchs betraut. Schließlich erarbeiteten die beiden die Endfassung des Drehbuchs für DAS EKEL von Franz Wenzler und Eugen Schüfftan, für Kästner eine reine Auftragsarbeit, die Bearbeitung eines fremden Stoffes (des Theaterstücks »Der Igel« von Hans Reimann und Toni Impekoven). Eigenes brachte er wiederum in den Film DIE KOFFER DES HERRN O.F. von Alexis Granowsky ein: Er schrieb die Chansons.

Kästner scheint sich mit der Arbeit beim Film nicht gerade identifiziert zu haben. Drehbuchschreiben war ihm »rasch verdientes Geld«[6], aber auch die

Möglichkeit, bei der ganz selbstverständlich ange-strebten, von seiner Geschäftstüchtigkeit zeugenden Mehrfachverwertung seiner Bücher und der Realisie-rung seiner Ideen einen gewissen Einfluß auf die Umsetzung zu behalten. Darauf wird bei der Bespre-chung der Filme EMIL UND DIE DETEKTIVE und PÜNKTCHEN UND ANTON noch näher einzugehen sein. Für etwas anderes als diese Umsetzungsfragen scheint sich Kästner nicht sonderlich interessiert zu haben. Von einem Besuch bei den Dreharbeiten zum EMIL-Film schrieb er der Mutter: »...es war so langweilig, das Dabeistehen! Ehe allemal so eine Einstellung gedreht ist, kann man einschlafen. Das wäre kein Beruf für mich.«[7]

Nach der Machtübernahme durch die Nationalsozialisten wurde Kästner mit Schreib-verbot belegt. Später erlaubte man ihm wenig-stens das Publizieren im Ausland. Die vorher so vir-tuos beherrschte Mehrfachverwertung seiner Stoffe wurde zur Notwendigkeit. Seine Kontakte zu Film-kreisen sollten sich noch in mancher Hinsicht als wertvoll erweisen. Vorläufig aber lief nur der EMIL-Film, mit sehr großem Erfolg, noch bis 1937. Im Dezember 1933 verhandelte Kästner mit R.A. Stemmle über die Verfilmung des FLIEGENDEN KLASSENZIMMERS, zu der Stemmle entschlossen schien, »obwohl die Firmen meinen Namen nicht gern hören«, wie Kästner untertreibend an die Mut-ter schrieb.[8] Sie hörten seinen Namen wohl allzu ungern, denn aus dem Projekt wurde nichts. 1934 und 1935 konnte er immerhin auch die Filmrechte an seinen im Ausland erschienenen humoristischen Romanen DREI MÄNNER IM SCHNEE und DIE VER-SCHWUNDENE MINIATUR ins Ausland verkaufen. Tatsächlich verfilmt wurde nur DREI MÄNNER IM SCHNEE, und zwar in Schweden (STACK-ARS MILJONÄRER) und in den USA (PARADISE FOR THREE). Dennoch zahlte die Filmgesellschaft MGM noch nach Kriegsausbruch auch das Honorar für DIE VERSCHWUNDENE MINIATUR. Für Kästner war dies eine Finanzspritze zur rechten Zeit, da sich seit 1938 in dem Maße, in dem sich das Deutsche Reich immer weitere Teile Europas einverleibte, der Raum verkleinerte, in dem seine Bücher verkauft wer-den konnten.

In größer werdender wirtschaftlicher Not kam 1941 ein Angebot sehr gelegen, das Drehbuch für den Jubiläumsfilm der UFA zu schreiben. Zu die-sem Zwecke wurde am 25.7.1942 das über den Autor verhängte Schreibverbot partiell, beschränkt auf Drehbucharbeiten, aufgehoben. Bewirkt hatte dies vermutlich der Herstellungsgruppenleiter bei der UFA Eberhard Schmidt, der mit Kästner befreundet war. Der damalige Leiter der Filmabteilung im Propagandaministerium und spätere Reichsfilmintendant Fritz Hippler hat sich in seinem Erinnerungsbuch »Die Verstrickung« die Auswahl Kästners selbst an die Fahnen geheftet[9] und Kästner hat in einem im Anhang des gleichen Buches abgedruckten, 1947 ausgestellten »Persilschein« für Hippler dessen maßgebliche Rolle bei seiner Auswahl bestätigt. Zum Zeitpunkt der Aufhebung des Schreibverbots hatte Kästner den ersten Entwurf des Drehbuchs übrigens schon beendet, und er war auch für andere Arbeiten im Gespräch.[10]

Eine Zeit fieberhafter Tätigkeit für den Film begann, intensiver als 1930/31, als Kästner ja im Hauptberuf noch Schriftsteller war. Er arbeitete nicht nur weiter am Drehbuch zum MÜNCHHAUSEN, dem erwähnten UFA-Jubiläumsfilm, sondern schrieb auch, nach seinem 1938 entstandenen Roman GEORG UND DIE ZWISCHENFÄLLE, das Buch zu der unbeschwerten Filmkomödie DER KLEINE GRENZVERKEHR. Fast gleichzeitig überarbeitete er das Drehbuch zu einem Heinz-Rühmann-Film, dessen Titel er nicht nennt, bei dem es sich aber um ICH VERTRAUE DIR MEINE FRAU AN handeln muß - Kästners erster Kontakt mit Kurt Hoffmann, seinem späteren Hausregisseur. Ferner verfaßte er ein Filmtreatment DAS DOPPELTE LOTTCHEN, für das sich der Regisseur des MÜNCHHAUSEN, Josef von Baky, interessierte, das aber erst nach dem Krieg (zunächst zum Roman) ausgearbeitet und verfilmt

werden konnte. Dazwischen standen Verhandlungen über verschiedene Projekte, u.a. mit der österreichischen Wien-Film. Emil Jannings und Jenny Jugo trugen ihm Stoffe zur Ausarbeitung an. Jannings sagte er ab, Jenny Jugo schlug er, anstelle des von ihr favorisierten Sujets, »Turandot« vor. Der Stoff wurde akzeptiert, die Realisierung aber aus Kostengründen aufs nächste Jahr verschoben und dann, nach dem erneuerten Schreibverbot für Kästner, wohl endgültig ad acta gelegt.[11]

Von den Planungen mit Jenny Jugo berichtet Kästner in seinem Tagebuch NOTABENE 45 eine groteske Episode.[12] Man habe ihm angetragen, eine Filmkomödie mit einer Doppelrolle für die Jugo zu schreiben. Er aber habe kein Interesse an dieser Aufgabe gehabt und, um sich herauszuwinden, erklärt, »daß Filmdoppelrollen unweigerlich von gleichen und ähnlichen Lustspielsituationen lebten«. Um diese zu vermeiden und hinterher nicht als Plagiator dazustehen, müsse er unbedingt zu Vergleichszwecken den Film »The Twofaced Woman« mit Greta Garbo (nach 1945 in Deutschland unter dem Titel »Die Frau mit den zwei Gesichtern« gezeigt) sehen, der damals in Zürich lief. Damit habe er die Sache als erledigt angesehen, da man kaum einen suspekten Autor mitten im Krieg ins neutrale Ausland reisen lassen werde. Sehr zu seiner Überraschung habe er wenig später die Genehmigung und die entsprechenden Papiere bekommen und den Film tatsächlich zusammen mit Jenny Jugo und Eberhard Klagemann (dem Produzenten vieler Jugo-Filme) in einer Separatvorführung in Zürich gesehen.[13] Das Drehbuch habe er wegen des erneuerten Schreibverbots dann doch nicht zu schreiben brauchen.

Am 14.1.1943 war nämlich überraschend die partielle Schreiberlaubnis wieder aufgehoben und das Publikationsverbot auch auf das Ausland ausgedehnt worden. Luiselotte Enderle, Kästners langjährige Lebensgefährtin, meint in ihrer Kästner-Biographie, Hitler selbst habe, als er von Kästners Autorschaft am MÜNCHHAUSEN erfuhr, das Verbot befohlen.[14] Kästner gibt in NOTABENE 45 als Grund an, die Reichsschrifttumskammer habe bei der Reichsfilmkammer interveniert.[15]

Aus dieser Zeit stammt auch das in der Kapitelüberschrift angeführte Zitat, einem Brief an die Mutter entnommen.[16] Es deutet darauf hin, daß Kästner bei allem Engagement und bei aller kritischen Anteilnahme die Arbeit für den Film auch jetzt nur als einen Notnagel ansah, entstanden aus der wirtschaftlichen Zwangssituation und der wachsenden Schwierigkeit, sich schriftstellerisch zu betätigen.

Möglicherweise lebensrettend waren für Kästner seine Kontakte zur Filmwirtschaft gegen Kriegsende. Eberhard Schmidt nahm ihn, mit falschen Papieren, in einem Filmteam um Regisseur Harald Braun mit, das sich Mitte März 1945 zu angeblichen Dreharbeiten aus dem bedrohten Berlin nach Mayrhofen in Tirol absetzte. Mit leeren Kameras wurde »Filmarbeit« gespielt, während das kostbare Zelluloid für die Zeit nach dem Krieg aufbewahrt wurde. Der Titel des nur scheinbar realisierten Films war »Das verlorene Gesicht« (und unter dem gleichen Titel wurde 1986 eine Fernsehdokumentation von Heinrich Breloer über Kästners Mayrhofen-Episode gesendet). Nach dem Krieg, 1948, überließ Harald Braun als Produzent Kurt Hoffmann einen Stoff, an dem er die Rechte besaß, zur Verfilmung für dessen Nachkriegsdebüt als Regisseur, ein auf einer tatsächlichen Begebenheit beruhender psychologischer Reißer um einen Fall von Persönlichkeitsspaltung mit dem Titel »Das verlorene Gesicht«. Daß es sich um denselben Stoff gehandelt haben könnte, läßt sich allenfalls vermuten.

Die Episode ist nicht nur wichtig für Kästners Biographie, sondern auch symptomatisch für die Art, wie sich viele Filmleute im Dritten Reich durchwurstelten. Die betreffende Passage aus NOTABENE 45 sei daher ausführlicher zitiert. Eberhard Schmidt erklärt Freunden, die ihm und Kästner auf der Reise nach Mayrhofen Quartier geben, wieso die Regierung, kurz vorm Zusammenbruch, Filme drehen lasse:

»Er schickte voraus, daß die UFA nicht nur seine Expedition ins schöne Zillertal ausgerüstet habe, sondern noch eine zweite Mannschaft, die einen Film in der fotogenen Lüneburger Heide verfertigen solle.[17] Beide Gruppen seien unterwegs. Mit Lastzügen, Apparaturen, Schauspielern, Regisseuren, Assistenten, Kameraleuten, Architekten, Aufnahmeleitern, Handwerkern jeder Art, Maskenbildnern, Beleuchtern, Requisiteuren, insgesamt mit über hundert Menschen. Voraussichtlich werde sich die Gesamtziffer noch erhöhen, da etliche Teilnehmer ihre Frauen und Kinder nachkommen lassen wollten. Die

Methode, beide Pläne durchzusetzen, sei denkbar einfach gewesen. Man habe ein paar konsequente Lügner beim Wort genommen, nichts weiter. Da der deutsche Endsieg feststehe, müßten deutsche Filme hergestellt werden. Es sei ein Teilbeweis für die unerschütterliche Zuversicht der obersten Führung. Und weil das Produktionsrisiko in den Filmateliers bei Berlin täglich wachse, müsse man Stoffe mit Außenaufnahmen bevorzugen. Was wäre den Mandarinen im Propagandaministerium anderes übriggeblieben, als energisch einzuwilligen? Wer A sage, müsse auch B sagen. Mit diesem alten Kniff hätten die kleinen Auguren die großen überlistet.«[18]

Schauspielerpsychogramm ALL ABOUT EVE. Seine Mitarbeit an der deutschen Fassung wurde entsprechend herausgestrichen, die (Programmheftreihe) »Illustrierte Film-Bühne« druckte seinen Namen sogar größer als den des Regisseurs. Die Kritiker bescheinigten der Übersetzung, daß sie witzig, pointiert, treffsicher und elegant sei. Wann sonst wäre jemals das Synchronisationsteam auch nur einer Erwähnung für wert gehalten worden!

Ansonsten beschränkte sich Kästners Arbeit für den Film nach dem Krieg auf das Verfassen von Drehbüchern nach eigenen Werken. Die große Zahl dieser Drehbücher beweist, wie wichtig es ihm auch weiterhin war, selbst Einfluß darauf zu nehmen, daß seine Werke adäquat umgesetzt wurden. Dies gilt auch für die Verfilmungen seiner aus der Not der Zeit im Dritten Reich entstandenen harmlos-humoristischen Romane und Stücke. Einfluß darauf, daß seine gewichtigsten, die zeitkritischen Werke, der FABIAN, die SCHULE DER DIKTATOREN zumal, verfilmt worden wären, hatte er allerdings nicht. Doch davon im letzten Kapitel.

Nach dem Krieg verlegte sich Kästner zunächst ganz auf die tagesschriftstellerische, die kabarettistische, die publizistische, die aufklärerisch-erzieherische Arbeit. Er wurde rasch einer der arriviertesten deutschen Autoren. Nur einmal noch, 1951, als die Tantiemen und Honorare noch nicht wieder so reichlich flossen, nahm er eine Brotarbeit für den Film an. Er schrieb die deutschen Dialoge für Joseph L. Mankiewicz' intelligentes

Anne Baxter, Bette Davis, Marilyn Monroe und George Sanders in »All About Eve«.

Theoretisch hat sich Kästner kaum einmal über den Film geäußert.[19] Er war ein eifriger Kinogänger, hat gelegentlich auch Filmkritiken geschrieben, weit seltener allerdings als Theaterkritiken.[20] Oft handelt es sich, von einem Filminhalt oder den Umständen eines konkreten Kinobesuchs ausgehend, um allgemeine Betrachtungen, Gattungsvergleiche oder zeitkritische Glossen. Seine Besprechungen in der Neuen Leipziger Zeitung zwischen 1927 und 1932 unter anderem über Pudowkins »Die letzten Tage von St. Petersburg« (Konjez Sankt Petersburga), Eisensteins »Zehn Tage, die die Welt veränderten« (Oktjabr), Abel Gances »Napoleon«, Buster Keatons »Der Student« (College), Dreyers »Vampyr« (L'étrange aventure de David Grey) und Whales »Frankenstein« beweisen allerdings guten Blick nicht nur für Qualität, sondern auch für das spezifisch Filmische.

1929 antwortete Kästner auf eine Umfrage der linksorientierten Zeitschrift »Die neue Bücherschau«, wie sich die jungen, progressiven Autoren[21] der Zeit ein Kino vorstellten, an dem sie gerne mitarbeiten würden. Während die meisten der zwölf befragten Autoren auf die Inhalte eingingen, die verlogene Traumfabrik kritisierten und sich mehr Wirklichkeitsnähe, quasi dokumentarisches Kino wünschten, teils Laiendarsteller, teils »natürliches Spiel« fordernd, hob Kästner auf die Produktionsbedingungen ab:

»Solange Filme wie Briketts oder Konfektionsanzüge hergestellt werden, solange erreichen gute Manuskripte, begabte Regisseure und verantwortungsbewußte Darsteller Nichts weiter, als daß sie in die Maschinerie geraten oder aufs laufende Band. Die Filmgesellschaften sind Fertigwaren-Betriebe, bei denen vorübergehende Stillegung oder Drosselung größte Defizite einbringt. Und so wird an Rohstoffen herangeschleppt, was sich nur irgend findet, auch wenn sich Nichts findet - damit kein Leerlauf entsteht.«

Die darauf folgende Betrachtung, daß die »künstlerisch gesonnenen Qualitätsarbeiter« von diesen »Filmfabriken« genauso ruiniert würden, wie die kleinen Handwerksmeister und Ladenbesitzer von den Großgesellschaften und Kaufhäusern, ist stark von der familiären Erfahrung geprägt. Kästners Vater hatte als ausgezeichneter, solider Sattlermeister seine Selbständigkeit nicht wahren können und eine Stellung in einer Kofferfabrik annehmen müssen, ein sozialer Abstieg, der für Kästners Mutter zum Trauma wurde.

Als Maßnahmen schlägt Kästner im weiteren Text vor »Säkularisierung der Filmindustrie«, Ensemblebildung, Nachwuchsstudios, Filmpreise, räumt aber realistisch ein, daß »eine solche Revolution (staatliche Einflußnahme - künstlerisches Kontrollkomitee mit finanzieller Exekutive usw.) nicht die mindeste Aussicht auf reelle Verwirklichung (hat). Die Macht, die dazu erforderlich wäre - abgesehen von der ebenso unentbehrlichen Lauterkeit - liegt in den Händen gerade der Industrie, die es zu beseitigen gilt.«

Aber auch in der Filmfabrik konnten Talente ihren Weg machen. Zur Illustration sei eine Äußerung von Max Ophüls zitiert über die Zeit seiner ersten

(Kurzfilm-)Regie für die UFA 1931, nämlich des Kästner-Stoffes DANN SCHON LIEBER LEBERTRAN:

>>Ich möchte an diesem Kreuzweg meiner Karriere nicht vorbeigehen, ohne noch einmal den Hut zu ziehen vor dem Unternehmungsgeist der deutschen UFA, vor ihrer Bereitschaft, jungen Talenten eine Chance zu gewähren. Viele europäische Kameraleute, Regisseure, Schriftsteller, Musiker, die heute in Hollywood leben, gehen in ihrer Erinnerung am selben Wegstein vorbei und machen die Augen zu. Sie wollen's nicht mehr wissen. Ich ziehe hiermit für sie alle meinen Hut.<<[22]

Und auch Kästner hatte zu dieser Zeit, wie oben gezeigt, bereits eine vielversprechende UFA-Karriere begonnen.

Kästners Forderung nach staatlicher Einflußnahme sollte nur zu bald in unlauterster Weise höchst gefährliche Wirklichkeit werden. 1945, als diese Episode vorbei war, wurde die mächtige UFA zerschlagen. Es entstanden viele kleine und kleinste Produktions- und Verleihfirmen. Die Produktion war fließbandmäßig auf Massenware ausgerichtet wie eh und je, aber jetzt war die Bereitschaft zu künstlerischen Experimenten geringer als vor 1933. Es fehlte nicht zuletzt das schützende Dach der großen UFA, unter dem man manches Wagnis eingehen konnte, ohne gleich einen Konkurs zu riskieren.

Kameramann Franz Weihmayr (links) und Regisseur Josef von Baky (Mitte) besprechen mit Kästner seinen Auftritt zu Beginn des Films »Das doppelte Lottchen«.

Kästner arbeitet mit Kurt Hoffmann am Drehbuch zu »Salzburger Geschichten«.

Kästner bei den Dreharbeiten zur Schlußszene des »Fliegenden Klassenzimmers« im Münchner Hofgarten. Links Peter Kraus als Johnny Trotz, mit dem Rücken zum Betrachter der Regisseur des Films, Kurt Hoffmann.

Kästner mit Regisseur Curt Linda und Kameramann Wolfgang Dietrich bei einem Besuch in Lindas Trickfilmstudio während der Dreharbeiten zu »Die Konferenz der Tiere«.

Originaldrehbücher und Drehbuchmitarbeit

Wie schon im vorigen Kapitel gesagt, gehen Kästners erste Aktivitäten im Filmbereich noch auf die Zeit zurück, bevor sein erstes verfilmbares literarisches Werk entstanden war. Ins Geschäft kam er aber erst mit seinem Roman EMIL UND DIE DETEKTIVE, für den er zusammen mit dem damaligen Newcomer aus Ungarn und späteren bedeutenden englischen Produzenten und Regisseur Emmerich Preßburger Anfang 1931 einen Drehbuchentwurf verfaßte. Die beiden bildeten für kurze Zeit ein (Film-) Autorenteam. Im März 1931 wurde ihnen die Überarbeitung eines Drehbuchs nach der Komödie »Der Igel« von Hans Reimann und Toni Impekoven angetragen. Bereits zwei andere Zweierteams hatten daran herumgebastelt, und Kästner war skeptisch, ob der fertige Film, der den Titel DAS EKEL trug, ihm Ehre einlegen würde. Er vereinbarte daher, daß sein Name im Vorspann nicht genannt wurde.[23]

Es geht um einen dickschädligen Haustyrannen, der durch einen Gefängnisaufenthalt, den ihm seine rechthaberische Herumstreiterei mit den Behörden einträgt, zum angenehmen Zeitgenossen wird. Der zu dieser Zeit hochberühmte Max Adalbert spielte die Hauptrolle. Der Stoff wurde noch zweimal verfilmt, 1939 ebenfalls unter dem Titel »Das Ekel« mit Hans Moser und 1958 als »Der Haustyrann« mit Heinz Erhardt und - in einer gegenüber den anderen Versionen herausgehobeneren Rolle - Grethe Weiser. Mit beiden späteren Versionen hat Kästner nichts mehr zu tun. Da die Filme sehr stark auf die Persönlichkeit und Eigenart ihrer jeweiligen Hauptdarsteller zugeschnitten sind, dürfte sich auch der Rückgriff auf das Drehbuch der Erstverfilmung in Grenzen gehalten haben.

Etwa gleichzeitig arbeitete das Team Kästner/Preßburger eine Idee Kästners zu einem Kurzfilmdrehbuch aus,

Evelyn Holt als Tochter des Ekels und Heinz Könecke als dessen vorübergehender Lieblingsfeind kommen sich sichtlich näher (»Das Ekel« 1931).

mit dem der junge Theaterregisseur Max Ophüls, der durch seine Dialogregie bei einem Anatol-Litvak-Film (»Nie wieder Liebe«) überzeugt hatte, die Chance zu seiner ersten Filmregie bekommen hatte: DANN SCHON LIEBER LEBERTRAN.

Zwei Kinder, die nicht immer so früh ins Bett gehen und keinen Lebertran mehr schlucken wollen, beten zu Gott, daß er ihre Eltern doch einmal in die Rolle der Kinder versetzen solle und umgekehrt. Der heilige Petrus, in Abwesenheit des lieben Gottes

Chef vom Dienst, erfüllt ihnen am nächsten Tag den Wunsch. Aber ihre Erfahrungen, die sie anstelle der Eltern im Büro mit aufdringlichen Steuerbeamten und streikenden Angestellten machen, läßt sie den erneuten Rollentausch sehr begrüßen. Dann schon lieber Lebertran!

Es scheint, als habe sich Kästner schon 1927 mit dem Stoff beschäftigt. In einem Brief an die Mutter stehen Andeutungen von einem Rollentausch zwischen Kindern und Eltern bei der Weihnachtsbescherung. »Der Vater kriegt eine Lokomotive, die Mutter Puppen und andres Spielzeug. Die Kinder kriegen Zigarren und Briefpapier usw. Dann tauschen sie aber, weil ihnen ihre Geschenke keinen Spaß machen.« Hier ist allerdings vom »6. Bild« eines »Stückes« die Rede.[24] Kästner hat es offenbar Leipziger Theatern als Weihnachtsstück angeboten. Es wurde aber abgelehnt.[25] Da er wenig später nach Berlin übersiedelte, mag es sein, daß er Aufführung und/oder Publikation des Stücks nicht weiterbetrieb, zumal er sich, wie im vorigen Kapitel gezeigt, schon kurz nach der Umsiedlung verstärkt den Filmkreisen zuwandte. Im Zusammenhang mit seinen Verhandlungen mit Reinhold Schünzel ist auch einmal von einem »Märchen- und Kinderfilm« die Rede, den er für Schünzel konzeptionieren wollte. Was daraus geworden ist, dazu fehlen weitere

Alfred Braun (links) als Petrus und Paul Kemp als dessen Gehilfe Michel (wohl nicht der fast gleichnamige Erzengel!) in »Dann schon lieber Lebertran«.

Hinweise. Ophüls berichtet in seiner Autobiographie[26], daß er aus dem riesigen Manuskript-Fundus der UFA, in dem er sich einen Stoff für seinen Debüt-Film habe aussuchen dürfen, ein zweiseitiges Exposé herausgekramt habe. Ob Kästner tatsächlich, gestützt auf ein Motiv seines Stückes, einen Filmstoff für Schünzel entwickelt hat, der dann aus welchen Gründen auch immer nicht verwirklicht und auf Halde gelegt wurde, kann nur vermutet werden. Und wie viele weitere Filmideen Kästners vielleicht noch im Manuskript-Fundus der UFA lagerten und von keinem Regisseur entdeckt wurden, wird sich nie mehr feststellen lassen.

Ophüls wurde ein Team von bewährten Schauspielern (in der Rolle des einen Kindes debütierte die achtjährige Hannelore Schroth, Tochter der ebenfalls mitspielenden Käthe Haack) und ein Stab von routinierten Könnern zur Seite gestellt. Eugen Schüfftan, einer der besten Kameramänner seiner Zeit, habe, so Ophüls, insgeheim den Auftrag gehabt, die Regie zu übernehmen, wenn etwas schief gehe. Aber obwohl er schon lange auf seine erste Regie gewartet habe, habe Schüfftan ihm sehr kollegial geholfen, viele seiner anfängerhaften Fehler ausgebügelt und vor dem Team verborgen.[27] Es schmälert das Verdienst dieser Kollegialität nicht, daß Ophüls sich in bezug auf Schüfftans Warten auf die erste Regie ein wenig irrte. Schüfftan hatte kurz vorher die Co-Regie bei dem oben erwähnten Film DAS EKEL geführt.

Der Film DANN SCHON LIEBER LEBERTRAN gilt heute als verschollen. Man mag sich deshalb mit Ophüls' selbstironischen Erinnerungen begnügen, in denen er das Lehrlingshafte des Films betont. Allerdings scheint DANN SCHON LIEBER LEBERTRAN ein ansehnlicher Publikumserfolg gewesen zu sein, wie Ophüls und Kästner übereinstimmend feststellen. Das ist sicher auch auf den reizvollen Stoff von Kästner zurückzuführen, und das kürzlich wiederaufgefundene Skript zum Film[28], das so reizvoll ist, wie man vermutete, läßt Kästners frühe Begabung auch auf dem Gebiet des Drehbuchschreibens erahnen, wenn auch sein Anteil im Vergleich zu dem Preßburgers nicht abzugrenzen ist.

Auch für den nächsten Film, an dem er mitarbeitete, lieferte Kästner Originalbeiträge; er schrieb die Songtexte für DIE KOFFER DES HERRN O.F. Es ist dies eine Satire über eine Wirtschaftskonjunktur mitten in der Wirtschaftskrise. In dem verschlafenen Städtchen Ostend treffen dreizehn Koffer mit den Initialen O.F. und eine Bestellung über sechs Hotelzimmer ein. Da der einzige »Hotelier« der Stadt nur fünf Zimmer hat, wirft er seine drei Gäste hinaus und läßt die Wand zu seiner Wohnung durchbrechen, um aus seinem Wohnzimmer ein sechstes Gastzimmer zu machen. Als der Lokalredakteur Stix verbreitet, die Koffer gehörten dem Millionär Oscar Flott, der sich in Ostend einzukaufen gedenke, brechen in der Stadt Gründerrausch, Spekulationsfieber und Bauwut aus. Die immer höher schlagenden Wellen der Hochkonjunktur in der Stadt führen schließlich sogar dazu, daß eine internationale Konferenz zur Untersuchung des Phänomens einberufen wird. Darüber gerät schließlich der Auslöser, O.F., der nie eingetroffen ist, in Vergessenheit. In einem Reisebüro in der

Hauptstadt wird indessen eine Sekretärin fristlos entlassen, weil sie die Koffer der Schauspielerin Olga Felden statt nach dem mondänen Ostende nach Ostend geschickt hat.

Kästners Chansons betonen das Satirisch-Kabarettistische des Films. Sie beziehen sich - mit Ausnahme des »Cabaretsongs«, eines eigenständigen, frechen Chansons, im Film von Margo Lion hinreißend vorgetragen - ganz auf das Geschehen und die Bilder des Films, haben kommentierenden Charakter und sind daher nur im Zusammenhang mit dem Film ganz verstehbar. So begleitet der Song »Kleine Ansprache« zum Beispiel im Vorspann das optische Spiel mit der Erdkugel und das Ausblenden Ostends aus einer Europakarte. Die »Barcarole« begleitet eine Traumsequenz, in der sich die Ostender ihre, dank Oscar Flott rosige, Zukunft ausmalen. Diese Abhängigkeit vom Film vor allem mag neben qualitativen Erwägungen - es handelt sich letzten Endes, selbst beim »Cabaretsong«, doch nur um routiniert gefertigte Auftragsproduktionen - Kästner bewogen haben, die Gedichte in keine seiner Werkausgaben aufzunehmen.

Den Film selbst nennen Hembus/Bandmann eine »wundervoll witzige, in sich erfüllte Vorahnung des Wartens auf Godot.«[29] Die zeitgenössische Kritik fand ihn allerdings eher unoriginell, oberflächlich und plakativ. Ludwig Marcuse monierte nach der Uraufführung in der Vossischen Zeitung, daß das notwendige Ende dieser Scheinblüte, das Platzen der Seifenblase nicht gezeigt werde. Die Notwendigkeit eines solchen Endes sahen die Autoren allerdings nicht. Sie wollten einzig zeigen, nach welch

absurden Gesetzen sich die kapitalistische Gesellschaft bewegt, wollten mit den Worten des Drehbuchautors Leo Lania »eine Wirtschaftsordnung entlarven, die den Widersinn zum ehernen Gesetz erhebt.«[30] Doch wenn auch die Komödie ein amüsantes und geistreiches Schlaglicht auf das psychologische Element im Kapitalismus, die irrationale Grundlage aller Spekulation wirft, ist der Anspruch, ein Symbol der kapitalistischen Wirtschaftsordnung zu sein, doch reichlich überzogen.

Nach 1933 wurden aus dem Film alle politischen Zeitbezüge und nach Möglichkeit alle Hinweise auf die - sehr umfassende - Mitarbeit von Juden heraus-, das verbliebene Material zu einem Kurzspielfilm umgeschnitten, der unter dem Titel »Bauen und Heiraten« in die Kinos kam. Dem fielen auch die Chansons Erich Kästners zum Opfer. Inzwischen existiert eine rekonstruierte Fassung des Deutschen Instituts für Filmkunde.

1942 scheint Kästner am Drehbuch zu ICH VERTRAUE DIR MEINE FRAU AN mitgewirkt zu haben, dem dritten gemeinsamen Film von Heinz Rühmann und Kurt Hoffmann, einer Geschichte, in der Rühmann über die eheliche Treue der Frau eines Freundes wachen soll, der ausgerechnet selbst in Sachen Seitensprünge verreist. Rühmann wird seiner Aufgabe in einem Feuerwerk von Slapstick-Situationen mit Mühe gerecht und gewinnt zum Schluß die Frau für sich selbst.

Im April und Mai 1942 schrieb Kästner mehrfach an die Mutter[31] vom Drehbuch eines Rühmann-Films, das er habe umarbeiten müssen. Als

Co-Autor nennt er (Bobby E.) Lüthge. Am 4. Juni sei Rühmann mit dem Film ins Atelier gegangen. Da Rühmann 1942 nur einen Film drehte, eben ICH VERTRAUE DIR MEINE FRAU AN, da Lüthge (neben Helmut Weiss, von dem in diesem Zusammenhang bei Kästner nicht die Rede ist) im Vorspann als Drehbuchautor genannt ist und da zudem der 4. Juni als Beginn der Dreharbeiten zu diesem Film überliefert ist[32], muß es sich bei der fraglichen Drehbuchmitarbeit Kästners um ICH VERTRAUE DIR MEINE FRAU AN handeln. Es war zugleich Kästners erste Zusammenarbeit mit Kurt Hoffmann, der in den fünfziger Jahren vier seiner Bücher verfilmte. Damals war er ihm, wie wohl auch dem Publikum, noch ein Unbekannter. »Abends beim Regisseur vom Rühmannfilm«, schrieb er am 19.4.1942 an die Mutter[33], ohne seinen Namen einer Erwähnung für wert zu halten. Sonst nennt er die Namen fast immer, selbst wenn die Mutter sie nicht kennt.

Daß Kästner im Vorspann nicht erwähnt wird, sagt weder etwas über seine Beteiligung überhaupt, noch über deren Umfang aus, da er auch im Vorspann von MÜNCHHAUSEN und DER KLEINE GRENZVERKEHR nicht erwähnt ist. Er war ein unerwünschter Autor, dessen Name verschwiegen werden mußte, auch wenn man ihm zu arbeiten gestattete. Kästner hielt sich aus Vorsicht aber auch selbst bedeckt. An die Mutter schrieb er: »Das Rühmann-Drehbuch ist vervielfältigt worden, und auf dem Titel steht: von Lüthge und Bürger (Kästners damaliges Pseudonym, das er auch für MÜNCHHAUSEN und DER KLEINE GRENZVERKEHR benutzte, d. Verf.). Obwohl ich den Brüdern ausdrücklich gesagt habe, ich wolle hierbei nicht genannt werden. Es hat doch keinen Zweck, daß dauernd der Name Bürger auftaucht! Es gibt schon Neider genug!« Und Neid zu erregen, konnte im Dritten Reich tödlich sein.

Dieses Geheimhalten der eigenen Mitarbeit deutet aber, wie im Falle des EKEL, auch darauf hin, daß Kästner die Arbeit selbst nicht sehr hoch einschätzte. Im Falle MÜNCHHAUSEN reagierte er ganz anders. Seine langjährige Sekretärin Elfriede Mechnig erzählte später, er habe die Nennung seines Pseudonyms im Vorspann auf juristischem Wege erzwingen wollen - unter den damaligen Umständen eine lebensgefährliche Tollkühnheit, von der ihn seine Freunde nur mit Mühe abbringen konnten.[34]

Der Anteil Kästners am Drehbuch läßt sich nicht mehr abschätzen. In der Handlung ist immerhin ein kleines, kästnertypisches Handlungselement identifizierbar: die bei Kästner fast schon obligate Mutter. Rühmann, der Erfinder von Geräten, die Junggesellen das Leben erleichtern sollen, wie zum Beispiel des »Mechanischen Frühstücksbrote-Streich-und-Einwickelapparats ›Mefrüstrei‹«, gibt an einer Stelle zu, daß er die Geräte eigentlich gar nicht für Junggesellen erfinde, sondern für Hausfrauen, weil ihn die Plackerei seiner Mutter im Haushalt in seiner Jugend so gerührt habe.

Stilistisch tut man sich schon schwerer, die Spuren Kästners zu finden. Bei einer Reprise 1959 sprach der Berliner Tagesspiegel von den »vor Einfalt schier überwältigende(n) Dialoge(n) von B.E. Lüthge«.[35] Ob man anders geurteilt hätte, wenn Kästners Mitautorschaft bekannt gewesen wäre? Ganz unberechtigt ist die Kritik nicht. Kästner

Heinz Rühmann stellt seine Junggesellenhilfe »Mefrüstrei« vor, die er in Wahrheit den geplagten Müttern zuliebe erfunden hat (»Ich vertraue dir meine Frau an «).

dürfte sich der Aufgabe angesichts einer verkorksten Vorlage ähnlich lustlos unterzogen haben, wie bei dem Film DAS EKEL. »Macht mir gar keinen Spaß, diese Arbeit. Ich fürchte aber, daß ich nicht drum herumkomme«, schrieb er an die Mutter.[36] Der damalige Dramaturg Alf Teichs meinte später, das Drehbuch sei zu »bühnenmäßig« gewesen, man

habe zusätzliche »optische Gags« einbauen müssen.[37] Auch das spricht nicht gerade für einen starken Anteil Kästners, der etwa gleichzeitig ein ausgesprochen filmisches Drehbuch lieferte, mit Abstand sein bedeutendstes unter denen, die nicht ein eigenes Werk umsetzten, vielleicht sein bedeutendstes überhaupt. Aber da hatte er auch den Stoff selbst vorgeschlagen und sich sehr intensiv damit beschäftigt. Gemeint ist der MÜNCHHAUSEN.

Münchhausen war der Jubiläumsfilm der UFA zu ihrem 25. Gründungsjubiläum. Ein Stoff war gefragt, der Anlaß gab, alle technischen Mittel des Films und ein Riesenstaraufgebot einzusetzen, einen repräsentativen Film zu drehen, der in erster Linie von der Leistungskraft der UFA international Zeugnis ablegte. Goebbels, dem »Schirmherrn des deutschen Films«, schwebte etwas in der Art des »Dieb von Bagdad« vor, den er kurz zuvor gesehen hatte. Zunächst war eine Verfilmung des Romans »Der tolle Bomberg« von Josef Winckler vorgesehen (der dann erst 1957 unter der Regie Rolf Thieles mit Hans Albers verfilmt wurde). Kästner, vom Herstellungsgruppenleiter Eberhard Schmidt als Drehbuchautor ins Spiel gebracht, schlug statt dessen den Münchhausen-Stoff vor und fand sofort Zustimmung.

Er bediente sich einiger Episoden aus der ungleich reichhaltigeren Sammlung von Lügengeschichten, die durch Gottfried August Bürger ihre endgültige Form und große Popularität erlangten und die wiederum ihr Vorbild haben in den Schnurren eines historischen Barons Münchhausen (1720-1797), mit denen dieser die Kamingespräche des Provinzadels im 18. Jahrhundert parodierte. Kästners Pseudonym, unter dem er als verfemter Autor in dieser Zeit arbeiten mußte, lehnte sich an die Vorlage an. Als Nachfahre Bürgers, des Schöpfers der populären Münchhausen-Geschichten, als Berthold Bürger sollte der Drehbuchautor der Öffentlichkeit vorgestellt werden, durfte dann aber im Vorspann gar nicht genannt werden, auch, wie gesagt, in den anderen Filmen nicht, an denen er damals mitarbeitete.

Die Auswahl aus der eher volksbuchhaften Schwanksammlung fügte Kästner zu einer dramaturgisch geschlossenen, mit Elementen anderer, vor allem amouröser Abenteuergeschichten versetzten, romantisch-philosophisch-witzigen Story zusammen. Sind die bekannten Bürgerschen Episoden wie der tollwütige Rock oder das auftauende Posthorn zu Beginn noch etwas willkürlich und unverbunden in die Handlung eingestreut, so wird schon bald der Handlungsverlauf stringenter, und die Abenteuer, seien sie Bürgerscher oder Kästnerscher Provenienz, sind dem Ganzen organisch eingefügt.

Der Inhalt: Münchhausen kehrt nach einer abenteuerlichen Reise wieder einmal zu seinem Vater auf sein Stammgut in Bodenwerder zurück, aber nur, um gleich vom Bruder des Herzogs von Braunschweig um Hilfe in einer delikaten Angelegenheit, dessen Rivalität mit dem herzoglichen Bruder um eine Frau, gerufen zu werden. Als er diese Aufgabe gemeistert hat, muß er vor dem Zorn des Herzogs nach Rußland fliehen. Dort gewinnt er die Liebe der Zarin Katharina II. Den eifersüchtigen Potemkin besiegt er im Duell. Der Magier Cagliostro verleiht ihm ewige Jugend. Auf einer Kanonenkugel reitet er im russisch-türkischen Krieg ins türkische Lager. Aus dem Serail des Sultans entführt er die dort gefangene venezianische Prinzessin Isabella d'Este, mit der er in Venedig einige Wochen zärtlichen Liebesglücks verbringt. Trotz der Warnung des freundschaftlich verbundenen

Casanova kann er nicht verhindern, daß der auf die Familienehre bedachte Bruder Isabellas die Geliebte entführt und in ein Kloster sperrt. In einem Duell demütigt er den Bruder so, daß dieser Selbstmord begeht, und Münchhausen muß daraufhin vor dem Zorn des Dogen fliehen. Die zu diesem Zweck entführte Montgolfiere des Herrn Blanchard bringt ihn und seinen treuen Diener Kuchenreutter auf den Mond. Dort, wo ein Tag so viel zählt, wie auf der Erde ein Jahr, stirbt Kuchenreutter. Münchhausen, durch Cagliostros Gabe vor einem gleichen Schicksal bewahrt, kehrt auf die Erde zurück.

Diese Geschichte ist eingebaut in eine in der Gegenwart spielende, zur Verwirrung der Zuschauer mit einem Rokokomaskenball eingeleitete Rahmenhandlung, in der der immer noch strahlend junge Münchhausen diese Abenteuer einigen Gästen erzählt und am Schluß, des unruhigen Abenteuerlebens müde, die Gabe ewiger Jugend »freiwillig in die Hände des Schicksals zurück« legt, um mit seiner Frau, der einzigen, die ihn dauerhaft an sich binden konnte, zusammen alt zu werden und zu sterben.

Der Stoff wurde allen Anforderungen gerecht, die an ihn gestellt waren. Er gab Gelegenheit zu großem

Münchhausen (Hans Albers) plaudert mit dem Kopf der Mondfrau (Marianne Simson), derweil ihr Körper sich um den Haushalt kümmert.

Schaugepränge und zur Entfaltung aller technischen Möglichkeiten der UFA. Die großen Hollywood-Produktionen der Zeit, die dem deutschen Publikum vorenthalten wurden, hatte man eifrig studiert, um ja nicht hinter ihnen zurückzustehen. Man bot für den Stab die größten Kapazitäten auf und für die Besetzung bis in die kleinsten Nebenrollen hinein die bekanntesten deutschen Schauspieler ihrer Zeit. Farb-[38] und tricktechnisch ist das Opus so der erstrebte Leistungsbeweis des deutschen Films geworden.

Schauspielerisch ist er ein Leckerbissen dank nicht nur prominenter, sondern auch sehr geschickter Besetzung. Hans Albers im Titelpart spielte vielleicht die Rolle seines Lebens, die seine Virilität und sein draufgängerisches Temperament voll zur Geltung brachte, aber auch die Selbstironie, deren Albers in bemerkenswertem Maße fähig war und die ihn die von Kästner ironisch konzipierte Rolle kongenial darstellen ließ.

Daß der Film neben seinen Schauwerten auch Witz und Phantasie in reichem Maße entfaltete, lag an dem Glücksfall der Autorschaft Kästner/von Baky, des verfemten Autors und des nicht gerade wohlgelittenen, aber beim Publikum erfolgreichen Regisseurs. Daß der Film als technisch-wirtschaftlich-künstlerischer Leistungsbeweis der UFA vor allem auch im Ausland Eindruck machen sollte, wird der Grund dafür sein, daß auf ideologische Konformität weniger geachtet wurde (unter den Aspiranten auf die Regie des Films wurde immerhin auch der NS-Propagandaspezialist Veit Harlan ausgebootet) und daß diese Entfaltung der Phantasie, »die ein Ausdruck der Freiheit ist«[39], zustandekommen konnte.

So war es auch möglich, Anspielungen in den Text einzubauen, die heute harmlos erscheinen, aber denen, die genauer hinhören - und im Dritten Reich waren die Ohren sehr geschärft -, recht vieldeutig klingen. Cagliostro etwa ist geradezu mephistophelisch gezeichnet. Er will Münchhausen - vergeblich - zur Usurpation verführen. Er lockt: »Wenn wir erst Kurland haben, pflücken wir Polen. Poniatowski ist reif. Dann werden wir König!« Münchhausen darauf: »In einem werden wir zwei uns nie verstehen: In der Hauptsache! Sie wollen herrschen; ich will leben. Abenteuer, Krieg, fremde Länder und Frauen - ich brauche das alles, Sie aber mißbrauchen es!«[40]

Casanova warnt Isabella d'Este: »Seien Sie ... vorsichtig! Die Staatsinquisition hat zehntausend Augen und Arme. Und sie hat die Macht, recht und unrecht zu tun, ganz wie es ihr beliebt.«[41]

Der Doge von Venedig zu Blanchard, dem Konstrukteur der Montgolfiere: »Daß Sie von Venedig aus aufsteigen ... ist mir hochwillkommen. Wir dienen der Wissenschaft und belustigen das Volk. Es gehört zur Kunst des Staatsmannes: ein Ding zu tun, und dadurch zweierlei zu erreichen.« Blanchard: »Ich diene nur der Wissenschaft.« Der Doge:

»Lassen Sie sich diesen Aberglauben nicht rauben! Er ist ein Stein in unserem Spiel.«[42]

Daß die Macher des Films auch nur Steine im Spiel des Herrn Goebbels waren, dürfte Kästner bewußt gewesen sein, wie das letzte Zitat andeutet. Aber eine Volksbelustigung wie der MÜNCHHAUSEN konnte durchaus seine gegen die Machthaber gerichtete Eigendynamik entwickeln. Man muß Anspielungen wie die obigen nicht überinterpretieren, aber es ist angesichts der Biographie der entscheidenden Mitwirkenden, Kästners, von Bakys, des Herstellungsgruppenleiters Eberhard Schmidt, auch Albers', absurd, wenn nach dem Motto, daß nicht sein kann, was nicht sein darf, gerade an diesem Film immer wieder demonstriert werden soll, daß im Dritten Reich letztlich alles Filmschaffen die Ziele der Machthaber förderte.[43]

Der gelindeste Vorwurf, der erhoben wird, ist der, das unpolitische Spiel, der schöne Schein habe von der Wirklichkeit der zerbombten Städte abgelenkt. Daß aber die Machthaber den Film zu diesem Zweck einsetzten, nur aus diesem Grund Filme zuließen, die auch einmal vorsichtig nicht-regimekonforme Werte propagierten, sollte nicht auch noch den Machern dieser Filme angelastet werden, die in dieser Zeit versuchten, mit Anstand ihrem Beruf nachzugehen, ohne ihre Seele zu verkaufen. Tragfähiger scheint mir hier allemal Bemmanns (auf Kästners humoristische Romane gemünztes) Wort von den Gegenwelten, die hier aufgebaut worden seien.[44]

Noch schlimmer ist es, wenn dem Film gar unterstellt wird, er vertrete faschistisches Gedankengut. Die Behandlung der Frauen wird zum Beispiel als Beleg angeführt.[45] Nun ist Kästners persönliches Frauenbild nicht gerade unproblematisch[46], spielt aber im MÜNCHHAUSEN keine wesentliche Rolle. Von einem faschistischen Frauenbild kann erst recht keine Rede sein. Zu unterschiedlich sind die gezeigten Frauen. Lediglich Kuchenreutters Ehefrau, die treu und ergeben des mit seinem Herrn herumvagabundierenden Mannes harrt und ihm nach jedem Besuch ein Kind gebärt, könnte ins Bild passen. Doch sie ist eine marginale Figur, viel zu konturenlos gezeichnet, als daß sich daraus so weitreichende Folgerungen ziehen ließen. Außerdem darf man eine gewisse Ironie nicht verkennen, mit der dieses Klischee des Abenteuergenres behandelt ist. Weit mehr Gewicht haben die sehr emanzipierte, kluge, friedliebende, in ihren sexuellen Abenteuern aktive Zarin Katharina, die alle

männlichen Potentaten in die Tasche steckt und der Rolle, die die Nationalsozialisten den Frauen zugewiesen haben, Hohn spricht; die kaltherzige Kokotte, in die sich der Prinz von Braunschweig verliebt; die hilfsbedürftige, anschmiegsame Prinzessin Isabella d'Este, die Münchhausen nicht vor der Grausamkeit ihrer Familie beschützen kann; schließlich die liebevoll-zärtlich gezeichnete Ehefrau Münchhausens, für die dieser sein ach so männliches Abenteuerleben aufgibt (im Nazifilm müssen die Frauen in der Regel »einsehen«, daß sie den Mann nicht von seiner »Aufgabe« abhalten dürfen). Sie geben samt und sonders nichts her für den Nachweis eines faschistischen Frauenbildes.

Er verbreite Feindbilder, karikiere die Nichtdeutschen alle negativ, wurde dem Film weiter vorgeworfen.[47] Nichts ist schlimmer für den Ironiker - und das Mittel milder Ironie gebrauchte Kästner um so mehr, als ihm schärfere Waffen aus Gründen der Mimikry versagt waren -, als wörtlich genommen zu werden. Kästner spielt im MÜNCHHAUSEN geistreich mit allen Klischees der europäischen Geschichte bzw. Geschichtsschreibung und ironisiert sie durch Übertreibung. Die Klischees und Feindbilder der Nationalsozialisten aber vermeidet er sorgfältig. Man denke nur an die verhältnismäßig positive Zeichnung Rußlands, das unter der Regierung Katharinas II. die Bewunderung Europas erregt, und man denke dann an das Rußlandbild anderer deutscher Filme der Zeit! Ironie des Schicksals, daß der Film nach 1945 ausgerechnet wegen verfälschender Darstellung Rußlands zunächst verboten wurde. Daß gerade der

Münchhausen flirtet auch nach 163 Tagen (und 164 Nächten) noch mit Katharina der Großen von Rußland (Brigitte Horney).

25

vormalige deutsche Kriegspartner Türkei besonders schlecht wegkommt, hat allerdings wenig zu sagen. Der deutsche Herrenmensch hat von seinen Verbündeten manchmal weniger gehalten als von seinen Gegnern. Auffallend ist vielmehr, daß beim Beispiel Türkei die Ironie, die alte Klischees entlarvende Übertreibung besonders stark ist. Die Zeichnung der Türkei in diesem Film darf man am allerwenigsten ernst nehmen; sie gibt weder für den Nachweis einer pro-, noch einer antifaschistischen Einstellung etwas her.

Und auch das angeführte Beispiel Italien, des Achsenpartners Italien!, taugt nicht recht. Neben der boshaften Zeichnung eines verschlagenen Dogen, eines grausamen Inquisitors und eines »prahlerisch-läppischen Kämpfer(s)«[48], die der Film-Dienst als einseitig negative Darstellung Italiens rügt, gibt es schließlich die sympathisch gezeichneten Casanova (als alternder, resignierender

Von links: Münchhausen besucht mit Isabella d'Este (Ilse Werner) in Venedig Rosalba Carriera (Fanny Cotta), die gerade Casanova (Gustav Waldau) porträtiert.

Abenteurer ein Vorgriff auf den späteren Münchhausen!) und Rosalba Carriera. Und was soll daran so faschistisch sein, wenn die Herrschenden negativ und die Künstler positiv gezeichnet werden?

In einem Artikel für das »Ufa-Magazin« des Deutschen Historischen Museums zum 75-jährigen Jubiläum der UFA[49] hat Heike Klapdor Detail für Detail den Film MÜNCHHAUSEN der Realität in Stalingrad gegenübergestellt: »Der Ritt auf der Kanonenkugel, die Montgolfiere und die abstürzenden JU 52, der rasende Läufer und die abgerissene Funkverbindung, Kuchenreutters Gewehr und die Waffen ohne Munitionsnachschub, der Unsichtbarkeit schenkende Ring und die zum tödlichen Ausharren verurteilten Soldaten: Im Film gelingt alles, in der Realität von Stalingrad scheitert alles.« Das führt sie dazu, diese »Allmachtsphantasie« eine »Schamlosigkeit« zu nennen; MÜNCHHAUSEN sei »ein obszöner Film«. Trotz einer halbherzigen Entschuldigung für den Autor in einem weiteren Artikel über Kästner an gleicher Stelle führt sie als Beleg für die »Schamlosigkeit« des Films, wie aus der Parallelsetzung erkenntlich, nicht die Tatsache der Produktion als solche, den Produktionsaufwand oder das tatsächlich - wenn man so will - »obszön« zu nennende Zusammentreffen von Filmstart und militärischen Ereignissen an (zum Zeitpunkt der Drehbuchabfassung war die militärische Lage noch nicht absehbar), sondern inhaltliche Dinge. Sie belastet also letztlich Kästner.[50]

Nun, betrachten wir uns eines der oben genannten MÜNCHHAUSEN-Zitate etwas genauer: Daß der ausgewiesene Antimilitarist Kästner seinen Protagonisten sagen läßt, er brauche den Krieg, ist - gelinde gesagt - leichtfertig, wenn auch mit den Konventionen des Genres zu erklären. Vielleicht ist es aber nur gesagt, damit er vom *Miß*brauch durch Cagliostro sprechen kann? Was führt er auf? »Abenteuer, Krieg, fremde Länder und Frauen«. Abenteuer ist in diesem Zusammenhang ein vager (Füll-)Begriff. Wie soll man Abenteuer mißbrauchen; außer vielleicht die Abenteuersucht der Jugend (womit wir schon auf

Man mag dies für ein isoliertes, eher zufälliges Beispiel halten. Aber es wurden oben noch weitere Beispiele genannt. Und im übrigen fällt auf, daß Münchhausen sich (anders als der Bürgersche Held) vor allem mit den Mächtigen anlegt. Nicht mit Katharina II., die ja, wie gezeigt, - als Frau und russische Herrscherin! - eine kontraproduktiv positiv gezeichnete Figur ist, aber mit ihrem großmäuligen Minister Potemkin, einem Lügner und Despoten Goebbelsschen Ausmaßes. Selbst mit seinem Landesherrn gerät er anein-

Eine Bosheit des Fürsten Potemkin (links im Hintergrund Andrews Engelmann, rechts als Fürst von Ligne Franz Weber) führt zur berühmtesten Szene des Films...

...Münchhausens Ritt auf der Kanonenkugel.

der Fährte wären)? Frauen werden im Zusammenhang mit Cagliostro nicht thematisiert, die mißbraucht vor allem der türkische Sultan. Bleiben Krieg und fremde Länder. Und wie mißbraucht Cagliostro die? Durch Eroberung. Das ist mitten im Eroberungskrieg eines größenwahnsinnigen Diktators - listig verpackt - wohl das Eindeutigste, was an kritischer Aussage möglich war.

ander, indem er dessen Bruder in einer delikaten Angelegenheit unterstützt, und muß deshalb fliehen. Den türkischen Sultan düpiert er, indem er ihm eine der von ihm mißbrauchten Frauen entführt. Und Francesco d'Este, ein Vertreter der herrschenden Klasse von Venedig, der sich immerhin die »Staatsinquisition« dienstbar machen konnte, wird von ihm im Duell ebenso wie Potemkin gedemütigt (nicht getötet!). »Allmachtsphantasien«? Gewiß. Aber nicht die eines Hitler oder Goebbels, sondern die eines ohnmächtigen Deutschen, der unter den Allmachtsphantasien dieser beiden zu leiden hatte.

Es handelt sich also um weit mehr als »einige wenige Anspielungen im Dialog ... im Bereich des politisch Unverfänglichen«[51]. Auch die Handlungsstruktur des Films enthält ein gehöriges Maß an latenter Subversion.

Gelegentlich wird übrigens für den angeblichen faschistischen oder den Faschismus verharmlosenden Gehalt des MÜNCHHAUSEN entschuldigend angeführt, Kästners Drehbuch sei vielleicht verfälscht worden.[52] Nein, es wurde, selbst der nur unvollständig erhaltenen Fassung ist das zu entnehmen, sehr getreu umgesetzt. Der ursprünglich rund 134 Minuten lange Film lief nach dem Krieg in einer auf 90 Minuten Laufzeit verstümmelten Version. 1978 zeigte die Friedrich-Wilhelm-Murnau-Stiftung erstmals ihre rekonstruierte Fassung von rund 110 Minuten Länge.[53] Im Vergleich zum Drehbuch fehlt vor allem Münchhausens Beistand für den Prinzen von Braunschweig in einer Liebesaffäre, in deren Ausgang auch die Motivation für seine Reise nach Rußland liegt, daneben die für die Handlung unwichtige Bürgersche Episode vom Pferd an der Kirchturmspitze. Sonst fallen keine großen Lücken auf und der Vergleich ergibt: Auch wenn einige geistreiche Spitzen des Dialogs gekappt sind (keine der politisch mehrdeutigen!) und auch wenn einige hauptsächlich Albers' Forschheit betonende Textstellen hinzugefügt wurden, das Buch ist in seinem Wesen getreu, ohne Verfälschungen und in den Details bemerkenswert penibel umgesetzt. Kästner und von Baky haften gemeinsam.

Filmographie

Das Ekel
(Deutschland 1931)

Regie: Franz Wenzler, Eugen Schüfftan. Produktion: UFA. Drehbuch: Emmerich Preßburger, [Erich Kästner] nach dem Bühnenstück »Der Igel« von Hans Reimann und Toni Impekoven. Kamera: Eugen Schüfftan, Bernhard Wentzel. Musik: Herbert Lichtenstein. Bauten: Hans Sohnle, Otto Erdmann. Produktionsleitung: Bruno Duday. Darsteller: Max Adalbert (Adalbert Bulcke), Emilie Unda (Hermine, seine Frau), Evelyn Holt (Katharina Bulcke), Heinz Wagner (Egmont Bulcke), Heinz Könecke (Quitt, Sportlehrer), Viktor Franz (Herr Scheelhase), Julius E. Herrmann (Herr Weichert), Rosa Valetti (Frau Kochanke, Fischhändlerin), Ernst Pröckl (Herr Werndorff), Hans Hermann Schaufuß (Lemke, Schutzmann), Alfred Abel (Richter), Paul Henckels (Amtsanwalt), Martha Ziegler (Frau Weichert), Rudolf Biebrach (Gefängniswärter), Erik Schütz.
Schwarzweiß. 75 Minuten.

Dann schon lieber Lebertran
(Deutschland 1931)

Regie: Max Ophüls. Produktion: UFA. Drehbuch: Erich Kästner, Emmerich Preßburger, Max Ophüls nach einer Idee von Erich Kästner. Kamera: Eugen Schüfftan, Karl Puth. Musik: Norbert Glanzberg. Bauten: Hans Sohnle, Otto Erdmann. Produktionsleitung: Bruno Duday. Darsteller: Käthe Haack (Frau Augustin, die Mutter), Max Gülstorff (Herr Augustin, der Vater), Alfred Braun (Petrus), Paul Kemp (Michel, sein Gehilfe), Hannelore Schroth (Ellen Augustin), Gert Klein (Peter Augustin), Kurt Pulvermacher (dicker Junge), Lilly Korn (kleines Mädchen), Stettner (Trudchen), Hans Pfeiffer (Kurt), Martin Milleville.
Schwarzweiß. 22 Minuten.

Die Koffer des Herrn O.F.
(Deutschland 1931)

Regie: Alexis Granowsky. Produktion: Tobis. Drehbuch: Leo Lania, Alexis Granowsky nach einer Idee von Hans Hömberg. Kamera: Reimar Kuntze, Heinrich Balasch. Musik: Karol Rathaus. Songtexte: Erich Kästner. Bauten: Erich Czerwonski. Kostüme: Edward Suhr. Schnitt: Paul Falkenberg, Curt von Molo. Regieassistenz: Jakob Gärtner. Produktionsleitung: Hans Conradi, Mark Asarow.
Darsteller: Alfred Abel (Bürgermeister), Peter Lorre (Redakteur Stix), Harald Paulsen (Baumeister Stark), Ludwig Stössel (Hotelier Brunn), Hedy Kiesler

(Helene), Margo Lion (Viola Volant), Ilse Korseck (Sekretärin, spätere Frau des Bürgermeisters), Liska March (Eve Lune), Gaby Karpeles (Gehilfin im Modesalon), Hadrian Maria Netto (Friseur Jean), Hertha von Walther (seine Frau), Josefine Dora (seine Schwiegermutter), Franz Weber (Schneider Dorn), Maria Karsten (seine Frau), Fanny Schreck (seine Schwiegermutter), Fred Döderlein (Alexander), Bernhard Goetzke (Professor Smith, Vorsitzender der Weltkonferenz), Friedrich Ettel (Apotheker), Aenne Görling (Zimmervermieterin Beck), Rudolf Hofbauer (Filmregisseur), Arthur Mainzer (Filmdirektor), Meinhardt Maur (Arzt), Aribert Mog (Gehilfe des Baumeisters), Max Ralf-Ostermann (Maître d'Hotel), Eduard Rothauser (Direktor des Reisebüros), Elsa Wagner (Sekretärin im Reisebüro), Franz Schönemann (Agenturdirektor), Trude Rosen - Ursula Urdang (seine Sekretärinnen), Barnabas von Géczy (Kapellmeister), Henry Pleß (Bankdirektor), Gerti Ober (seine Sekretärin), Hans Hermann Schaufuß (Hausdiener Peter), Franz Stein (Gesanglehrer), Ernst Wurmser (Dirigent der Feuerwehrkapelle), Hans Adolfi, Ernst Behmer, Ernst Busch, Eduard Bornträger, Lilly Claus, Walter Eckardt, Alexander Fernoff, Edgar Hellwald, Valerie Hofbauer, Ursula Kastner, Lydia Kindermann, F. Klein, Fritz Klippel, Frank Lothar, J. Lenggl, Edmund Puch, Franz Schrecker, Gad Shelaso, Mara Spiegel, Hans Otto Stern, Valeska Stock, Karl Wagner, Otto Waldis. Schwarzweiß. 77 Minuten. Verleih: Transit.

Ich vertraue Dir meine Frau an
(Deutschland 1943)

Regie: Kurt Hoffmann. Produktion: Heinz Rühmann/Terra. Drehbuch: Helmut Weiss, Bobby E. Lüthge, [Erich Kästner] nach dem gleichnamigen Bühnenstück von Johann von Vaszary. Kamera: Willy Winterstein. Musik: Franz Grothe. Liedtexte: Willy Dehmel. Bauten: Willi A. Herrmann. Schnitt: Elisabeth Pewny. Ton: Alfred Zunft. Regieassistenz: Helmut Weiss. Produktionsleitung: Robert Leistenschneider.
Darsteller: Heinz Rühmann (Peter Trost), Lil Adina (Ellinor Deinhardt), Werner Fuetterer (Robert Deinhardt), Else von Möllendorff (Sekretärin Lil), Arthur Schröder (Rechtsanwalt Kurt), Paul Dahlke (Boxer Alois), Kurt von Ruffin (Freddy Hansen), Alexa von Porembsky (Dienstmädchen), Willy Witte (Fritz), Ingrid Ostermann (Sekretärin Mary), Wilhelm Bendow (Barkellner), Clemens Hasse (Bademeister), Hans Meyer-Hanno (Polizist), Gerhard Bienert (Verkehrspolizist), Ernst Rotmund (Gast am Telefon), Ralph Lothar (Friseur), Erwin Biegel (Reisender). Schwarzweiß. 88 Minuten. FSK: ab 16. Verleih: Transit. Video: UFA.

Münchhausen
(Deutschland 1943)

Regie: Josef von Baky. Produktion: UFA. [Drehbuch: Berthold Bürger, d.i. Erich Kästner]. Kamera: Werner Krien. Trickaufnahmen: Konstantin Irmen-Tschet. Musik: Georg Haentzschel. Bauten: Emil Hasler, Otto Gülstorff. Kostüme: Manon Hahn. Schnitt: Milo Harbich, Walter Wischniewski. Produktionsleitung: Eberhard Schmidt.
Darsteller: Hans Albers (Baron Münchhausen), Wilhelm Bendow (der Mondmann), Michael Bohnen (Herzog Karl von Braunschweig), Hans Brausewetter (Freiherr von Hartenfeld), Marina von Ditmar (Sophie von Riedesel), Andrews Engelmann (Fürst Potemkin), Käthe Haack (Baronin Münchhausen), Brigitte Horney (Katharina II.), Waldemar Leitgeb (Fürst Grigorij Orlow), Walter Lieck (der Läufer), Ferdinand Marian (Graf Cagliostro), Hubert von Meyerinck (Prinz Anton Ulrich), Jaspar von Oertzen (Graf Lanskoi), Franz Schafheitlin (Doge), Werner Scharf (Prinz Francesco d'Este), Armin Schweizer (Johann), Marianne Simson (die Mondfrau), Leo Slezak (Sultan Abd-ul-Hamid), Hermann Speelmans (Christian Kuchenreutter), Hilde von Stolz (Louise La Tour), Gustav Waldau (Casanova), Franz Weber (Fürst von Ligne), Ilse Werner (Prinzessin Isabella d'Este), Eduard von Winterstein (Vater Münchhausen), Valy Arnheim (Haushofmeister am Petersburger Hof), Erwin Biegel (Cagliostros Leibjäger), Fritz Busch (Theaterdirektor), Fanny Cotta (Rosalba Carriera), Erich Dunskus (kurländischer Wirt), Ilse Fürstenberg (Rieke Kuchenreutter), Irene Fischer (Kammerfrau Marfa), Bernhard Götzke (Gatti, italienischer Gesandter), Karl Harbacher (die Uhr), Harry Hardt (Kurier), Trude Hess (Fürstin Stroganow), Maria Hofen (ohnmächtige Theaterbesucherin), Viktor Janson (Yussuf Pascha), Hans Junkermann (Kapellmeister Graun), Nicolai Kolin (Großwesir), Leopold von Ledebur (Kanzler Panin), Karl Heinz Peters (François Blanchard), Hermann Pfeiffer (Eunuch Selim), Anton Pointner (Graf Kobenzl), Elena Polewitzkaja (Fürstin Daschkin), Erik Radolf (Husarenoffizier), Paul Rehkopf (Förster), Ernst A. Schaah (Séguir, französischer Gesandter), Franz Stein (Leibjäger Rösemeyer), Henry Stuart (Sir Fitzherbert), Aruth Wartan (Pugatschew), Ewald Wenck (Vorhangzieher Methfessel) u.a. Farbe. 119 (ursprünglich 134) Minuten. FSK: ab 6. Verleih: Transit. Video: UFA.

All About Eve
(dt.: Alles über Eva, USA 1950)

Regie: Joseph L. Mankiewicz. Produktion: 20th Century Fox. Drehbuch: Joseph L. Mankiewicz nach der Erzählung "The Wisdom of Eve" von Mary Orr. Deutsche Dialoge: Erich Kästner. Kamera: Milton Krasner. Musik: Alfred Newman. Schnitt: Barbara McLean.
Darsteller: Bette Davis (Margo Channing), Anne Baxter (Eve Harrington), George Sanders (Addison De Witt), Celeste Holm (Karen Richards), Gary Merrill (Bill Simpson), Hugh Marlowe (Lloyd Richards), Thelma Ritter (Birdie Coonan), Marilyn Monroe (Miss Casswell), Gregory Ratoff (Max Fabian), Barbara Bates (Phoebe), Walter Hampden, Randy Stuart, Craig Hill, Leland Harris, Claude Stroud, Eugene Borden, Steve Geray, Bess Flowers, Stanley Orr. Schwarzweiß. 137 Minuten. FSK: ab 12. Verleih: Filmkundliches Archiv (Originalfassung, 16 mm). Video: Fox, vergriffen.

29

Die Kästner-Verfilmungen

Die Kästner-Verfilmungen werden im folgenden chronologisch nach der Entstehungszeit der verfilmten Werke besprochen, wiederum aufgeteilt nach Kinderbüchern und Werken für Erwachsene. Da die Reihenfolge, in der die einzelnen Werke verfilmt wurden, ebenfalls große Aussagekraft besitzt, wie vor allem im letzten Kapitel noch zu zeigen sein wird, ist im Anhang eine Chronologie der Kästner-Verfilmungen angefügt, in die selbstverständlich auch die Filme nach Originaldrehbüchern eingeordnet sind.

Die Kinderbücher

EMIL UND DIE DETEKTIVE

1929[54] schrieb Kästner, auf Anregung der Verlegerin Edith Jacobsohn, sein erstes erzählerisches Werk, das Kinderbuch EMIL UND DIE DETEKTIVE, einen Kriminalroman.

Emil Tischbein, ein aufgeweckter Junge aus einem verschlafenen Provinzstädtchen, fährt mit der Bahn nach Berlin zu seiner Großmutter. Seine alleinstehende Mutter hat ihm mühsam ersparte 120 Mark als Unterstützung für die Großmutter mitgegeben. Im Zugabteil allein mit einem »Herrn im steifen Hut« schläft Emil ein. Als er wieder aufwacht, ist sein Geld weg und der Herr im steifen Hut auch. Emil entdeckt ihn auf dem Bahnsteig eines Berliner Vorortbahnhofs und springt aus dem Zug, um ihn zu verfolgen. Zur Polizei zu gehen traut er sich nicht, da er in seiner Heimatstadt etwas ausgefressen hat (er hat ein Denkmal beschmiert), da er außerdem glaubt, man werde ihm, einem Kind, bei der Gegenüberstellung mit einem Erwachsenen ohne Beweise nicht glauben, und da er vor allem meint, man müsse den Gauner erst einmal im Auge behalten, damit er nicht spurlos verschwinde. Bei der Verfolgung trifft er auf Gustav, den Anführer einer Jungenbande. Sie freunden sich an, und Emil hat nun massenhafte Unterstützung. Die Verfolgung wird generalstabsmäßig organisiert mit gegenseitigem Abwechseln, Kurieren und Telefonzentrale (beim »kleinen Dienstag«, dessen Eltern selten zuhause sind). Auch Emils Großmutter wird verständigt; Emils bei der Großmutter

Der kleine Dienstag beim Telefondienst: Oben Hans Albrecht Löhr in der Version von 1931, unten Roland Kaiser in der von 1954.

lebende Kusine Pony Hütchen schließt sich der Verfolgung an. Am nächsten Morgen wird der Gauner von einigen Dutzend Kindern verfolgt und geht, nervös geworden, in eine Bank, um das gestohlene Geld einzuwechseln. Da fällt Emil im letzten Moment ein, wie er seine Geldscheine identifizieren und damit beweisen kann, daß sie ihm gestohlen wurden. Der Gauner wird überführt und entpuppt sich als der gesuchte Bankräuber Grundeis. Emil erhält die auf dessen Ergreifung ausgesetzte Belohnung, die ihm zur Unterstützung seiner in ärmlichen Verhältnissen lebenden Mutter sehr willkommen ist.

Der Roman wurde sofort ein Riesenerfolg. Das Publikum schätzte ihn als eine neue, ungewohnte Art von Kinderliteratur, nicht kindertümelnd, sondern die Kinder ernst nehmend und in partnerschaftlicher Sprache zu ihnen sprechend, nicht von oben herab und mit erhobenem Zeigefinger moralisierend, sondern die pädagogischen Ziele geschickt verpackend - wobei die Moral nicht wie vorher auf die Gehorsamstugenden der wilhelminischen Gesellschaft ausgelegt war, sondern auf Werte wie Ehrlichkeit, Tapferkeit, Standfestigkeit, Hilfsbereitschaft, vernünftiges Handeln, Solidarität. Ein durchaus bürgerlicher, aber humanistisch-aufklärerischer, emanzipatorisch-bürgerlicher Kanon.

1930 erarbeitete Kästner eine Bühnenfassung, die ebenfalls mit sehr viel Erfolg lief. Auch der Film interessierte sich für den Stoff. Kästner selbst wurde zusammen mit dem gerade ins Geschäft gekommenen Emmerich Preßburger mit der Abfassung des Drehbuchs betraut. Ihr Entwurf wurde, eher aus prinzipiellen Gründen, als weil man ihn nicht für gut befunden hätte, einem anderen Team zur Überarbeitung gegeben. Das Ergebnis schildert Kästner in einem Brief an seine Mutter so: »Das Manuskript ist ekelhaft. Emil klaut in Neustadt einen Blumentopf für die Großmutter. In Berlin, auf der Straßenbahn, klaut er einem Herrn den Fahrschein aus dem Hut und läßt für sich knipsen. Der Herr wird von der Bahn gewiesen. Ein Goldjunge, dieser Emil. Der ›Stier von Alaska‹ wird er genannt. Pony ›die Rose von Texas‹. Lauter Indianerspiel, wo doch heute kein Mensch mehr Indianer spielt. Die ganze Atmosphäre des Buchs ist beim Teufel. Und ich werde Anfang der Woche saugrob werden, wenn ich mit Stapenhorst (der Produktionsleiter, d. Verf.) rede.«[55] Erst auf diese Intervention hin wurde offenbar die endgültige Ausführung des Drehbuchs Billy (seinerzeit noch: Billie) Wilder übertragen, der damals wie so viele andere in Berlin am Anfang seiner Filmkarriere stand und, ebenfalls wie viele andere, diese Karriere bald andernorts fortsetzen mußte. »Der Film wird nun ziemlich so wie das Buch«, meinte Kästner eine Woche später, »aber Nerven hat das gekostet und Zeit. Und nun muß ich mir jeden Tag anschauen, was Wilder, so heißt er, aus dem 3. (!) Manuskript macht.«[56] In NOTABENE 45 erinnert sich Kästner, daß er sich »mit ihm in Babelsberg über das Drehbuch für ›Emil und die Detektive‹ bis zur Weißglut herumstritt«,[57] und auch Géza von Cziffra will sich erinnern, vom Komponisten des Films, Allan Gray, gehört zu haben, daß zwischen Kästner und Wilder »bei den

Besprechungen die Fetzen flogen«.[58] Wilder dagegen hat in einem Interview gesagt, er habe mit Kästner nie über das Drehbuch gesprochen.[59]

Eine Reminiszenz an das »Indianerspiel« ist auch im endgültigen Drehbuch noch vorhanden: die neu eingeführte, reichlich alberne Figur des »Fliegenden Hirsch«, die Hans Richter in seinem Filmdebüt spielte. Seine wichtigste Szene, die Überbringung einer Nachricht Emils an dessen Großmutter, ist sicher unter filmischen Gesichtspunkten zu Recht breit ausgemalt - bei Kästner wird sie als Quasi-Rückblick in wenigen Sätzen referiert -, doch wird sie einem durch das Getue dieser Figur ziemlich vergällt. Daß auch zu Beginn die Szene mit der »Verzierung« des Denkmals teilweise als Indianerspiel aufgezogen wird, fällt weniger unangenehm auf.

Kästner selbst war übrigens zeitweilig für die Rolle eines auch im Buch vorkommenden, dort dem virtuosen Spiel mit der Erzählperspektive und den Realitätsebenen dienenden Reporters »Erich Kästner« vorgesehen.[60] Aber die Rolle wurde schließlich gar nicht ins Drehbuch aufgenommen.

Einige gravierende Änderungen von Drehbuch und Film gegenüber dem Roman, die wohl Ursache für einen Rest von Unbehagen Kästners auch dem fertigen Film gegenüber waren,[61] seien kurz referiert. So wird das Motiv Emils, warum er nicht zur Polizei geht, auf seinen Dummen-Jungen-Streich reduziert. Sicher sind die ausführlichen Überlegungen Emils im Roman, was es ihm bringen würde, wenn er zur Polizei geht, nicht auf die Leinwand übertragbar. Aber dem zu einem guten Teil vorbildhaft-rationalen Vorgehen Emils bei Kästner wird durch die Reduzierung auf eine kindische Angst die pädagogische Wirkung genommen. Dies wird verstärkt durch die breite, filmisch sehr wirkungsvolle Ausmalung des bei Kästner nur kurz referierten Streiches, die diese Angst berechtigt erscheinen läßt.

Auch ein wesentlicher Punkt der Moral Kästners ist zugunsten eines virtuos aufgebauten Spannungseffekts aufgegeben: Bei Kästner begründet der »Professor«, die Autoritätsfigur unter den Jungen, ausführlich, daß auch das Stehlen von Dingen, die einem selbst gestohlen wurden, Diebstahl sei. Im Film versucht Emil genau das (wird dabei fast von Grundeis erwischt und bleibt letztendlich erfolglos, sonst könnte die Handlung ja nicht wie im Roman weitergehen; aber dies nur nebenbei, zur Vervollständigung).

Weniger gravierend ist dagegen, daß einige Figuren verniedlicht oder verzeichnet sind, so Emils Kusine Pony Hütchen, die altklug und kokett, statt wie bei Kästner burschikos und kumpelhaft ist. Der Blick auf ein erwachsenes Publikum und sein Vergnügen an Kindern, die sich auf komische Weise erwachsen geben, dürfte wie bei vielen Kästner-Verfilmungen diese Änderung bewirkt haben. In dieselbe Richtung geht die im Film breit ausgespielte Rivalität Emils und Gustavs um Pony, die nicht altersgerecht (es handelt sich um 10-12jährige Kinder) erscheint, auch wenn sie recht witzig in Szene gesetzt ist. Emils Großmutter ist im Film ein verschüchtertes, weltfremdes Muttchen, nicht wie im Buch eine humorvolle, resolute alte Dame.

Andere Änderungen gereichen dem Film zum Vorteil. So wird dem etwas konstruiert wirkenden

Diebstahl durch eine Unvorsichtigkeit der Mutter (sie ermahnt - nur im Film - Emil am Zugabteil, auf das Geld aufzupassen, im Buch tut sie es noch vor Ankunft des Zuges) und durch das Motiv der mit einem Schlafmittel versetzten Bonbons, die Grundeis Emil aufnötigt, mehr Glaubwürdigkeit verliehen, gleichzeitig wird Emil entlastet, der bei Kästner einfach so einschläft und sich daher nach dem Diebstahl um so mehr mitschuldig fühlt. (Schuldgefühle eines Kindes gegenüber seiner Mutter spielen bei Kästner - aus weit geringfügigerem Anlaß zum Beispiel auch in PÜNKTCHEN UND ANTON[62] - eine ziemliche Rolle. Für den Autor Kästner mag dies - durch seine Kindheit und sein spezielles Verhältnis zur Mutter bedingt - wichtig sein, für Drehbuchautoren aber besteht kein Anlaß, dieses Motiv nicht ein wenig zu relativieren, wenn es der Glaubwürdigkeit dient.)

Trotz der erwähnten Einwände gilt Gerhard Lamprechts EMIL UND DIE DETEKTIVE von 1931 zu Recht noch heute als die beste Verfilmung eines Kästner-Buches und als einer der bedeutendsten deutschen Filme der frühen Tonfilmzeit. Kästners realistische Intention, die in einer Rahmenhandlung des Buches geistreich apostrophiert wird, ist kongenial in den filmischen Erzählstil übernommen. Das Spiel der Darsteller, vor allem das Fritz Rasps in der scheinbar so klischeehaften, schwarz in schwarz gemalten Rolle des Bösewichts, die großartigen, dokumentarfilmhaften Bilder aus dem Berlin um 1930, die bewegte Kamera, dies alles ließ auch den Film wie ein Musterbeispiel von Realismus erscheinen. Kritisiert wurde 1931 wie 1986 bei einer

Wiederaufführung von dem feinfühligen Kinderpublikum[63] der hollywoodhaft-pompöse, unwirkliche Schluß - eine Zutat, die mit Kästners Buch nichts zu tun hat: Emil wird im Flugzeug in die Heimatstadt gebracht, wo ihn die gesamte Bevölkerung mit Blaskapelle und großem »Bahnhof« empfängt.

Siegfried Kracauer meint in »Von Caligari zu Hitler«[64], die Figur des Detektivs sei eng mit demokratischen Tugenden verbunden und EMIL UND DIE DETEKTIVE suggeriere durch sein Loblied auf die jugendlichen Detektive eine gewisse Demokratisierung des deutschen Alltags. Hembus/Bandmann dagegen sehen die Detektive wegen ihres (wie gesagt im Film einseitig wiedergegebenen) Motivs, die Zusammenarbeit mit der Polizei zu scheuen, nämlich weil sie »etwas ausgefressen« haben, als die »nächsten Verwandten« der Berliner Ganoven in Fritz Langs »M«. Bäumler geht noch weiter und kri-

Herr Grundeis wird gejagt: Fritz Rasp in der Version von 1931.

tisiert an Buch und Film, ebenfalls den Vergleich mit »M« anstellend, daß zur Hetzjagd auf Minderheiten, auf den unangepaßten Außenseiter geblasen werde, daß eine »virulente Pogromstimmung« herrsche. Im Kästnerschen Falle allerdings - die Bewertung von Langs »M« muß hier dahingestellt bleiben - hat sich der »Außenseiter« eindeutig ins Unrecht gesetzt und ist durch keine unglückliche Veranlagung entschuldigt. Den Bankraub könnte man ihm ja vielleicht noch nachsehen, nicht aber den Diebstahl an einem kleinen Jungen. Nur Bäumler versucht übrigens, die Kästnerschen Schurken durch eine von ihr hinzuerfundene unglückliche Entwicklung gegen ihren Autor in Schutz zu nehmen, um Kästner zu denunzieren. Die »Hetzjagd« im EMIL ist eine Notmaßnahme der an sich Schwächeren, die sich nicht anders zu helfen wissen und nur durch Einigkeit stark sind. Die Jungen greifen zur

Kurt Meisel als Herr Grundeis in der Version von 1954.

Selbsthilfe nicht, »weil sie etwas ausgefressen haben« (Hembus/Bandmann)[65], sondern weil sie in ihrer Beweisnot den Erwachsenen nicht trauen beziehungsweise nicht glauben, daß diese ihnen ohne Beweise glauben werden. Daß die Notwendigkeit von Beweisen damit als ganz selbstverständlich hingestellt wird, ist auch ein kleines Stück Rechtsstaatlichkeit. Die Aktion der Kinder dient dennoch dem Zweck, den Dieb der - als funktionierend dargestellten - staatlichen Ordnungs- und Rechtsmaschinerie zuzuführen. Wieweit Kästner dabei der staatlichen und gesellschaftlichen Realität seiner Zeit gerecht wird, steht auf einem anderen Blatt. Dies war auch nicht sein Darstellungsinteresse. (Daß er sich über die Realität im klaren war, bezeugen seine Schriften für Erwachsene aus dieser Zeit.) Die von Kästner propagierten, für den Erfolg als notwendig hingestellten, und damit dem kindlichen Publikum subtil suggerierten Tugenden - Selbstdisziplin, Solidarität, Tapferkeit (Zivilcourage) - sind zwar keine demokratischen Tugenden per se, aber für das Funktionieren einer Demokratie nützlich, ja notwendig. So hat Kracauer durchaus recht, denn Gerhard Lamprecht hat dies in großem Umfang und mit schöner Selbstverständlichkeit in seinen Film übernommen.

Der Film war ein ähnlicher, auch internationaler Erfolg wie das Buch. In Deutschland lief er trotz des Verbots des Autors durch die Nationalsozialisten noch bis 1937.

Bereits 1935 wurde unter dem wörtlich übersetzten Titel des Buches eine offenbar ziemlich getreue englische Version hergestellt, die auch auf den amerikanischen Markt kam (dort nur unter dem Titel EMIL), aber nie in Deutschland lief. Die Meinungen der Zeitgenossen und späterer Generationen über den Film differieren.

»It is a kid picture, but legitimate and convincing, plus heart interest of the kind that should appeal to everybody. ... Original German version had a bit more atmosphere, but this production should be popular here and in the States.«[66] »Sticky English version of the 1931 German film, with unconvincing child performances.«[67]

1954, nach einer Reihe höchst erfolgreicher bundesdeutscher Kästner-Verfilmungen, war auch ein, jetzt farbiges, Remake von EMIL UND DIE DETEKTIVE fällig. Zugrundegelegt wurde Billy Wilders Drehbuch. Regie führte R.A. Stemmle, der sich schon Anfang der dreißiger Jahre für eine Verfilmung des FLIEGENDEN KLASSENZIMMERs interessiert hatte und der auch das Drehbuch bearbeitete. Die Änderungen sind nicht sehr gravierend. Das Milieu ist deutlich im Nachkriegsdeutschland angelegt; Emils Dummer-Jungen-Streich - er befreit einen jungen Seehund aus einer Tierhandlung und setzt ihn unter Zuhilfenahme eines »ausgeliehenen« Postkarrens im Meer aus - ist zwar mit der sympathischen Aura des Tierschutzes versehen, als - doppeltes - Eigentumsdelikt aber schwerwiegender, so daß das Motiv der Angst vor der Polizei noch mehr ins Gewicht fällt. Zum Geist der Nachkriegszeit mit ihren vielen vaterlosen Familien und zum sedierenden Charakter des deutschen Nachkriegsfilms paßt übrigens sehr gut, daß - nur in dieser Version - das

Motiv der Wiederverheiratung von Emils Mutter aus dem - nie verfilmten - Nachfolgeroman EMIL UND DIE DREI ZWILLINGE (1935[68]) übernommen wurde. Und Emil steht der Heirat seiner Mutter - ausgerechnet mit Oberwachtmeister Jeschke, der ihm wegen seines Streiches noch auf die Schliche kommen könnte - längst nicht mit so gemischten Gefühlen gegenüber, wie in Kästners Buch.

Der Schluß des Films von 1954, übrigens mit den Kindern als Ehrengästen bei einem Polizeifest, ist nur auf andere Art pompös als beim Vorgänger-Film. Barthel meint, er stehe stellvertretend für den in den Heimatfilmen der Berolina-Produktion an dieser Stelle eigentlich obligatorischen Trachtenumzug.[69]

Von Filmhistorikern wird diese Version, die seither auch kaum mehr gezeigt wurde, teils *»unterhaltsam,*

Emil (Peter Finkbeiner, Mitte) wird beim Polizeifest im Berliner Olympiastadion gefeiert.(»Emil und die Detektive« 1954)

aber allzu glatt und oberflächlich«[70], teils, etwas ungerecht, eine *»lieblos hingeschlampte Sache«*[71] genannt. Die zeitgenössische Kritik war noch weitgehend freundlich gewesen.

Von der weiten Verbreitung und großen Popularität des Romans EMIL UND DIE DETEKTIVE, der in 24 Sprachen übersetzt wurde, zeugen auch zwei Verfilmungen in Japan (EMIL TO TANTEI-TACHI, 1956, auch dies eine wörtliche Übersetzung des deutschen Titels) und Brasilien (PEGA LADRÃO, zu deutsch »Fangt den Dieb«, 1958). Beide waren in Deutschland nie zu sehen. Der japanische Film lief bei den Filmfestspielen in Venedig und erhielt dort wohlwollende Kritiken. Von der brasilianischen Version liegt mir eine Inhaltsangabe vor, die mir die

Die jungen Detektive werden gefeiert in »Pega ladrão«. In der Mitte im feinen Anzug José de Jesus als Milô = Emil.

Cinemateca do Museu de Arte Moderna, Rio de Janeiro, zur Verfügung gestellt hat[72]. Sie reicht bis zum Beginn der Verfolgung des Diebs durch Emil und Gustav mit der Hupe und bricht dann mit den üblichen, der Spannungssteigerung dienenden Floskeln ab, läßt aber erkennen, daß Kästners Handlung bis auf die Verlegung ins brasilianische Milieu (zwischen der Kleinstadt Marquês de Valença und Rio de Janeiro) akribisch umgesetzt wurde. Emils Bedenken, zur Polizei zu gehen, werden aber auch hier fast ausschließlich mit seiner Angst wegen des Dumme-Jungen-Streichs - ebenfalls das Beschmieren eines Denkmals - erklärt.

Den vorläufigen Schlußpunkt bei diesem bis in die achtziger Jahre meistverfilmten Buch Kästners setzten 1964 Disney Productions, die in den USA auf dem Realfilmsektor ein Markenzeichen für Familienfilme sind und vier Jahre zuvor schon Kästners DOPPELTES LOTTCHEN familiengerecht und dem Geschmack des amerikanischen Publikums entsprechend aufbereitet hatten. War im letzteren noch die Handlung verhältnismäßig schlüssig nach Amerika verlegt worden, so blieb man mit EMIL UND DIE DETEKTIVE nicht nur mit der Handlung in (West-) Berlin, sondern führte auch die Dreharbeiten - mit einigen vorzüglichen deutschen Darstellern - dort aus. Das aber erweist sich als reichlich überflüssig. Der Film ist stark amerikanisiert; die Kinder, aus Familien der amerikanischen Garnison in Berlin ausgewählt, wirken wie der Abklatsch der Helden in amerikanischen Gangster- und Detektivfilmen. Der Schauplatz Berlin ist als exotische Kulisse (Ruinenlandschaft!)

aufgepfropft. Der Film könnte glaubwürdiger in jeder x-beliebigen amerikanischen Großstadt spielen. Man müßte sich dann nicht fragen, wie Emil denn mit dem Bus so ohne weiteres (und schlafend!) über die Zonengrenze kommt. (Das ist allerdings auch in der deutschen Version von 1954 kein Problem, dort ist es aber keine Nachlässigkeit, die mit mangelndem Bezug zum Stoff zu erklären wäre, sondern das Verdrängen einer unangenehmen politischen Realität.)

Gravierender ist, daß von Kästners pädagogischen Intentionen, die in die Verfilmungen von 1931 und selbst noch von 1954 weitgehend übernommen wurden, nicht das mindeste zu spüren ist. Kästner hatte in die Charaktere und Verhaltensweisen seiner Kinderdetektive Werte und Tugenden gelegt, die auf seine jugendlichen Leser vorbildhaft wirken sollten. Doch im Disney-Film helfen zum Beispiel die Kinder Emil nicht aus Solidarität, sondern weil ihr sich clever gebender Anführer und Möchtegern-Detektiv Gustav ihn - gegen Bezahlung! - als »Klienten« angenommen hat. Dazu paßt, daß die Massenverfolgungsjagd am Schluß nicht ein letztes verzweifeltes Mittel der Kinder ist, dem Verbrecher doch noch beizukommen, sondern dadurch verursacht wird, daß die nach einem Coup fliehenden Gangster (einer genügt nicht, drei müssen es sein) Geldscheine aus ihrer Beute um sich werfen, um ihre Verfolger loszuwerden - und damit gerade das Gegenteil bewirken, daß nämlich immer mehr Kinder sich den wenigen ersten Verfolgern anschließen, um einige von den Scheinen zu erhaschen.

Auch andere bei Kästner herausgestellte Tugenden gehen durch diese Umzeichnung der Charaktere

verloren. Der »Professor« besitzt nicht, wie bei Kästner, eine natürliche Autorität dank seiner Intelligenz und seines Organisationsvermögens, sondern wird als »Besserwisser« und ewiger Nörgler von den Kindern geschnitten. Der kleine Dienstag ist nicht ein gegen das eigene Interesse aus Einsicht seine Pflicht (Telefondienst) tuender Junge, sondern ein cleveres Bürschchen, das gerissen seine zickige, telefoniersüchtige Schwester ausschaltet, um das für die Operationen der Detektive wichtige Telefon freizuhalten. Pony Hütchen ist nicht das patente Mädchen, das als guter Kumpel wie selbstverständlich zur Gruppe stößt (auch im Film von 1931, wo sie etwas weniger positiv gezeichnet ist), sondern ein überkandidelter Backfisch (die Kinder dieses Films sind im Schnitt auch älter!) mit Reporterallüren, der für die Unternehmungen der Detektive nur lästig ist.

Emil, bei Kästner, Lamprecht/Wilder und Stemmle der eigentliche Held, ist vergleichsweise passiv, ein »Klient«, der nach Meinung der anderen Kinder im »Hauptquartier« warten sollte, bis sie ihren Job, für den sie bezahlt werden, erledigt haben. Wegen seines hartnäckigen Beharrens auf einer Teilnahme an der Verfolgung wird er gar Opfer eines Kidnappings und muß von Gustav gerettet werden. Trotz seiner Passivität erhält unlogischerweise Emil die Belohnung.

Sicher ist das Ganze durchwegs mit ironischer Ambivalenz geschildert. Die Kinder versagen auch einmal und haben ihre Konflikte; in ihrer Erwachsenenspielerei wirken sie eher komisch. Die Gangster schwanken zwischen tölpelhaft und gefährlich,

Der Obergangster (Walter Slezak als »Baron«) zwingt Emil (Bryan Russell) zur Mithilfe beim Bankraub in »Emil and the Detectives« (1964).

und die Polizei erweist sich als überheblich-igno-
rant, wird aber dann doch zur endgültigen Bereini-
gung des Falles gebraucht - allerdings nur durch
einen Trick Gustavs dazu bewegt einzugreifen.

Der im übrigen handwerklich sauber gemachte
Film ist eher auf das Amüsement eines Publikums
aller Altersklassen angelegt, als auf die unauffällige
Belehrung von Kindern über nacheifernswerte
Tugenden. Zeitbedingt ist es wohl, daß man es für
dieses Amüsement notwendig fand, den Action-
Gehalt der Story aufzumotzen durch Verdreifa-
chung des Gangsters, durch Bankeinbruch[73], Kid-
napping und Sprengstoffanschlag. Ein Glück, daß
es seither kein Remake des Stoffes, auch keine freie
Nachschöpfung wie im Falle des Disneyschen DOP-
PELTEN LOTTCHEN, mehr gab. Heute hätten wohl die
gesamte Jahresproduktion eines Autokonzerns und
halb Berlin in Flammen aufgehen müssen, um den bei
den Kids vermeintlich nötigen Thrill zu erzeugen.

Peter Zenk, der schon die neueste Verfilmung
des DOPPELTEN LOTTCHEN (CHARLIE & LOUISE)
coproduzierte und zur Zeit (mit seinem damaligen
Coproduktionspartner Bavaria) PÜNKTCHEN UND
ANTON verfilmen läßt, hat für seine Lunaris-Filmproduktion auch die Rechte zur Neuverfilmung
von EMIL UND DIE DETEKTIVE und DAS FLIEGENDE
KLASSENZIMMER erworben. Drehtermine sind für
1999 anvisiert.

Filmographie

Emil und die Detektive
(Deutschland 1931)

Regie: Gerhard Lamprecht. Produktion: UFA. Drehbuch: Billie Wilder,
[Emmerich Preßburger, Erich Kästner] nach dem gleichnamigen Kin-
derbuch von Erich Kästner. Kamera: Werner Brandes. Musik: Allan
Gray. Bauten: Werner Schlichting. Produktionsleitung: Günther Stapenhorst.
Darsteller: Fritz Rasp (Herr Grundeis), Käthe Haack (Frau Tischbein),
Rolf Wenkhaus (Emil Tischbein), Rudolf Biebrach (Wachtmeister
Jeschke), Olga Engl (Großmutter), Inge Landgut (Pony Hütchen),
Hans Joachim Schaufuß (Gustav mit der Hupe), Hubert Schmitz (Pro-
fessor), Hans Richter (Fliegender Hirsch), Hans Albrecht Löhr (Diens-
tag), Ernst-Eberhard Reling (Gerold), Waldemar Kupczyk (Mitten-
zwei), Martin Baumann, Gerhard Dammann, Rudolf Lettinger, Mar-
garete Sachse, Georg Heinrich Schnell.
Schwarzweiß. 75 Minuten. FSK: ohne Altersbeschränkung. Verleih:
AFM. Video: BMG/Atlas (Ö).

Emil and the Detectives
(»Emil und die Detektive«, Großbritannien 1935,
in den USA »Emil«)

Regie: Milton Rosmer. Produktion: J.G. & R.B. Wainwright. Drehbuch:
Cyrus Brooks, Margaret Carter, Frank Launder nach dem Kinderbuch
von Erich Kästner und einem Drehbuch von Billy Wilder. Kamera:
Mutz Greenbaum. Schnitt: C. Heck.
Darsteller: George Hayes (Mann im Bowler Hut), Mary Glynne (Emils
Mutter), Clare Greet (Emils Großmutter), John Williams (Emil), Mari-
on Foster (Polly), Donald Pitman (Gussie), Bobby Rietti (Professor),
Ricky Hyland (Fliegender Hirsch), George Merritt (Wachmeister),
Johnny Singer (Dienstag), Derek Blomfield (Jerry), Roy McBane.
Schwarzweiß. 70 Minuten.

Emil und die Detektive
(Bundesrepublik Deutschland 1954)

Regie: R.A. Stemmle. Produktion: Berolina (Kurt Ulrich). Drehbuch:
R.A. Stemmle nach dem gleichnamigen Roman von Erich Kästner und
einem Entwurf von Billy Wilder. Kamera: Kurt Schulz. Musik: Georg
Haentzschel. Bauten: Willi A. Herrmann, Heinrich Weidemann.
Schnitt: Hermann Leitner. Regieassistenz: Oskar Martay. Produkti-
onsleitung: Heinz Willeg, Karl Mitschke.

Darsteller: Kurt Meisel (Herr Grundeis), Heli Finkenzeller (Anna Tischbein), Peter Finkbeiner (Emil Tischbein), Margarete Haagen (Großmutter), Wolfgang Lukschy (Oberwachtmeister Jeschke), Ruth Nimbach (Anni Wandel), Camilla Spira (Martha Heimbold, Emils Tante), Claudia Schäfer (Pony Hütchen), Walter Gross (Straßenbahnschaffner), Wolfgang Condrus (Gustav mit der Hupe), Wolf-Eberhard Grasshoff (Professor), Roland Kaiser (Dienstag), Hannes Hübner (Fliegender Hirsch), Ernst Waldow, Ewald Wenck, Jacob Tiedtke, Marina Ried, Gerd Frickhöffer, Else Reval, Günter Pfitzmann.
Farbe. 90 Minuten. FSK: ab 6. Verleih: AFM.
Video: Taurus/Atlas (Ö).

Emil to tantei-tachi
(»Emil und die Detektive«, Japan 1956)

Regie: Mitsuo Wakasugi. Produktion: Seishi Matsumuru. Drehbuch: Kaoru Kataeka nach dem gleichnamigen Roman von Erich Kästner. Kamera: Kiyomi Kurod. Musik: Hiroshi Kusakawa. Schnitt: Fumiko Kishi. Darsteller: Ryo Iwashita, Keiko Yuri, Hisaji Komine, Miwa Saito, Kojiro Kusanagi u.a.
Schwarzweiß. 56 Minuten.

Pega ladrão!
(»Fangt den Dieb!«, Brasilien 1958)

Regie: Alberto Pieralisi. Produktion: Produções Cinematograficas Brasileiras-CIBRA (Miguel O. Schneider). Drehbuch: Paulo Roberto nach dem Roman »Emil und die Detektive« von Erich Kästner. Kamera: Arthur Usai. Musik: Remo Usai. Ausstattung: Amedeo Riva. Schnitt: Claude Perrier. Regieassistenz: Alberto Cruz. Produktionsleitung: J. Marcondes Terra.
Darsteller[74]: José de Jesus (Milô=Emil), Francisco Dantas (Prudencio Filho=»umsichtiger Sohn«), Violeta Ferraz (alte Jungfer), Orlando Guy (Wachtmeister), Carlos Duval (Fulgencio), Helena Nogueira (Florinda), Paulo Matozinho (Benedito), Francisco Martorelli (Priester), Vera-Lúcia Magalhães (Judith), Ana Reis (Großmutter), Alvaro Costa (Beamter), Anibal A. dos Santos (Straßenbahnschaffner), Cláudio McDowell (Gustavo Busina=»Gustav mit der Hupe«), André José (»Professor«), Ricardo Mello (Shazan), Sérgio Areas (»Sandwich«), Vásco Netto (Pneu Vazio=»leerer Reifen«), Otelinho (Graxa Preta=»schwarze Schuhcreme«, der Junge ist wohl Schuhputzer), A Dupla do Chuvisco (Cavaquinho e Sputinik=»Gitarre und Sputnik«, der Cavaquinho ist ein eigenes, gitarrenähnliches Instrument, dessen Name keine deutsche Entsprechung hat), T. Cuquejo Suarez (Zequinha), Manoel Lemos Fernandes (Gastwirt), Stella Dalva (Tante), Antônio Ventura (Bankdirektor), Bené Alexandre (Kassierer), Arthur Mello (Onkel).
Schwarzweiß. Ca. 90 Minuten.

Emil and the Detectives
(dt.: Emil und die Detektive, USA 1964)

Regie: Peter Tewksbury. Produktion: Walt Disney. Drehbuch: A.J. Carothers nach dem gleichnamigen Roman von Erich Kästner. Kamera: Günther Senftleben. Musik: Heinz Schreiter. Bauten: Werner Schlichting, Isabell Schlichting. Kostüme: Leo Bei, Josef Wanke. Schnitt: Thomas Stanford, Cotton Warburton. Regieassistenz: Brigitte Liphardt. Produktionsleitung: Paul Waldherr.
Darsteller: Walter Slezak (Baron), Bryan Russell (Emil Tischbein), Roger Mobley (Gustav), Heinz Schubert (Grundeis), Peter Ehrlich (Müller), Cindy Cassell (Pony), Elsa Wagner (Nana), Wolfgang Völz (Stucke), Eva-Ingeborg Scholz (Frau Tischbein), Franz Nicklisch (Polizist), Brian Richardson (Professor), David Petrychka (Dienstag), Robert Swann (Herrmann), Ann Noland (Frieda), Ron Johnson (Rudolf), Rick Johnson (Hans), Paul Glawion (Verkehrspolizist), Gerhard Retschy (Wachtmeister Kiessling), Viktor Hospach (Kioskbesitzer), Konrad Thoms (Kellner), Egon Vogel (Bote), Gert Wiedenhofen (Polizist), Georg Rebentisch (Busfahrer), Rolf Rolphs (Butler), Roswitha Habedank (Bedienung).
Farbe. 92 Minuten. FSK: ab 6 (Video: ab 12).
Verleih: (20th Century Fox). Video: Disney, vergriffen.

Ein Händedruck zwischen den neuen Freunden Emil (Rolf Wenkhaus, rechts) und Gustav mit der Hupe (Hans Joachim Schaufuss) besiegelt das Schicksal von Herrn Grundeis. (Version 1931)

PÜNKTCHEN UND ANTON

PÜNKTCHEN UND ANTON, 1932 entstanden, ist Kästners zweites Kinderbuch. Er entfaltet hier erstmals ein Panorama sozialer Milieus und ihres möglichen Einflusses auf die Persönlichkeitsentwicklung. Es geht um die Freundschaft zweier Kinder, der armen Halbwaise Anton Gast und der von ihren reichen Eltern vernachlässigten Luise Pogge, genannt Pünktchen. Anton ist ganz als Vorbildfigur dargestellt, ehrlich, tapfer, selbstlos, fleißig. Er arbeitet, weil seine Mutter schwer krank ist, kein Geld verdienen kann und Gefahr läuft, ihre Stelle zu verlieren. (Man erkennt daran die Entstehungszeit Anfang der dreißiger Jahre mit ihrer schlechten sozialen Absicherung.) Wegen seiner »Nebentätigkeit« bekommt Anton Schwierigkeiten in der Schule. Pünktchen teilt einige der guten Eigenschaften ihres Freundes, seine Ehrlichkeit, seine Hilfsbereitschaft. Aber sie ist im Gegensatz zu Antons Ernsthaftigkeit unbeschwert und schalkhaft und auch ein wenig oberflächlich. Zum Glück hat sie noch kein Bewußtsein von sozialen Schranken, was wohl auf den Einfluß ihres Vaters zurückzuführen ist, eines menschlich anziehenden Fabrikanten, der aber ganz in seiner Arbeit aufgeht und Pünktchen daher vernachlässigt. Der Grund für Pünktchens Vernachlässigung durch die Mutter sind dagegen deren diverse Zerstreuungen (Einkaufsbummel, Modeschauen und dergleichen) und gesellschaftliche Verpflichtungen. Das Kindermädchen, Fräulein

Andacht, dem Pünktchen anvertraut ist, mißbraucht das Kind, um durch nächtlichen Streichhölzerverkauf Geld zu verdienen, das sie ihrem Verlobten zusteckt. Außerdem beschafft die Andacht ihrem Verlobten die Pläne der Poggeschen Villa, die dieser ausrauben will. Doch Anton verhindert den Einbruch. Pünktchens Eltern, besonders der Vater, erkennen entsetzt die Folgen ihrer Nachlässigkeit. Sie engagieren Antons Mutter als Erzieherin, und die beiden Kinder werden zusammen aufwachsen.

So weit in groben Zügen die Handlung. PÜNKTCHEN UND ANTON ist Kästners am stärksten reflektierendes Kinderbuch. Jedem Kapitel ist ein »Nachdenkerei« genannter Kommentar angehängt, aber auch in den Text sind viele Kommentare eingeschoben. Das machte eine filmische Umsetzung von vornherein schwer. Kästner verkaufte 1953 den Stoff an die Wiener Ringfilm und bot auch ein Drehbuch an. Doch mehrere Regisseure, darunter Erich Engel, lehnten die Verfilmung ab. Das Drehbuch sei zu kindertümelnd gewesen, man habe einen Familienfilm machen wollen, der auch Erwachsene anspreche, meinte Thomas Engel, der Sohn Erich Engels, später. Er, bisher nur als Theaterregisseur erfahren, hörte durch den Vater von dem Projekt und reichte ein Drehbuch ein, in dem die Akzente von der pädagogisch intendierten Zeichnung der Kindercharaktere verlagert wurden zur Problematik des vernachlässigten Kindes. Die

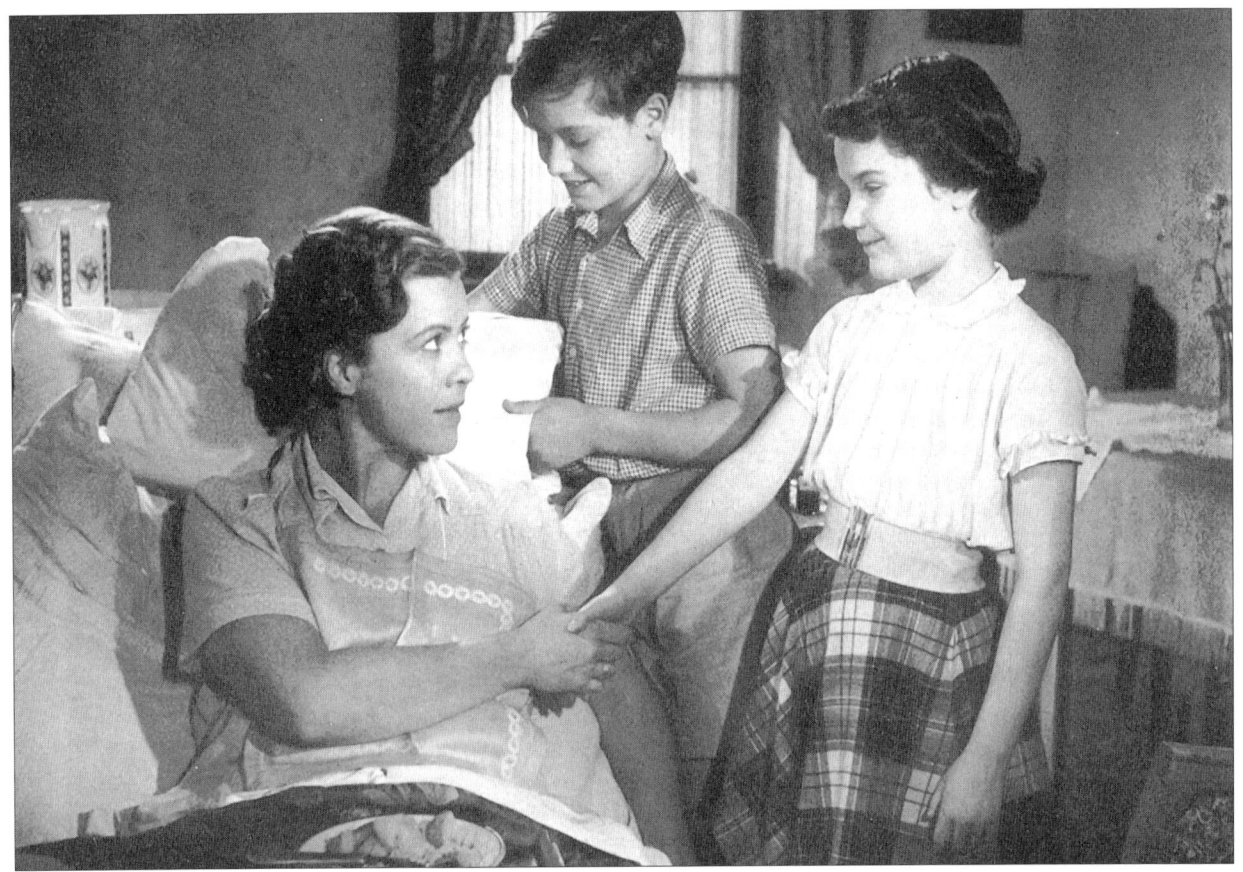

Die Fürsorge des Sohnes (Peter Feldt) und Pünktchens (Sabine Eggerth) Höflichkeit gegenüber der kranken Frau Gast (Heidemarie Hatheyer).

Realisierung dieses Drehbuches wurde ihm anvertraut. Kästner nahm die Änderung seiner Intentionen nach Thomas Engels Aussage sehr übel.[75]

Die Akzentverlagerung äußert sich in einigen Änderungen des Handlungsablaufs, aber auch der Charakterisierung einzelner Personen.[76] Das Mutter-Tochter-Verhältnis ist stärker betont. In zum Teil neu geschriebenen, bei Kästner nicht vorkommenden Szenen werden Pünktchens Anhänglichkeit einerseits, Frau Pogges Desinteresse andererseits hervorgehoben, so eine Szene im Zoo, wo die Muttertiere und ihre Liebe für ihre Jungen kontrastiert werden mit Frau Pogge, die Pünktchen sich selbst überläßt, um einen Jugendfreund (eine Figur, die

43

bei Kästner nicht vorkommt) zu treffen. Pünktchen ist weniger oberflächlich, dadurch auch stärkerer Emotionen fähig; sie leidet unter der Vernachlässigung durch die Mutter. Zugleich ist ihr Mitgefühl und ihr Engagement für andere stärker als bei Kästner. Die Streichhölzer verkauft sie aus eigenem Antrieb, um Anton zu helfen. Folgerichtig mißbraucht das Kindermädchen im Film Pünktchen nicht, vernachlässigt sie zwar ebenfalls wegen des Verlobten, ist aber nicht, wie bei Kästner, Komplizin aus Hörigkeit, sondern die vom Verlobten übertölpelte Naive, mehr ein Objekt des Mitleids als empörter Mißbilligung. Eine bei Kästner eindimensional böse und lächerliche Figur wird damit im Film differenziert. Die Aufwertung Pünktchens macht andererseits Kästners Konzept der kontrastierenden Charakterzeichnung, die erzieherisch auf den jugendlichen Leser wirken soll, zunichte und läßt seine Ablehnung des Films erklärlich erscheinen.

Das satirisch Gemeinte bei Kästner, die Tablettensucht des Vaters, die Migräne der Mutter (»Migräne sind Kopfschmerzen, wenn man keine hat«), der mokante Ton bei der Behandlung einzelner Personen, sind zurückgenommen zugunsten realistischer Zeichnung, unterstützt von einem vorzüglichen Schauspielerensemble, an dem den Regisseur nur störte, daß es - bei einem so berlinerischen Buch! - weitgehend aus Wienern bestand: eine notwendige Konzession an die Wiener Produktionsfirma.[77]

Andere Änderungen sind durch die unterschiedliche Entstehungszeit oder durch Notwendigkeiten bei der filmischen Umsetzung bedingt und daher für den Geist der Geschichte weniger gravierend. So ist die Handlung dramaturgisch sehr geschickt verdichtet, indem sie auf das »Café Sommerlatte«, bei Kästner ein Randschauplatz, konzentriert wird. Anton arbeitet hier, um der Mutter den Arbeitsplatz als Serviererin zu erhalten, wodurch auch das für die fünfziger Jahre irreale Motiv des Streichholzverkaufens wegfällt; es verbleibt nur als tatsächlich irreale, romantisch-skurrile Idee des in seiner Luxusumgebung etwas weltfremden Pünktchen.

Handlungselemente, die bei Kästner nur im Dialog referiert werden, müssen im Film ausgespielt werden, um nicht zu verpuffen, so Antons Auseinandersetzung mit dem Lehrer. Auch eine weitgehend blasse, funktionale Randfigur wie Fräulein Andachts Verlobter Robert muß für die Bedürfnisse des Films etwas mehr mit Leben erfüllt werden (was Hans Putz großartig tut). Mit Rücksicht auf das großenteils kindliche Zielpublikum verzichtet der Film auf Rückblenden, die im Buch öfter vorkommen, im literarischen Werk auch leichter zu kennzeichnen und damit zu erfassen sind, im Film aber erfahrungsgemäß Kinder leicht verwirren.

Der Schluß des Films war wohl nach einer Äußerung Engels skeptischer gemeint als bei Kästner, wirkt aber nicht so. Die Moral sei, so Engel, »daß die Eltern es (ihr Fehlverhalten, d. Verf.) zum Schluß einsehen und das Kind gerührt in die Arme nehmen und sich nun wirklich voll um das Kind kümmern wollen, wobei es sicher bei dem guten Vorsatz bleiben wird für 14 Tage.«[78] Diese Skepsis gegenüber dem Happy-End kommt leider im fertigen Film nicht zum Ausdruck, wenn die Familien Pogge und

Gast fröhlich und einträchtig miteinander an die See fahren. Das ist kaum realistischer als Kästners immerhin vorbildhaft gemeinte, aber dennoch allzu happy-endige Sozialutopie, die so sehr an die Dienstboten mit Familienanschluß in DREI MÄNNER IM SCHNEE erinnert.

Wie immer, wenn Kinder die Hauptdarsteller sind, hängt Entscheidendes von ihrer richtigen Auswahl und guten Führung ab. Hier ist vor allem Sabine Eggerth in der Rolle des Pünktchen hervorzuheben, deren Begeisterung, Spielfreude, rasche Aufnahmefähigkeit, ja fast Professionalität bei den Dreharbeiten der Regisseur zu rühmen weiß, und die mit Mutterwitz und vorlauter Naseweisheit die ideale Verkörperung der Rolle war. Nicht auszudenken, was aus dem Film geworden wäre, hätte man den Vorstellungen des Kameramannes folgend nach den Probeaufnahmen Christine Kaufmann gewählt, die

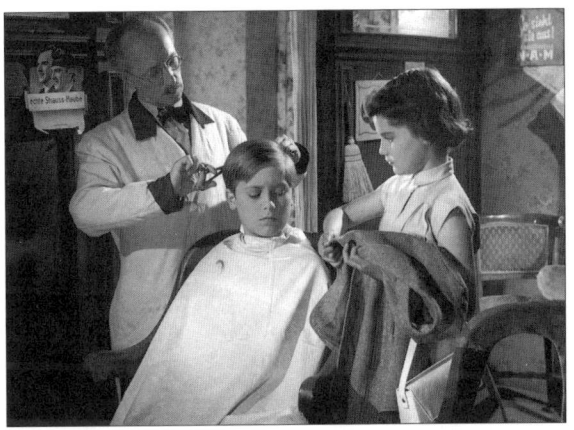

Als Anton (Peter Feldt) beim Friseur (Walter Varndahl) ist, steckt ihm Pünktchen (Sabine Eggerth) – hier noch nicht, aber gleich – heimlich Geld in die Tasche, was zu einem folgenschweren Mißverständnis zwischen ihm und seiner Mutter führt.

sich ebenfalls beworben hatte. Ihr zuckriger Rosen-Resli-Charme steht in diametralem Gegensatz zur Anlage der Figur. Peter Feldt als Anton wirkt, sei es wegen seiner vom Regisseur berichteten etwas halbherzigen Teilnahme[79], sei es wegen der arg vorbildhaften Anlage der Figur, zu brav und reichlich fad.

Unterm Strich bleibt eine trotz der Akzentverschiebung kästnergerechte, Geist und Charme der Vorlage kongenial wiedergebende, Literarisches geschickt in Filmisches umsetzende Verfilmung, eine der besten und bis heute beliebtesten Kästner-Adaptionen. Angesichts von Kästners Qualitäten als Drehbuchautor wäre es dennoch interessant gewesen, einen nach dieser Vorlage realisierten Film - womöglich gar im Vergleich - zu sehen. Es gibt nicht nur eine mögliche Lösung!

1960 produzierte der Nord- und Westdeutsche Rundfunkverband ein Fernsehspiel PÜNKTCHEN UND ANTON. Nach Auskunft des NDR wurde die Kopie 1983 bei einer Ausmusterungsaktion gelöscht.[80] Weitere Angaben als die filmographischen Daten am Schluß dieses Kapitels waren nicht zu bekommen, auch nicht vom Regisseur des Films, Udo Langhoff, der nach eigenem Bekunden[81] kein Material aufbewahrt und kaum noch eine Erinnerung an den Film behalten hat. Die Praxis der Sendeanstalten, Archivmaterial zu vernichten, ist unabhängig vom Wert des hier angesprochenen Films grundsätzlich zu bedauern!

Lutz-Kopp führt ein »Fernsehspiel in schweizerdeutscher Dialektfassung« von 1958 an.[82] Nach Auskunft des Schweizer Fernsehens DRS handelte es sich dabei um die »Filmaufzeichnung eines Theaterspiels«, der Dialektfassung eines »Jugendstücks in zwei Akten und einem Vorspiel«, das Kästner nach seinem Roman geschrieben hat, aufgenommen in einem Fernsehstudio in Theaterkulissen. Da die Unterschiede zum damaligen Fernsehspiel-Stil nicht sehr groß sind, man also zumindest darüber streiten kann, ob die

Anton«. Er hätte, einer Programminformation des Schweizer Fernsehens zufolge, »'s Pünktli und dr Toni« heißen sollen. »Doch die Berühmtheiten mögen ihre Namen nicht so gerne ändern« (ein verklausulierter Hinweis auf rechtliche Probleme mit Kästner?[84]), deshalb habe man es bei PÜNKTCHEN UND ANTON belassen. Da die übrigen Rollennamen allerdings zum Teil erheblich von denen Kästners abweichen, gebe ich, soweit ermittelbar, ihre Entsprechung bei Kästner an. Eine - mich störende -

Die Eltern (Paul Klinger und Hertha Feiler) überraschen Pünktchen beim nächtlichen Streichhölzerverkauf. Links der Denunziant Klepperbein (Klaus Kaap).

Als sie nach Hause kommen, finden sie die unschädlich gemachten Einbrecher vor. (Fotos Seite 43 bis 46 aus der Version von 1953)

Sendung in unseren Zusammenhang gehört[83], führe ich die Produktionsdaten in der Filmographie mit größtmöglicher Vollständigkeit auf. Die Aufzeichnung scheint sich - bis auf die Sprache natürlich - sehr getreu an Kästner gehalten zu haben. Der Titel war aber nicht, wie Lutz-Kopp angibt, »Pünktli und

Besonderheit an der Inszenierung sei erwähnt: Der Klepperbein- bzw. hier Stelzenmiggel-Part wird von einem Mädchen gespielt. Das kann bei dieser ohnehin übertrieben böse gezeichneten Kontrastfigur zu Anton nur zusätzlich denunziatorisch wirken.

Derzeit stellt Peter Zenks Münchner Lunaris-Filmproduktion (in Zusammenarbeit mit der Bavaria) eine weitere Verfilmung von PÜNKTCHEN UND ANTON mit dem gleichen Titel und unter der Regie von Caroline Link, die auch das Drehbuch schreibt, her. Die Dreharbeiten sollen erst nach Redaktionsschluß dieses Buches (August 1998) beendet sein. Dankenswerterweise wurde mir Einblick ins Drehbuch gewährt.

Caroline Link hat mit ihrem Erstlingsfilm »Jenseits der Stille«, der nicht gerade leichtgängigen Geschichte eines Kindes taubstummer Eltern, das die Welt der Musik entdeckt, einen in Deutschland kaum für möglich gehaltenen Publikumserfolg verbucht und auch große künstlerische Anerkennung gefunden (u.a. Filmband in Silber des Deutschen Filmpreises für die Regie und Nominierung für den Oscar als bester ausländischer Film).

Auch Caroline Link hat Kästners Stoff modernisiert, der Entstehungszeit des Films angepaßt, dies aber in sehr behutsamer, möglichst wenig verändernder, Kästner respektierender Weise. Eine sehr geglückte Maßnahme etwa ist es, aus der Gouvernante Frl. Andacht ein Au-pair-Mädchen zu machen (eine Rolle für den Star ihres Films »Jenseits der Stille«, Sylvie Testud). Und daß Pünktchen Streichhölzer verkauft, ist natürlich in einem in unserer Zeit spielenden Film auch als romantische Idee eines naiven Kindes unmöglich. Sie tritt stattdessen als Straßensängerin auf. Pünktchens Vater ist - auch dies angesichts des modernen Managertums eine nicht nur geglückte, sondern fast notwendige Maßnahme - kein Fabrikant mehr, sondern ein (mindestens ebenso vielbeschäftigter) Klinikchef. Durch diese Berufswahl wollte Link allerdings, wie sie mir in einem Gespräch sagte, auch die Ambivalenz dieser Figur - hier Angehöriger helfender Berufe/dort Desinteresse an der konkreten Not der Familie Gast - herausheben.

Ein sensiblerer Bereich als die äußerlichen Modernisierungen ist natürlich die Sprache. Dazu Caroline Link selbst[85]: »*Vor einer gewissen Form der Modernisierung schrecke ich zurück. Denn ich finde es affig, der Gunst der vermeintlich modernen Kids hinterherzurennen. Die Sprache der zehnjährigen Kinder von heute wechselt sowieso alle halbe Jahr. Wenn ich also heute etwas drehe mit ›megageil‹, ›krass‹ und ›cool‹, dann ist es übermorgen schon um die Ecke - und die Kinder sind die ersten, die merken, wenn man versucht, sich bei ihnen anzubiedern.*«

Caroline Links eigene Dialoge sind voller subtiler Ironie. Ihr Witz ist ein anderer als der Kästners, doch ist es ihr gelungen, vieles von Kästners Dialogen stehenzulassen, ohne daß dies irgendwo als Bruch zu empfinden wäre.

Einiges hat der Film auch mit der Version von 1953 gemeinsam, doch ist er alles andere als ein Remake. So werden vor allem einige Personen freundlicher gezeichnet, als bei Kästner, allen

47

voran das Au-pair-Mädchen, die Frl.-Andacht-Rolle. Die Personenzeichnung ist hier ausgesprochen realistisch; man merkt, daß Link selbst als Au-pair gearbeitet hat und das Milieu gut kennt. Das Mädchen ist zwar ein wenig oberflächlich, voller jugendlichem Erlebnisdrang und unbedenklicher Genußsucht (so futtert sie ohne Gefühl für die Obszönität des Reichtums ein 200-Mark-Kaviar-Brötchen vom kalten Büffet der Herrschaft und führt stundenlange Telefongespräche mit der Heimat ohne Rücksicht auf die Telefonrechnung des Gastgebers), aber sie ist doch auch gutwillig und besitzt die Zuneigung des Kindes. Auch wenn sie auf den windigen Kellner Carlos, der Frl. Andachts Verführer »Robert der Teufel« entspricht, hereinfällt, widersteht sie doch energisch seinem Ansinnen, ihn in das Haus der Pogges zu lassen, und er muß sie hereinlegen, um seinen Einbruch bewerkstelligen zu können. Der Rest der Handlung dann wie gehabt, einschließlich der von Thomas Engel entlehnten, aber stärker ausgebauten gemeinsamen Reise der Familien Pogge und Gast ans Meer.

Pünktchens Mutter vernachlässigt ihr Kind zwar auch, aber nicht wegen gar so banaler »Verpflichtungen« wie Kaffeeklatsch und Modenschauen. Sie reist als Repräsentantin einer Wohltätigkeitsorganisation für Kinder in der Weltgeschichte herum und muß dann auch zuhause noch ständig repräsentieren. Pünktchen wirft ihr allerdings vor, sie habe ein Herz für Kinder nur, wenn Fotografen in der Nähe sind. Wie sehr Pünktchen unter der Vernachlässigung durch die Mutter leidet, hat Link ähnlich wie Engel stärker betont als Kästner, aber mit anderen, weniger elegischen Mitteln. Frau Pogge ist die ambivalenteste Figur des Films.

Die gravierendste Änderung gegenüber Kästner gibt es allerdings bei der Figur Antons: Der klaut bei Caroline Link wirklich (um seiner Mutter die dringend benötigte Erholungsreise ermöglichen zu können), wird nicht nur, wie im Film von Thomas Engel, von der Mutter fälschlich des Diebstahls verdächtigt. Für Kästner wäre dies bei seiner Vorbildfigur undenkbar gewesen. Dennoch ist diese Akzentuierung stimmig, läßt nicht nur das Drückende von Antons und seiner Mutter Armut spürbarer werden, es macht auch die fade, eindimensionale Figur Antons plastischer, z.B. auch, indem seine Gewissensbisse in einer Montage kurzer Szenen gezeigt werden. Auch ein gutartiges, »vorbildliches« Kind macht Fehler, wird gezeigt; Klauen und Klauen ist zweierlei, wie die Gegenüberstellung der Figuren Anton und Charly/Ricky (in diesen ist der Klepperbein-Part gedoppelt) klar macht. Ferner verstärkt das Handlungselement den Konflikt zwischen Mutter und Sohn und damit auch dessen Motiv davonzulaufen.

Daß übrigens dieses Ausreißen Antons mit »geliehenem« VW-Bus und dadurch veranlaßter Verfolgungsjagd durch Freunde und Polizei wie auch zum Beispiel Bertas Überwältigung des Einbrechers recht spektakulär inszeniert ist, mag als Konzession an die Konsumgewohnheiten unserer Zeit erklärlich sein. Wenn aber die Inszenierung hält, was das Drehbuch verspricht - und daran ist nach der Erfahrung mit »Jenseits der Stille« kaum zu zweifeln - dürfte PÜNKTCHEN UND ANTON von Caroline Link die geglückteste, stimmigste Adaption eines Kinderbuchs von Kästner seit den fünfziger Jahren, den quasi authentischen Kästner-Filmen also, werden, sieht man einmal von dem Sonderfall KONFERENZ DER TIERE von 1969 ab, dessen Qualitäten in anderem Zusammenhang zu würdigen sind.

Filmographie

Pünktchen und Anton
(Bundesrepublik Deutschland/Österreich 1953)

Regie: Thomas Engel. Produktion: Rhombus-Film, München/Ring-Film, Wien. Drehbuch: Maria von der Osten-Sacken, Thomas Engel nach dem gleichnamigen Roman und Theaterstück von Erich Kästner. Kamera: Franz Weihmayr. Musik: Herbert Trantow. Liedertexte: Günther Schwenn. Egon-Lied: Heino Gaze. Bauten: Fritz Jüptner-Jonstorff. Kostüme: Ilse Dubois. Schnitt: Anna Höllering. Regieassistenz: Alfred Solm. Produktionsleitung: Hans Lehmann.
Darsteller: Paul Klinger (Herr Pogge), Hertha Feiler (Frau Pogge), Heidemarie Hatheyer (Frau Gast), Sabine Eggerth (Pünktchen), Peter Feldt (Anton Gast), Annie Rosar (Bertha), Jane Tilden (Fräulein Andacht), Michael Janisch (Chauffeur), Klaus Kaap (Klepperbein), Carl Möhner (Höllriegel), Hans Putz (Robert), Hugo Gottschlich (Gustav), Walter Varndahl (Friseur Habekuß), Herbert Kroll (Lehrer Bremser), Maria Eis (Frau Übelmann), Fritz Friedl, Rustan Badendick, Grete Rainer, Richard Eybner, Mia Kern, Ernst Pröckl, Luise Prasser, Anneliese Tausz, Hermann Erhardt, Otto Woegerer, Franz Pfandler, Josef Jonas, Curt Eylers, Josef Menschik, Grete Müller-Morelli, Viktor Braun, Ralph Boddenhuser, Ludmilla Hell, Reinhold Siegert, Oscar Wegrostek.
Schwarzweiß. 90 Minuten. FSK: ab 6. Verleih: AFM.
Video: BMG/Atlas (Ö).

Pünktchen und Anton
(Fernsehspiel in zwei Teilen. Schweiz 1958)

Regie: Jörg Schneider. Produktion: SRG. Schweizerdeutsche Bearbeitung: C.F. Vaucher. Musik: Tibor Kasics. Bühnenbild: Alfred Rössler. Tänze: Jean-Pierre Genet.
Darsteller: Gerda Rist (Pünktchen), Rainer Günther (Anton), Paul Bühlmann (Direktor Klötzli, entspricht Herrn Pogge), Lotte Berlinger (Frau Klötzli), Alice Brüngger (Fräulein Rindermagen, entspricht Fräulein Andacht), Ursula Feurer (die »dicke Berta«), Ines Torelli (Stelzenmiggel, entspricht Klepperbein), W.E. Baur (»der schöne Robert«), Jörg Schneider (Coiffeur Kämmli) u.a.
Schwarzweiß. 100 Minuten.

Statt Streichhölzer zu verkaufen tritt Pünktchen (Elea Geissler) in der Version von 1998 im Münchner Stachus-Untergrundgeschoß als Straßensängerin auf.

Pünktchen und Anton
(Fernsehspiel. Bundesrepublik Deutschland 1960)

Regie: Udo Langhoff. Produktion: Nord- und Westdeutscher Rundfunkverband. Szenenbild: Hans Albert Dithmer.
Darsteller: Reinhold Nietschmann, Ursula Liederwald, Gerda Gmelin, Günther Jerschke u.a.
Schwarzweiß. 58 Minuten.

Pünktchen und Anton
(Deutschland 1998)

Regie und Drehbuch: Caroline Link. Produktion: Lunaris-Film- und Fernsehproduktion (Peter Zenk)/Bavaria Film (Uschi Reich). Kamera: Torsten Breuer. Musik: Niki Reiser. Szenenbild: Susann Bieling. Kostüme: Katharina von Martius. Schnitt: Patricia Rommel. Regieassistenz: Richard Höfler. Produktionsleitung: Peter Sterr.
Darsteller: Elea Geissler (Pünktchen), Max Felder (Anton), August Zirner (Herr Pogge), Juliane Köhler (Frau Pogge), Meret Becker (Frau Gast), Sylvie Testud (Laurence, Au-pair-Mädchen, entspricht Frl. Andacht), Gudrun Okras (dicke Bertha), Helmfried von Lüttichau (Giovanni), Benno Führmann (Carlos), Michael Hahnemann (Lehrer Bremser), Vincent Aydin (Ricky), Florian Wiechmann (Charly), Tim Bertram (Lukas), Dorothea Walda (Dame im Eiskaffee), Ursula Dirichs (Lehrerin), Thomas Holtzmann (Mann im Pfandhaus), Ben Yebuah (Mr. Yebuah), Catherine Amissah (Mrs. Yebuah), Andreas Weizsäcker (Gast auf Party), Sabrina Weizsäcker (seine Ehefrau), Michi Sauerteig (Polizist im Hubschrauber), Arnd Klawitter (Kartenverkäufer), Achim Bendix (Obdachloser), Hubert Mulzer (erster Polizist), Andreas Heinzel (zweiter Polizist), Marc Nußbaum, Nikolaus Müller-Weihrich.
Farbe. Verleih: Buena Vista.

DAS FLIEGENDE KLASSENZIMMER

DAS FLIEGENDE KLASSENZIMMER, nach dem nicht verfilmten 35. MAI[86] Kästners vierter Kinderroman, wurde erst nach der »Machtergreifung« durch die Nationalsozialisten fertig, konnte aber nur kurzzeitig in Deutschland erscheinen.[87] Dann fiel die deutsche Verlagsausgabe dem Verbot des Autors zum Opfer und Kurt Maschler übernahm sie in seinen Atrium-Verlag; Reimporte des Schweizer Verlagsprodukts[88] waren möglich. Eine von R.A. Stemmle 1933 geplante Verfilmung kam, wie bereits im Eingangskapitel erwähnt, nicht zustande.

Der Roman handelt von einigen miteinander befreundeten Internatsschülern, die für die Weihnachtsfeier ihrer Schule ein selbstgeschriebenes Theaterstück, »Das fliegende Klassenzimmer«, proben, eine Fehde mit den Schülern der im gleichen Ort angesiedelten Realschule austragen und ihren vorbildhaften Lehrer mit seinem verloren geglaubten Jugendfreund, einem Aussteiger und ehemaligen Arzt, zusammenbringen.

Wie in keinem anderen seiner Kinderbücher entfaltet Kästner ein breites Spektrum kindlicher Charaktertypen, die ihm Gelegenheit geben, wertend und mit

Professor Kreuzkamm entdeckt den kleinen Uli im Papierkorb: Bruno Hübner (links) und Knut Mahlke in der Version von 1954.

pädagogischer Intention beispielhaft bestimmte Einstellungen und Verhaltensweisen vorzuführen. Erklärtes Ziel des Buches ist es zu zeigen, daß die Kindheit entgegen der Schönfärberei der meisten Kinderbuchautoren nicht »aus prima Kuchenteig gebacken« sei[89], das jugendliche Publikum aber gleichzeitig zu ermutigen, Mißgeschicken tapfer entgegenzutreten.

Dem Roman wurde zwar attestiert, daß er prächtige Szenen enthalte und die Kinder kumpelhaft anspreche, ohne in würdelose Anbiederei zu verfallen, doch gleichzeitig wurde kritisiert, daß die Handlungsführung nicht geradlinig genug sei und eindeutige Identifikationsfiguren fehlten, wie es sie in EMIL UND DIE DETEKTIVE und PÜNKTCHEN UND ANTON gibt.

Diese Kritik gilt im Positiven wie im Negativen auch für die Verfilmung von 1954. Es war Kurt Hoffmanns erster »richtiger« Kästner-Film(nach Kästners Mitarbeit an ICH VERTRAUE DIR MEINE FRAU AN, die hier außer acht bleiben kann) und sein vielleicht bester. Das Drehbuch schrieb, wie in den fünfziger Jahren fast immer, Kästner selbst. Es ist

Otto Bolesch (links) als Professor Kreuzkamm (die Namen der Kinderdarsteller sind den Rollen nicht zugeordnet) in der Version von 1973.

Der kleine Uli will seinen Mut beweisen und springt mit einem Regenschirm in der Version von 1954 von einer Reckstange.

gegenüber dem Roman nur wenig zum Familienfilm hin verändert durch die Andeutung einer Liebesgeschichte zwischen dem Jugendfreund des Lehrers und der Krankenschwester des Internats. Als »Autor« schafft Kästner in einer dem Buch nachgestalteten Rahmenhandlung selbst ironische Distanz zur Geschichte.

Hoffmanns oftmals be-wiesene Qualität der guten Schauspielerführung be-währte sich besonders an dem Jungen-Team des Films, dem auch die später bekannt gewordenen Peter Kraus und Michael Verhoeven angehörten und das überwiegend spontan und glaubwürdig wirkt. In der Erwachsenenhauptrolle des von Kästner idealtypisch angelegten Lehrers Dr. Böck glänzt Paul Dahlke und verhindert, daß die Figur blutleer und fade wirkt. Auch Hoffmanns Gespür für die optische Umsetzung einer literarischen Vorlage und seine Geschmackssicherheit kamen dem Film zugute (obwohl auch Hoffmann, wie Kästner, gelegentlich etwas auf die Tränendrüse drückt, besonders in den Szenen mit Martin Thalers Eltern).

In der Version von 1973 springt Uli aus einem höher gelegenen Stockwerk des Internats.

1973 drehte der Produzent Franz Seitz mit seinem Hausregisseur für Jugend- und Familienfilme Werner Jacobs ein Remake. Das Drehbuch schrieb Seitz

unter seinem Lümmelfilm-Pseudonym Georg Laforet. Die Verfilmung ist bemerkenswert werktreu. Modernisierungen sind mit großer Vorsicht vorgenommen und größtenteils überzeugend gelungen, auch wenn sie manchmal etwas verkrampft wirken, weil sich der Geist der Geschichte dagegen sperrt. So fehlt der Charme der Buchvorlage und auch der Erstverfilmung.[90]

Das liegt zum einen an den Schauspielern. Der onkelhafte Fuchsberger als Lehrer und der chargierende Reincke als sein Jugendfreund können es mit Dahlke und Klinger nicht aufnehmen. Hinzu kommt, daß der Film gegenüber dem pädagogischen Ernst des Buches und im großen und ganzen auch der Erstverfilmung einen eher gefälligen und gefühligen Charakter hat. Das zeigt sich in der Vorgeschichte des Johnny Trotz, die bei Kästner ganz nebenbei im Vorwort erzählt wird als Beleg dafür, daß die Kindheit kein Zustand immerwährender Fröhlichkeit sei. Im Film von 1973 ist sie zu einer ausführlichen, sentimentalen Vorgeschichte aufgeblasen; die Beiläufigkeit und Burschikosität, mit denen der Autor den sentimentalen Gehalt seiner Geschichte abmildert, werden durch melodramatisches Gewicht ersetzt.

In die Richtung des Gefälligen gehen die Einführung einer zweiten Liebesgeschichte zwischen dem Primaner Theodor und einer Lehrerstochter[91] und die wirkliche Flugreise, die der Vater des kleinen Uli der Klasse schenkt, damit sie in der Realität nachvollziehen kann, was sie auf der Schulbühne gespielt hat. Pompöse Gewichtigkeit erhält im Film von 1973 auch dieses Theaterstück. Bei Kästner eine Art roter Faden, nur anfangs als Probenszene in einem Feuerwerk witziger Einfälle etwas ausführlicher vorgestellt und mehr der Heraushebung der die Hauptrolle spielenden Gruppe von Jungen aus

hatte dagegen auch Hoffmann mit Augenzwinkern herausgestellt.) An die Stelle der Kästnerschen Ironie, die die Mängel der Aufführung ebenso betont wie die allgemeine Rührung, Wohlwollen und Zuspruch durch Eltern und Lehrerschaft, tritt das ernsthaft abgefilmte ungeschickte Spiel der Kinder-Darsteller als vermeintliche Attraktion. Allerdings, der Gerechtigkeit halber sei es gesagt: Daß die ganze Geschichte in den Sommer verlegt wurde (was nicht zuletzt einem Farbfilm gut tut), daß die Thea-

Das Theaterstück »Das fliegende Klassenzimmer« als Weihnachtsstück im (originalgetreu) winterlichen Film von 1954.

Das Theaterstück »Das fliegende Klassenzimmer« zur Schuljahresabschlußfeier im (farbfilmgerecht) sommerlichen Film von 1973.

der Schülerschaft des Internats dienend, ist es bei Seitz/Jacobs der Schlußhöhepunkt, wird als festliche Aufführung breit ausgewalzt und in all seinen Schauwerten ausgenutzt, unter Mißachtung der realen Möglichkeiten einer Schulaufführung. (Gerade das Ungelenke einer solchen Schulaufführung

teraufführung zum Schuljahresschluß stattfindet und nicht zur Weihnachts(vor)feier und daß die Geschichte um Martin Thaler, der sich fast die Heimfahrt zu den Eltern nicht hätte leisten können, verändert und entdramatisiert ist, wird nicht nur dem fehlenden Armutshintergrund der siebziger

Jahre gerecht, sondern entsentimentalisiert die Geschichte auch auf angenehme Weise.

Schließlich sind auch die Klassenzimmerszenen mit Ulk und Klamauk stärker ausgespielt als bei Kästner. Überhaupt mag dieses Remake sein Zustandekommen in erster Linie dem Erfolg der Seitzschen Lümmelfilm-Welle[92] verdanken. Aber zur Ehre von Seitz und Jacobs sei gesagt: Ein Lümmelfilm ist DAS FLIEGENDE KLASSENZIMMER von 1973 denn doch nicht.

Wie schon am Ende des Kapitels zu EMIL UND DIE DETEKTIVE erwähnt, hat Peter Zenk auch die Rechte zur Neuverfilmung des FLIEGENDEN KLASSENZIMMERS erworben. Die Dreharbeiten sind für 1999 ins Auge gefaßt.

Filmographie

Das fliegende Klassenzimmer
(Bundesrepublik Deutschland 1954)

Regie: Kurt Hoffmann. Produktion: Carlton-Film (Günther Stapenhorst). Drehbuch: Erich Kästner nach seinem gleichnamigen Kinderbuch. Kamera: Friedel Behn-Grund. Musik: Hans-Martin Majewski. Bauten: Robert Herlth. Ausstattung: Kurt Herlth. Kostüme: Werner Schmidt. Schnitt: Fritz Stapenhorst. Ton: Hans Endrulat. Regieassistenz: Fritz Stapenhorst. Produktionsleitung: Klaus Stapenhorst. Darsteller: Paul Dahlke (Dr. Böck, gen. Justus), Heliane Bei (Schwester Beate), Paul Klinger (Dr. Uthoff, gen. Nichtraucher), Erich Ponto (Sanitätsrat Dr. Hartwig), Bruno Hübner (Professor Kreuzkamm), Herbert Kroll (Direktor Grünkern), Rudolf Vogel (Friseur Krüger), Willy Reichert (Herr Thaler), Ruth Hausmeister (Frau Thaler), Peter Vogel ("der schöne Theodor"), Peter Tost (Martin Thaler), Peter Kraus (Johnny Trotz), Bert Brandt (Matz), Knut Mahlke (Uli), Axel Arens (Sebastian), Michael Verhoeven (Ferdinand), Bernhard von der Planitz (Egerland), Michael von Welser (Kreuzkamm jr.), Hartmut Högel (Fridolin), Horst Dieter Bauer (Wawerka), Klaus Peter Pretzl (Bruno), Max Barth (Kurt), Karl Schaidler (Fäßchen), Erich Kästner (Autor). Schwarzweiß. 92 Minuten. FSK: ab 6. Verleih: AFM. Video: BMG/ Atlas (Ö).

Das fliegende Klassenzimmer
(Bundesrepublik Deutschland 1973)

Regie: Werner Jacobs. Produktion: Franz-Seitz-Film/Terra. Drehbuch: Georg Laforet (d.i. Franz Seitz) nach dem gleichnamigen Kinderbuch von Erich Kästner. Kamera: Wolfgang Treu. Musik: Rolf Wilhelm. Dekorationen: Sepp Schick. Kostüme: Ina Stein. Schnitt: Adolph Schlyssleder. Produktionsleitung: Georg Föcking. Darsteller: Joachim Fuchsberger (Dr. Böck, gen. Justus), Heinz Reincke (Dr. Uthoff, gen. Nichtraucher), Diana Körner (Schwester Beate), Otto Bolesch (Professor Kreuzkamm), Bernd Herzsprung (Theodor Laban), Anita Mally (Inge Kreuzkamm), Tilo von Berlepsch (Internatsdirektor), Gudula Blau (Frau von Simmern), Annemarie Wernicke, Wolfgang Schwarz, Jane Hempel, Otto Kurth und die Jungen: Wolfgang Jarczyk, Hans Putz, Thomas Eggert, Alois Mittermaier, Daniel Müller, Thomas Ecker, Thomas Chival, Markus Ramershoven, Stefan Pfister, Stefan Schmidt, Michael Hertel, Matthias Bülau, Mark van Domum, Hermann Eichler, Heinz Dieter Ott. Farbe. 90 Minuten. FSK: ab 6. Verleih: (Zukunft-Film). Video: Videobox, vergriffen.

Das doppelte Lottchen

Die Entstehung des Romans DAS DOPPELTE LOTTCHEN weist eine Besonderheit auf: Er existierte zunächst als Film-Treatment. 1942, zur Zeit seiner vorübergehenden Arbeitserlaubnis als Drehbuchautor, schlug Kästner den Stoff Josef von Baky, dem Regisseur des MÜNCHHAUSEN, vor, der sich auch dafür interessierte. Als Kästner aber kurz darauf erneut mit Schreibverbot belegt wurde, mußten beide das Projekt fallen lassen. Nach 1945 arbeitete Kästner den Stoff zunächst zu einem Roman aus, der 1949 erschien, und legte diesen seinem Drehbuch[93] zugrunde, das Josef von Baky 1950 verfilmte.

Der Inhalt: Die Zwillinge Luise und Lotte[94] werden im Babyalter durch die Scheidung ihrer Eltern getrennt. Scheidungsgrund: Die Unvereinbarkeit von Künstlerberuf und Familienleben. Luise wächst bei ihrem Vater, einem berühmten Dirigenten und Komponisten, in Wien auf, Lotte bei ihrer Mutter, einer Zeitschriftenredakteurin, in München. Im Alter von zehn Jahren treffen die Zwillinge, die nichts voneinander wissen, in einem Ferienheim aufeinander, finden die Wahrheit heraus und beschließen, ihre Rollen zu tauschen. Obwohl sie recht gegensätzliche Charaktere haben und sich in der neuen Umwelt nicht gleich zurechtfinden, gelingt es ihnen, ihre Umgebung zu täuschen. Es kommt zur Krise, als sich der Vater wiederverheiraten will. Lotte erkrankt schwer, Luise und die Mutter, die den Rollentausch kurz vorher durchschaut hat,

eilen aus München herbei, und dem vereinten Bemühen der drei gelingt es, den Vater zur Vernunft zu bringen. Die Eltern heiraten erneut. Der Vater bezieht zur Arbeit ein Atelier neben der gemeinsamen Wohnung.

Es wurde gemutmaßt, das Konzept zum DOPPELTEN LOTTCHEN sei auch in dieser ausführlichen Form schon vor 1945 fertig gewesen und von Kästner, der sich in den ersten Jahren nach 1945 vor allem der schriftstellerischen Tagesarbeit, dem Kabarett und dem Feuilleton widmete, ohne grundlegende Überarbeitung übernommen worden. Dafür spräche die Nichtberücksichtigung der Situation nach 1945, der Trümmer, der wieder errichteten Grenze zwischen Deutschland und Österreich. Schwerer als diese mangelnde zeitliche Fixierung wiegt die Nichtberücksichtigung von Sorge- und Vormundschaftsrecht, die die Grundidee der Trennung der Zwillinge unglaubwürdig erscheinen läßt.

Wenn man diese für Kinder ohnehin kaum nachvollziehbaren Überlegungen außer acht läßt, so bleibt eine effektvolle, nie aufdringlich belehrende, kindgerechte Erzählung über den Sinn von Ehe und Familie (auch wenn man über Kästners - zeitgebundene - Auffassung von der Rolle der Frau in beidem streiten mag), über die Pflichten von Eltern und über den Einfluß des Milieus auf die Persönlichkeitsbildung.

Und ebenso effektvoll, unaufdringlich und

geschmackssicher ist der Film Josef von Bakys, der durch seine naturgegeben objektivere Darstellungsweise im Gegensatz zum kumpelhaften Duktus Kästners in den Kinderromanen auch für Erwachsene sehr attraktiv ist. Er steht am Anfang des deutschen Familienfilms der fünfziger Jahre als eines seiner besten Beispiele.

Daß sich das Buch bis auf ein paar dramaturgische Retuschen so wortwörtlich verfilmen ließ, liegt sicher an seiner Abstammung aus einem Filmtreatment. Kästner hatte wohl schon ein Drehbuch im Kopf (oder in der Schublade, falls er es doch schon vor 1945 verfaßt haben sollte), das er umständehalber zum Roman machte und dann nur rückübersetzen mußte. Was sich nicht unmittelbar umsetzen ließ, Reflexionen und Kommentare, wurde geschickt durch Kästner, der zu Beginn auch einmal ins Bild gesetzt wird, als Kommentator eingebracht. Josef von Baky, eine der erfreulichsten Erscheinungen im deutschen Nachkriegsfilm, bot eine seiner besten Regieleistungen - unauffällig und mit sicherem Blick für optische Reize und filmische Belange.

Emeric Pressburger mit den Larthe-Zwillingen bei den Dreharbeiten zu »Twice Upon a Time« in Kitzbühel.

Ein Glücksfall für diesen Film war die Auswahl der Zwillinge Jutta und Isa Günther für die Titelrollen. Mit großer Ausdrucksfähigkeit, mit Temperament und kindlichem Charme scheinen sie die Idealbesetzung[95], ergänzt durch eine auch in den übrigen Rollen vorzügliche Schauspielerauswahl. Für die Günther-Zwillinge blieb ihr Debüt-Film gleichzeitig der größte Erfolg. Sie waren zwar für einige Jahre so etwas wie die Paradezwillinge des deutschen Films, doch die Qualität der Streifen, in denen sie mitwirkten, Heimatfilme zumeist, wurde immer schwächer, es wurde immer schwerer, neue Zwillingssituationen zu erfinden, ihr jugendlicher Charme nutzte sich mit zunehmendem Alter ab, und sie schieden Ende der fünfziger Jahre, wie sie in späteren Interviews[96] angaben, ohne Bedauern aus dem Filmgeschäft aus.

DAS DOPPELTE LOTTCHEN gewann 1951 alle drei Spielfilmprämien des erstmals vergebenen Deutschen Filmpreises: als bester Film, für beste Regie und bestes Drehbuch.

Schon 1952 kaufte Emmerich Preßburger,

57

Kästners alter Drehbuch-Teamkollege, der 1934 nach Frankreich, 1936 nach England emigriert war und dort als Emeric Pressburger in seiner Partnerschaft mit Michael Powell als Produzent, Autor und Regisseur großes Renommee erworben hatte, die Stoffrechte für England. Seine Version mit dem reizvollen Titel TWICE UPON A TIME (»Es war zweimal«), die die Zwillinge in London und Glasgow ansiedelt und in der die neue Freundin des Vaters eine Balletttänzerin ist (Powell/Pressburgers Neigung zum Ballett - »The Red Shoes«, »The Tales of Hoffmann« - läßt grüßen), erhielt ziemlich schlechte Kritiken und war nie in Deutschland zu sehen, ebensowenig wie eine sogar noch etwas früher entstandene japanische Fassung, ein musikalisches Rührstück unter dem Titel HIBARI NO KOMORI-UTA (»Das Wiegenlied der Lerche«) mit dem Kinder-Gesangsstar Hibari Misora in der Doppelrolle des japanischen Lottchen und dem international renommierten So Yamamura als Vater.

1960 griffen Disney Productions den Stoff des DOPPELTEN LOTTCHEN auf mit dem Film THE PARENT TRAP (»Die Elternfalle«, deutscher Verleihtitel: DIE VERMÄHLUNG IHRER ELTERN GEBEN BEKANNT). Die Grundelemente

Das Plakat zu »Hibari no komori-uta« mit der verdoppelten Hibari Misora, So Yamamura als Vater und Mitsuko Mito als Mutter.

der Handlung - Trennung der Zwillinge, Aufeinandertreffen im Feriencamp, Rollentausch, Wiederzusammenführung der Eltern - sind übernommen. Das Milieu, dem die Kinder und ihre Eltern angehören, ist amerikanischen Verhältnissen angepaßt.

Dabei ändert sich auch der Einfluß, den das Milieu auf die Zwillinge hat. Bei Kästner/von Baky ist Lotte durch die wirtschaftlich recht eingeschränkten Verhältnisse der Mutter und deren Berufstätigkeit eine selbständige, ernsthafte, verantwortungsbewußte Persönlichkeit geworden, die auch den Haushalt ihres Vaters zu führen und der nicht immer ganz ehrlichen Haushälterin auf die Finger zu sehen imstande ist, während die verwöhnte Luise lausbubenhaft und etwas oberflächlich ist und mit den alltäglichen Dingen im Leben ihrer Mutter nicht zurechtkommt. Im amerikanischen Film entspricht eher noch die Charakterisierung des beim Vater, einem kalifornischen Groß-Rancher, verbliebenen Zwillings, hier Susan genannt, dem Kästnerschen Vorbild, während ihre Schwester Sharon im Bostoner Upperclass-Milieu etwas Neuenglandmäßig-Höheretöchterhaftes hat. Dieser eher regionale Gegensatz von Steifheit und Lockerheit ist für den Amerikaner sicher ganz reizvoll und auch für

Hayley Mills hier als Susan und Maureen O'Hara als ihre Mutter in »The Parent Trap« (1961).

den Europäer nachvollziehbar und amüsant, doch der pädagogische Impetus, den die unterschiedliche Charakterisierung bei Kästner/von Baky durch den Milieugegensatz arm/reich - ohne denunziatorische Absicht - hat, fehlt im Disney-Film ganz.

Entscheidendes geht darüber hinaus gegenüber der Vorlage verloren, weil die Scheidungsproblematik heruntergespielt und verharmlost wird, dies auch verbal, da im Film nie von »divorce« (Scheidung) die Rede ist; die Eltern sind vielmehr »separated«

ist wörtlich zu nehmen und gibt den Geist des Films ganz richtig wieder. Die psychosomatische Reaktion Lottes bei Kästner/von Baky läßt es dagegen wesentlich glaubwürdiger erscheinen, welches tiefgehende Problem die Wiederverheiratungspläne des Vaters für die Kinder bedeuten - ebenso, wie sich mit Luises Fehleinschätzung der Gefahr eine zusätzliche Möglichkeit zur differenzierten Charakterisierung der Zwillinge ergibt. In der amerikanischen Darstellung andererseits entsteht nie die Gefahr von Sentimentalität,

Ferienspaß 1950: Isa (links) und Jutta Günther beim Bootsfahren in »Das doppelte Lottchen«.

Ferienspaß 1993: Fritzi (links) und Floriane Eichhorn beim Ponyreiten in Schottland in »Charlie & Louise - das doppelte Lottchen«.

(getrennt)[97]. Die deutsche Synchronisation ist da allerdings ein wenig konsequenter. Gegenüber dieser Verharmlosungstendenz sind die komischen Szenen slapstickhaft ausgewalzt - fliegende Torten eingeschlossen. Die Vertreibung von Vaters neuer Braut spielt eine große Rolle, zu deren Zweck sich die Zwillinge die tollsten Streiche in Lümmelfilm-Manier ausdenken. Der amerikanische Originaltitel

die bei Kästner und seinen deutschen Verfilmern nur zu oft im Hintergrund lauert, in den Kästnerschen Büchern meist durch burschikosen Tonfall gebannt wird, während die Filme die sentimentalen Handlungselemente meist weder durch Ausmerzen noch durch mildernde Stilmittel zu umgehen imstande sind.

Großes und einhelliges Lob wurde - zu Recht - in

der Kritik zur amerikanischen[98] Verfilmung Hayley Mills in der Doppelrolle der Zwillinge ausgesprochen. Sie verkörperte die ungleichen Charaktere von Susan und Sharon hervorragend und beherrscht auch deren unterschiedliche Dialekte ausgezeichnet.

Insgesamt ist THE PARENT TRAP ein geschickt und gut gemachter, passabler (Familien-) Unterhaltungsfilm, der aber mit Kästner, seinem Charme und seinen Intentionen nicht viel zu tun hat.

1986 brachten Disney Productions quasi eine Fortsetzung von DIE VERMÄHLUNG IHRER ELTERN GEBEN BEKANNT heraus, die im Original folgerichtig PARENT TRAP II heißt. Es ist eine Fernsehproduktion, die in Deutschland zunächst nur auf Video unter dem unsinnigen Titel NIKKI UND MARY - DIE 5-MINUTEN-EHE herauskam. Mit dem Ausufern des Privatfernsehens in Deutschland

In »Parent Trap« gehört das Reiten fast zum Alltag des Vaters, eines kalifornischen Großranchers. Hayley Mills in ihrer Doppelrolle als Susan Evers (zu Pferd) und Sharon McKendrick.

und dem damit immens gewachsenen Bedarf an Sendematerial (zu so etwas sind Spielfilme aller Qualitätsklassen in Deutschland mittlerweile verkommen!) ist der Film wie zwei weitere 1989 von Disney produzierte Fortsetzungen bei uns auch im Fernsehen gelaufen.

Der Genannte entwickelt eine Geschichte um einen der inzwischen erwachsenen Zwillinge aus

THE PARENT TRAP, Susan, die geschieden ist und eine Tochter hat. Diese Tochter will ihre Mutter gemeinsam mit einer Schulfreundin an deren verwitweten Vater verkuppeln, damit auch die beiden Freundinnen zusammenbleiben können, was nach einigen Fehlversuchen mit Hilfe von Susans Zwillingsschwester Sharon klappt.

Je mehr Fortsetzungen man dreht, desto dünner werden in der Regel die Plots und desto übertriebener die Effekte. Als Disney 1989, vielleicht aus Proporzgründen, eine weitere Fortsetzung diesmal um die Zwillingsschwester Sharon herausbrachte, wurden deshalb auf die Ur-Zwillinge noch Drillinge draufgesetzt (in diesem Fall von echten Drillingen gespielt, im Gegensatz zur Doppelrolle von Hayley Mills). Sie sind die Töchter eines Witwers, in den sich Zwilling Sharon verliebt, der aber erst noch von seiner völlig unpassenden Verlobten abgebracht werden muß, wobei diesmal der Zwilling Susan mithelfen muß, aber auch die Drillinge ihr Verwechslungspotential geballt einsetzen. Immerhin ist hier ein winziger Bestandteil von Kästners Stoff wiederaufgegriffen: Die Drillinge (bzw. Zwillinge) müssen den Vater davon abbringen, die Falsche zu heiraten.[99] Zwar geht es nicht darum, ihm die eigene Mutter (zwecks Wiederheirat) unterzujubeln, aber die anvisierte Sharon hat sich durch ihr Verständnis für die Drillinge quasi schon als Ersatzmutter bewährt. Der Titel PARENT TRAP (der vorgenannte Film firmiert unter Nummer III und ist in Deutschland unter dem Titel EIN ZWILLING KOMMT SELTEN ALLEIN gelaufen) ist - in den USA - inzwischen zum Markenzeichen geworden.

Eine unmittelbar danach entstandene weitere Fortsetzung, diesmal direkt an diese Geschichte anknüpfend - die Flitterwochen des Paares mit den Drillingen auf Hawaii in einem geerbten, heruntergewirtschafteten Hotel werden dazu benutzt, das Hotel mit Zwillings- und Drillingstricks vor spekulativen Zugriffen zu bewahren - spinnt die Geschichte unter dem unsinnigen Titel PARENT TRAP - HAWAIIAN HONEYMOON (deutscher Fernsehtitel: FLITTERWOCHEN AUF HAWAII) völlig unspezifisch fort.

Alle drei Sequels sind typisch Disneysche Familienunterhaltung, aber weit unter dem bei Disney möglichen Komödien-Niveau. Das Ganze hat kaum mehr als das (klägliche) Niveau durchschnittlichen amerikanischen Fernseh-Fast-Foods. Die Storys sind an den Haaren herbeigezogen, die Zwillings-(und Drillings-)Gags abgestanden, die Charaktere zu flüchtig und klischeehaft gezeichnet - vielleicht auch eine Folge des durchweg schwachen Spiels der Schauspieler. Selbst Hayley Mills, die in all diesen Nachfolgern die erwachsenen Zwillinge Susan und Sharon spielt, kann in keinem an ihre Leistung aus dem ursprünglichen Film anknüpfen.

Erwähnt seien diese Belanglosigkeiten nur, weil es bei allen in der Autorenangabe heißt: »Gestützt auf Charaktere des Buchs ›Das doppelte Lottchen‹ von Erich Kästner« und die Filme so einen (eher fragwürdigen) Beitrag zur Verbreitung des Namens Kästners leisten - in den achtziger Jahren im Film, noch dazu im Ausland, wahrlich eine Seltenheit.

Nach »Heidi«, »Nils Holgersson«, »Biene Maja« und was weiß ich noch machten die animationsfreudigen Japaner Anfang der neunziger Jahre auch aus dem DOPPELTEN LOTTCHEN eine Zeichentrickfernsehserie (WATASHI TO WATASHI/FUTARI NO LOTTE, zu deutsch etwa »Ich und ich« oder »Ich mit mir«, FUTARI NO LOTTE ist eine sinngemäße Übersetzung des Titels der Vorlage). Sie ist in den Grundzügen buchgetreu, spielt unter Europäern an »Originalschauplätzen«, ist aber im Detail oft arg verkitscht (was mögen die Macher nur für eine Meinung vom Geschmack von Kindern haben!) und um zusätzliche Action »bereichert«. Ich konnte nur das Original sehen, da die Serie in Deutschland nicht gelaufen ist (und wohl auch nicht laufen wird[100]). Doch auch so konnte ich bemerken, daß die insgesamt rund 11-stündige Serie bis zur Unkenntlichkeit mit nicht von Kästner stammenden Handlungselementen zerdehnt ist. Besonders gut animiert ist sie - milde ausgedrückt - ebenfalls nicht (aber das ist man von diesen Fließband-Billigprodukten ja schon gewohnt), und die zeichnerische Individualisierung der Figuren läßt mehr als zu wünschen übrig. Die Zwillinge kann man nur aufgrund ihrer (unnatürlichen) Haar- und der flaschengrünen Augenfarbe von den anderen Kindern unterscheiden, da die Gesichter der Mädchen fast alle

Die Parent-Trap-Sequels: Oben von links Carrie Kei Heim, Bridgette Andersen, Tom Skerritt und Hayley Mills in »Parent Trap II«; Mitte von links Joy, Leanna und Monica Creel, Barry Bostwick und Patricia Richardson in »Parent Trap III«; unten noch zweimal die Creel-Drillinge, rechts mit John M. Jackson als intriganter Spekulant in »Parent Trap Hawaiian Honeymoon«.

gleich aussehen. Die Kinder haben den Charme von Barbie-Puppen. Bei der zeichnerisch-perspektivischen Gestaltung von Halbtotalen und Totalen und bei der Ausstattung der Mädchen wurden in den Ferienheimszenen zu Beginn starke »Anleihen« bei Walter Trier, Kästners Stammillustrator, gemacht.

In den neunziger Jahren schließlich wurde der Stoff auch in Deutschland neuverfilmt, und zwar von dem ehemaligen Kameramann und im fortgeschrit-

genannten »Herbstmilch« oder »Rama dama« im bayerischen Milieu bewährte Regisseur der totalen Verlegung der Handlungsorte weg nicht nur von Wien, sondern auch von München nach Hamburg und Berlin zustimmte, ist nicht recht einsichtig (es sei denn, man nahm auf die ausgewählten Darsteller Rücksicht), letzten Endes aber auch gleichgültig. Andere Änderungen wiegen schwerer.

In der richtigen Erkenntnis, daß sich Kästners Kinderbuch heute nicht mehr unmittelbar, sozusagen

Rollentausch: Der skeptisch-strenge Blick des Vaters (Peter Mosbacher mit Jutta Günther) in »Das doppelte Lottchen« 1950 ...

und der Mutter (Corinna Harfouch mit Fritzi Eichhorn) in »Charlie & Louise«.

tenen Alter mit Filmen wie »Herbstmilch« oder »Stalingrad« auch als Regisseur erfolgreichen Joseph Vilsmaier. Vilsmaier ist ein ambitionierter Regisseur mit Gespür für erfolgsträchtige Stoffe. An diesem Sujet reizte ihn nach eigener Aussage der Gegensatz zu seinem vorausgegangenen Antikriegsfilm »Stalingrad«. Warum der mit Filmen wie dem

wörtlich umsetzen läßt, wurde die Geschichte den neunziger Jahren angepaßt, und zwar so gründlich, daß von Kästner nichts mehr übrig geblieben ist - außer einem nicht zum Film passenden Kommentar zu Beginn, der die einzigen wörtlich von Kästner übernommenen Textstellen enthält (gesprochen von einem Sprecher mit einer Kästner ähnlichen Stimme, eine überflüssige Anlehnung an die Erstverfilmung). Sicher, die Grundzüge der Geschichte sind noch dieselben, aber gerade sie, die Trennung der Zwillinge in einem Scheidungsprozeß, sind ja am angreifbarsten. Manche Details, etwa die Lebensumstände der Eltern und damit der Kinder oder das Ambiente des Ferienheims, sind stimmig modernisiert. (Die Kritik mäkelte allerdings vornehmlich an diesen äußerlichen Modernisierungen herum, die sie als werbefilmhaft gelackt und

Vater ein erfolgloser Komponist, der in nicht sehr begüterten Umständen lebt; es ist die Mutter, die wieder heiraten möchte - läßt sich zur Not akzep-tieren. Und daß der Film mit manchmal mehr, manchmal weniger geglückten Action-szenen und Slapstickelementen aufgeputzt ist, spielt für seine Beurteilung als Kästner-Adaption keine so große Rolle.

Andere Details aber sind so verändert, daß damit Kästners dramaturgisches und pädagogisches Konzept zunichte gemacht wird. Das auffallendste Beispiel

Erstes Aufeinandertreffen der Zwillinge (links Isa, rechts Jutta Günther, zwischen ihnen Inge Rosenberg als Erzieherin Fräulein Ulrike) in »Das doppelte Lottchen« (1950).

Nicht das erste Zusammentreffen der Zwillinge (links Floriane, rechts Fritzi Eichhorn), aber sie bemerken erst jetzt ihre Ähnlichkeit. »Charlie & Louise - das doppelte Lottchen«.

pseudorealistisch empfand.[101] Das Problem ist meiner Meinung nach bei diesem Film nicht die Inszenierung, die, gestützt auf hervorragende Darstellerleistungen - übrigens gerade auch der Zwillinge -, durchaus geglückt ist, sondern das Drehbuch.)

Selbst ein gewisser Rollentausch zwischen den Eltern - die Mutter ist ein erfolgreicher Yuppie, der

steht schon gleich am Beginn. Der Film verzichtet ohne Not auf den Knalleffekt der plötzlichen Gegenüberstellung der beiden völlig gleich aussehenden Mädchen. Die hier Charlie (der Rolle nach Kästners Luise) und Louise (demnach die Kästner-Lotte) genannten Zwillinge begegnen sich bereits auf der Fahrt ins Ferienlager, ohne daß sie selbst oder andere ihre Ähnlichkeit bemerken. Charlie macht sich über das Höheretöchtermäßige von Louise lustig und piesackt sie. Sie hört damit auf, als sie die Ähnlichkeit zwischen sich und der anderen bemerkt. Bei Kästner (und allen früheren Verfilmungen!) ist das Piesacken ein Reflex auf den Schock der Gegenüberstellung. Als das Mädchen in diesen früheren Versionen die Tränen der anderen bemerkt und damit sieht, was sie angerichtet hat, bricht ihr guter Kern durch und sie tröstet die Schwester (die sie allerdings noch nicht als solche erkannt hat). Im vorliegenden Film aber muß man das Piesacken so interpretieren, daß es Ausfluß einer gewissen Boshaftigkeit ist, die dann zum späteren Charakter Charlies nicht mehr paßt.

Der Unterschied zwischen den beiden Mädchen wird zwar fast noch mehr als im Buch (über-)betont, dabei allerdings vor allem der Gegensatz im äußeren Habitus, nur zu Beginn der in Wesen und Charakter aufgezeigt. Im Fortlauf der Handlung ähneln sich die Zwillinge auch in ihrem Wesen so sehr, daß die Eltern im Gegensatz zum Buch nur mäßig irritiert sind, und das völlig zu Recht. Wenn der Vater, immerhin ein Musiker!, dagegen glaubt, daß die angebliche Charlie ihre plötzliche recht bemerkenswerte Fähigkeit zum Klavierspielen in dem kurzen Ferienaufenthalt gelernt hat, ist das eher lächerlich. Die Kinder wundern sich im Film, daß die Eltern den Rollentausch nicht bemerken. Der Zuschauer wundert sich nicht, denn dazu gibt das Drehbuch den Eltern ja keinerlei Veranlassung.

Das bei Kästner so wichtige Element der Bewährung unterschiedlicher Charaktere in neuen, gegensätzlichen Lebenssituationen, das sich auch auf die neunziger Jahre umgesetzt hätte beibehalten lassen, kommt in diesem Film überhaupt nicht zum Tragen, zumal die Zeichnung der Charaktere, lose an der bei Kästner orientiert, keine Konsequenzen aus dem Rollentausch zwischen den Eltern zieht. So muß zum Beispiel auch das Motiv der psychosomatischen Reaktion der empfindsameren Schwester auf die Wiederverheiratungspläne des Vaters entfallen, denn es ist ja hier die wie in der Vorlage beim

Lotte (Jutta Günther) versucht verzweifelt, Irene Gerlach (Senta Wengraf) von der Heirat mit ihrem Vater abzubringen (»Das doppelte Lottchen« 1950).

Vater lebende Burschikosere, die mit den Wiederverheiratungsplänen der Mutter zu tun hätte, davon allerdings gar nichts bemerkt (das ist nun wiederum stimmig dem Charakter des Mädchens angepaßt), während die empfindsame Louise eine Freundin des Vaters ebenso gekonnt vergrault, wie es die Schwester schon bei deren Vorgängerinnen immer getan hat. Als wirkliches Problem können jedenfalls weder die Wiederverheiratungspläne der Mutter noch die Freundin(nen) des Vaters glaubhaft gemacht werden.

Spätestens mit dieser Version hat DAS DOPPELTE LOTTCHEN EMIL UND DIE DETEKTIVE als meistverfilmtes Kästner-Buch überholt.

Nach Redaktionsschluß dieses Buches wird ein Remake von Disneys THE PARENT TRAP in die

Louise (Floriane Eichhorn) läßt ebenso cool wie vorher ihre Schwester die Möchtegernbraut (April Hailer) ihres Vaters (Heiner Lauterbach) abblitzen.

Kinos kommen. Hauptverantwortlich zeichnet das Drehbuchautoren-Ehepaar Charles Shyer-Nancy Meyers; Shyer hatte bei der Verfilmung der meisten ihrer die heile Welt der amerikanischen Mittelstands-Kleinfamilie feiernden Drehbücher auch die Regie geführt. Die Ergebnisse, darunter auch Remakes der Klassiker »Vater der Braut« und »Ein Geschenk des

Himmels«, waren in den USA sehr erfolgreich, wurden aber zumindest hierzulande von der Kritik eher reserviert aufgenommen. Beim Remake von THE PARENT TRAP führte erstmals Nancy Meyers Regie, während Shyer als Produzent fungierte. Ob die beiden das Drehbuch gemeinsam mit David Swift, dem Autor der Erstversion, schrieben oder sich nur auf sein Buch stützten, wird in den Produktionsinformationen reichlich unklar ausgedrückt.

Ihre Motivation, diesen Film zu drehen, erklärte Meyers (im Presseheft des Verleihs) damit, daß sie den Film von 1961 schon als Kind mit Begeisterung im Kino und dann mit ihren Töchtern, die übrigens den Filmzwillingen die Vornamen geliehen haben, wohl an die hundertmal auf Videokassetten gesehen habe. Außerdem habe sie gereizt, daß es ein Mädchen-Stoff sei, im Film eher eine Seltenheit.

Eine erste Gemeinsamkeit mit dem Vorgängerfilm besteht darin, daß die Zwillinge von einem Mädchen als Doppelrolle gespielt werden, was sonst in keiner Version der Fall ist. Die elfjährige Darstellerin, Lindsay Lohan, brachte dafür zwar keine Kinofilm-Erfahrung, aber die Kamera-Routine von rund 70 Werbespots und Auftritten in drei Seifenopern mit.

Um die Teenagerkomödie von 1961 (eine 15-jährige Hayley Mills spielte zwei knapp 14-jährige Mädchen) stimmig zu modernisieren, sah man es auch als notwendig an, das Alter der Mädchen zu reduzieren (die elf-jährige Lohan spielt elf-jährige Mädchen): 14-jährige seien »too hip« für den Plot. Das Ergebnis ist wieder mehr Teenagerkomödie als Kinderfilm, in Details zwar gegenüber der Version von 1961 verändert - der Vater ist Weingutbesitzer in Kalifornien, die Mutter Brautmodendesignerin in London -, aber ganz dieser verpflichtet und eher noch weiter von Kästner entfernt, an den keiner der Beteiligten gedacht hat und den kaum einer von ihnen kennt.

Während Kästner in seinen Kinderbüchern immer bemüht war, bei aller Unterhaltsamkeit und Leichtigkeit Kindern in Bezug auf die Realität nichts vorzumachen, ist dieser Film schon der erklärten Absicht der Macher zufolge ein Märchen, reine Traumfabrik, »Hollywood at its best ... a movie about people with dream jobs who live in dream locations«, wie die Darstellerin der Mutter, Natasha Richardson, es im Presseheft des Verleihs ausdrückt. Und der Production Designer Dean Tavoularis zur Begründung seiner Arbeit: »We all agreed to make it a world that doesn't have problems«. Ein sonderliches Problem sind nicht einmal die Scheidung der Eltern und die Wiederverheiratungspläne des Vaters, welch letzteren die Zwillinge mit den schon aus der Vorgängerversion bekannten Streichen gegen die Auserwählte begegnen.

Filmographie

Das doppelte Lottchen
(Bundesrepublik Deutschland 1950)

Regie: Josef von Baky. Produktion: Carlton (Günther Stapenhorst). Drehbuch: Erich Kästner nach seinem gleichnamigen Kinderbuch. Kamera: Franz Weihmayr, Walter Riml. Musik: Alois Melichar. Bauten: Robert Herlth, Willi Schatz. Schnitt und Regieassistenz: Fritz Stapenhorst. Produktionsleitung: Otto Lehmann.
Darsteller: Jutta Günther (Lotte Körner), Isa Günther (Luise Palfy), Antje Weisgerber (Frau Körner), Peter Mosbacher (Opernkapellmeister Palfy), Auguste Pünkoesdy (Resi), Senta Wengraf (Irene Gerlach), Maria Krahn (Frau Muthesius), Inge Rosenberg (Fräulein Ulrike), Gaby Philipp (Fräulein Gerda), Hans Olden (Hofrat Strobel), Rudolf Rhomberg (Fotograf Eipeldauer), Liesl Karlstadt (Frau Wagenthaler), Walter Ladengast (Herr Gabele), Gertrud Wolle (Fräulein Linnekogel), Gustav Waldau (Dr. Sternecker), Elke Feuchter (Steffie), Helene Griesser, Christl Decker, Veronika Lechleitner, Lya Reiber, Gerlinde Hirmann, Ruthilt Putzka, Siglinde Brunner, Ruthilt Braunhofer.
Schwarzweiß. 105 Minuten. FSK: ab 6. Verleih: AFM.
Video: BMG/ Atlas (Ö).

Hibari no komori-uta
(»Das Wiegenlied der Lerche«, Japan 1952)

Regie: Koji Shima. Produktion: Daiei. Drehbuch: Ichiro Watanabe nach dem Kinderbuch »Das doppelte Lottchen« von Erich Kästner. Kamera: Soichi Aizaka. Musik: Ichiro Saito.
Darsteller: Hibari Misora (in einer Doppelrolle als Zwillinge), So Yamamura (der Vater), Mitsuko Mito (die Mutter), Satsuki Arakawa, Kyokatsu Sugi, Shinsho Kokinte, Jun Miyazaki, Mitsu Hoshi, Mantaro Ushio.
Schwarzweiß.

Twice Upon a Time
(»Es war zweimal«, Großbritannien 1953)

Regie: Emeric Pressburger. Produktion: Empress-Film (Emeric Pressburger). Drehbuch: Emeric Pressburger nach dem Kinderbuch »Das doppelte Lottchen« von Erich Kästner. Kamera: Christopher Challis. Musik: Johannes Brahms, Carl Maria von Weber. Schnitt: Reginald Beck. Produktionsleitung: Arthur Lawson.

Darsteller: Hugh Williams (James Turner), Elizabeth Allan (Carol-Anne Bailey), Jack Hawkins (Dr. Matthews), Yolande Larthe (Carol Turner), Charmain Larthe (Anne Bailey), Violette Elvin (Florence la Roche), Isabel Dean (Miss Burke), Michael Gough (Mr. Lloyd), Walter Fitzgerald (Prof. Reynolds), Eileen Elton - Kenneth Melville (Ballett-tänzer), Nora Gordon (Emma), Isabel George (Molly), Cecily Walger (Mrs. Maybridge), Molly Terraine (Miss Wellington), Martin Miller (Eipeldauer), Lily Kenn (Mrs. Eipeldauer), Jean Stuart (Mrs. Jamieson), Margaret Boyd (Mrs. Kinnaird), Myrette Morven (Miss Rupert), Jack Lambert (Mr. Buchan), Archie Duncan (Portier), Colin Wilcox (Ian), Pat Baker (Sonia), Monica Thomson (Thelma), Margaret McCourt (Wendy), Alanna Boyce (Susie), Ilsa Richardson (Hilary).
Schwarzweiß. 75 Minuten.

The Parent Trap
(dt.: Die Vermählung ihrer Eltern geben bekannt, USA 1960/61)

Regie: David Swift. Produktion: Walt Disney Productions. Drehbuch: David Swift nach dem Kinderbuch »Das doppelte Lottchen« von Erich Kästner. Kamera: Lucien Ballard. Kameraspezialeffekte: Ub Iwerks. Musik: Paul Smith. Bauten: Carroll Clark, Robert Clatworthy. Ausstattung: Emile Kuri, Hal Gausman. Kostüme: Bill Thomas. Schnitt: Philip W. Anderson. Regieassistenz: Ivan Volkman.
Darsteller: Hayley Mills (Sharon McKendrick/Susan Evers), Maureen O'Hara (Maggie McKendrick), Brian Keith (Mitch Evers), Charlie Ruggles (Charles McKendrick), Una Merkel (Verbena), Leo G. Carroll (Reverend Dr. Mosby), Joanna Barnes (Vicky Robinson), Cathleen Nesbitt (Louise McKendrick), Ruth McDevitt (Miss Inch), Crahan Denton (Hecky), Linda Watkins (Edna Robinson), Nancy Kulp (Miss Grunecker), Frank De Vol (Eaglewood).
Farbe. 128 Minuten. FSK: ab 6. Verleih: (20th Century Fox). Video: Disney, vergriffen.

Parent Trap II
(dt.: Nikki und Mary - Die 5-Minuten-Ehe, Fernsehfilm, USA 1986)

Regie: Ronald F. Maxwell. Produktion: Walt Disney Pictures (Joan Barnett). Drehbuch: Stuart Krieger, gestützt auf Charaktere aus dem Roman »Das doppelte Lottchen« von Erich Kästner. Kamera: Peter Stein. Musik: Charles Fox. Bauten: Dan Leigh. Kostüme: Susan Gammie. Schnitt: Corky Ehlers. Regieassistenz: Robert Bordiga, Nikola Colton. Produktionsleitung: Alan Landsburg, Joan Barnett.
Darsteller: Hayley Mills (Sharon Ferris/Susan Corey), Tom Skerritt (Bill Grand), Carrie Kei Heim (Nikki Ferris), Bridgette Andersen (Mary Grand), Alex Harvey (Brian Corey), Gloria Cromwell (Florence), Judith Tannen (Jessica), Antonio Fabrizio (Bruce), Ted Science (Kris), Margaret Woodall (Blumenhändlerin), Leonard Altobell (Walter Elias), Dorothy Keller (Lillian Elias), Terri Keever (Crystal).
Farbe. 81 Minuten. FSK: ab 6. Video: Disney, vergriffen.

Parent Trap III
(dt.: Ein Zwilling kommt selten allein, Fernsehfilm, USA 1989)

Regie: Mollie Miller. Produktion: Walt Disney Company (Henry Colman). Drehbuch: Jill Donner nach einer Story von Deborah Amelon und Jill Donner »based in part on characters from the book ›Das Doppelte Lottchen‹ by ERIC KÄSTNER«. Kamera: Isidore Mankofsky. Ausstattung: Raymond G. Storey. Kostüme: Tom Bronson. Schnitt: Howard Kunin, Duane Hartzell. Regieassistenz: Fredric B. Blankfein, John Joseph Eyler. Produktionsleitung: Robert M. Rolsky.
Darsteller: Hayley Mills (Susan/Sharon), Barry Bostwick (Jeffrey Wyatt), Joy Creel (Megan), Leanna Creel (Lisa), Monica Creel (Jessie), Patricia Richardson (Cassie), Christopher Gartin (David), Jon Maynard Pennell (Hawk), Loretta Devine (Thelma), Richard Coca (Sergio), Nancy Fish (Judge), Ray Baker.
Farbe. 89 Minuten.

Parent Trap Hawaiian Honeymoon
(dt.: Flitterwochen auf Hawaii, Fernsehfilm, USA 1989)

Regie: Mollie Miller. Produktion: Walt Disney Company (Charles Milhaupt, Richard Luke Rothschild). Drehbuch: John McNamara »Based on Characters created by Deborah Amelon and Jill Donner and based in part on Characters from the book »Das Doppelte Lottchen« by ERIC KÄSTNER«. Kamera: Michel Hugo. Ausstattung: Rodger Maus. Kostüme: Tom Bronson. Schnitt: Art Stafford, Karen I. Stern. Regieassistenz: Stephen Lofaro, Sandra M. Middleton. Produktionsleitung: Paul Deason.
Darsteller: Hayley Mills (Susan/Sharon), Barry Bostwick (Jeffrey Wyatt), John M. Jackson (Ray), Leanna Creel (Lisa), Monica Creel (Jessie), Joy Creel (Megan), Jayne Meadows (Charlotte Brink), Nancy Lenehan (Mrs. Harris), Joe Mays (Ben), Wayne Federman (Telegrammbote), Al Acain (Taxifahrer), Mike Ebner (Mr. Harris), Kamika Nakanalua (Keo), Steven Perry (Polizist in Luau), Sasha Mitchell, Lightfield Lewis, Gunn Shadix.
Farbe. 89 Minuten.

Watashi to Watashi/Futari no Lotte

(»Ich und ich/Die zwei Lottes«, Zeichentrick-Fernsehserie in 29 Teilen, Japan 1991)

Regie: Kenji Kodama (»Chief Director«), Yukio Okazaki, Yorimichi Nakano, Yasuichiro Yamamoto, Ayumi Tomobuki. Produktion: Tokyo Movie Shinsha (Kyo Itoh, Yasumichi Ozaki). Drehbuch: Taeko Okina, Michiru Shimada, Haruya Yamazaki. Kamera: Motoaki Ikegami. Musik: Kazuo Ohtani. Art Director: Toshiharu Mizutani. Chefanimateur: Satoshi Hirayama. Schnitt: Masatoshi Tsurubuchi. Produktionsleitung: Hidehiko Takei.
Farbe. 725 Minuten.

Daß sich die Zwillinge in »Watashi to Watashi« ähnlicher sehen als die anderen Mädchen, bemerken zwar die Filmfiguren, nicht aber die Zuschauer.

Charlie & Louise - Das doppelte Lottchen
(Deutschland 1993)

Regie und Kamera: Joseph Vilsmaier. Produktion: Bavaria (Günther Rohrbach)/Perathon (Joseph Vilsmaier)/Lunaris Filmprod. (Peter Zenk). Drehbuch: Reinhard Klooss, Stefan Cantz, Klaus Richter nach dem Roman »Das doppelte Lottchen« von Erich Kästner. Musik: Norbert Jürgen Schneider. Ausstattung: Monika Bauert. Kostüme: Bernd Stockinger. Schnitt: Hannes Nikel. Produktionsleitung: Norbert Preuss.
Darsteller: Fritzi Eichhorn (Charlotte Palfy), Floriane Eichhorn (Louiselotte Kröger), Corinna Harfouch (Sabine Kröger), Heiner Lauterbach (Wolf Palfy), Hanns Zischler (Dr. Dieter Reich), Hans Werner Meyer (Jochen), April Hailer (Sunny), Albert Kitzl (Sülo), Jan Wilson (Miss Bishop), Sonja May (Lydia), Karin Rasenack (Sekretärin), Kyra Mladeck (Frau Brinkmann), Isabelle Carlson (Anwältin), Gerhard Garbers (Anwalt), Martha Nelle (Lehrerin), Bernhard Dübe (Lehrer), Jan Josef Liefers (Lehrer), Wolfgang Linnenbrügge (Herr Molling), Céline Sielaff (Walli), Nikolai Eberth (Olli), Oliver Pressmar (Heiner).
Farbe. 98 Minuten. FSK: ohne Altersbeschränkung.
Verleih: (Bavaria)/Atlas (16 mm). Video: Warner/Atlas (Ö).

The Parent Trap
(USA 1998)

Regie: Nancy Meyers. Produktion: Walt Disney Pictures (Charles Shyer). Drehbuch: David Swift, Nancy Meyers, Charles Shyer nach dem Kinderbuch »Das doppelte Lottchen« von Erich Kästner. Kamera: Dean A. Cundey. Musik: Alan Silvestri. Szenenbild: Dean Tavoularis. Kostüme: Penny Rose. Schnitt: Stephen A. Rotter. Regieassistenz: Albert Shapiro.
Darsteller: Lindsay Lohan (Hallie Parker/Annie James), Dennis Quaid (Nick Parker), Natasha Richardson (Elizabeth James), Elaine Hendrix (Meredith Blake), Lisa Ann Walter (Chessy), Simon Kunz (Martin), Polly Holliday (Marva Kulp, Sr.), Maggie Wheeler (Marva Kulp, Jr.), Ronnie Stevens (Großvater), Joanna Barnes (Vicki, Merediths Mutter), Hallie Meyers-Shyer (Lindsay), Maggie Emma Thomas (Zoe), Courtney Woods (Nicole), Katerina Graham (Jackie), Michael Lohan (vermißter Junge), Rachel Sullivan - Katie Deshan - Brighton Hertford - Jennifer Lin - Amy Centner - Mia Tramz (Mädchen im Camp), John Atterbury (Gareth, Chauffeur der James'), Hamish McColl (Photograph), Vendela K. Thommessen (Brautmoden-Modell).
Farbe. 128 Minuten. Verleih: Buena Vista.

DIE KONFERENZ DER TIERE

DIE KONFERENZ DER TIERE, 1949 nach einer Idee von Jella Lepman entstanden, ist untertitelt: »ein Buch für Kinder und Kenner«. Darin zeigt sich, daß schon der Autor es nicht als reines Kinderbuch verstand. Kindgerecht sind die Form der Tierparabel mit vielen dem kindlichen Witzbedürfnis entgegenkommenden Gags und der Stil. Der Kern der Geschichte, die Kritik an der endlosen Reihe von Friedenskonferenzen als Manifestationen der menschlichen Unvernunft und Uneinigkeit, übersteigt dagegen das kindliche Auffassungsvermögen. Ob der naive und utopische, die konkrete Wirklichkeit vernachlässigende Pazifismus der Geschichte auf den Versuch zurückzuführen ist,

Auch ein Dinosaurierskelett nimmt an der Konferenz der Tiere teil.

diese Geschichte kindgerecht aufzubereiten, läßt sich schwer sagen. Kästner tendiert auch sonst gelegentlich in diese Richtung.

Zum Inhalt: Weil die menschlichen Friedenskonferenzen immer nur mit Zank und Uneinigkeit, aber ohne Ergebnis enden, beschließen die Tiere, den Kindern zuliebe eine eigene Friedenskonferenz abzuhalten. Sie präsentieren den Menschen einen Forderungskatalog, der u.a. Abschaffung der Grenzen und des Militärs und Reduzierung der Bürokratie enthält. Als sich die Menschen verstockt zeigen, beginnen Heere von Motten die Uniformen der Soldaten zu zerfressen, Mäusearmeen vernichten das Aktenmaterial der menschlichen Konferenzen.

Doch Uniformen und bürokratischer Papierwust sind schneller neu produziert, als die Tiere sie vernichten können. So entführen die Tiere die Kinder, um damit die Menschen im Interesse dieser Kinder zum Eingehen auf ihre Forderungen zu zwingen - und haben damit auch Erfolg.

Man sollte meinen, daß diese Tierparabel nach einer Umsetzung als Zeichentrickfilm geradezu verlangte. Daß es damit aber fast zwanzig Jahre dauerte, mag an dem unbequemen Stoff liegen, aber auch an der mißlichen Situation des Zeichentrickfilms in der Bundesrepublik. Kästner bot das Buch noch 1949 »dem einzig dafür in Frage kommenden Mann«[102], Walt Disney, zur Verfilmung an. Doch der lehnte ab, weil er grundsätzlich keine politischen oder religiösen Probleme in seine Filme aufnehme. 1967 wurde der Stoff dem seit fünf Jahren mit witzigen kurzen Zeichentrickfilmen relativ erfolgreichen Curt Linda angeboten. Und obwohl der von der Umsetzbarkeit des Stoffes nicht überzeugt war, griff er zu, weil er nur im Rückgriff auf einen großen Namen eine Chance sah, einen abendfüllenden Zeichentrickfilm finanziert zu bekommen. Linda selbst steckte die Prämie des Deutschen Filmpreises, die er 1967 für den kurzen Zeichentrickfilm »Der Spezialist« erhalten hatte, in den Film. Aber ohne einen großen Namen wie den Kästners hätte sich wohl kaum ein Verleih - in diesem Fall die Gloria - für ein solches Projekt interessiert.

Seine Skepsis gegenüber dem Stoff begründete Linda[103] mit den vielen reflektierenden Stellen des Buches und damit, daß die Geschichte mit ihren vielen Figuren und Schauplätzen für einen Zeichentrickfilm zu unökonomisch sei.

Angriff der Mäuse.

Dennoch hat Linda Kästners Buch optisch ausgezeichnet umgesetzt. Seine KONFERENZ DER TIERE war der erste abendfüllende deutsche Zeichentrickfilm in Farbe, ist bis heute einer der besten und hatte (nicht nur) wegen seiner Pionierleistung bei der zeitgenössischen Kritik recht viel Kredit. Leider ist Linda in vielem ein Einzelkämpfer geblieben (und das »Kämpfer« kann man wörtlich nehmen im Sinne eines sehr starken, auch verbandspolitischen Engagements für den Zeichentrickfilm). Selbst er aber konnte nur mit Hilfe des Fernsehens überleben; aus Motiven der Eingangssequenz von DIE KONFERENZ DER TIERE (Kinder retten die Tiere aus einem brennenden Zirkus, wodurch diese auf die Idee gebracht werden, sich für die Kinder einzusetzen) gestaltete er zum Beispiel den Rahmen für eine ZDF-Zirkusserie. Sein wichtigster Kinofilm neben DIE KONFERENZ DER TIERE war bis Anfang der neunziger Jahre »Shalom Pharao«, eine intelligente, für Erwachsene konzipierte Umsetzung der biblischen Josephs-Geschichte. 1992 hatte Linda mit einer ähnlichen Strategie wie bei der KONFERENZ DER TIERE, nämlich der Adaption des bekannten Kinderbuchs »Das kleine Gespenst« von Otfried Preußler, seinen nach der KONFERENZ größten Erfolg. 1997 brachte er auf dem Filmfest München eine Zeichentrickversion der Geschichte der »Zauberflöte« (mit Dialogen statt Gesang und modernisierter Mozart-Musik als Soundtrack) unter dem Titel »Die kleine Zauberflöte« heraus.

Linda hat bei der KONFERENZ gravierende

Änderungen an der Geschichte vorgenommen, die auf den unterschiedlichen Erfordernissen von Literatur und Film beruhen, aber auch den unterschiedlichen Voraussetzungen der Entstehungszeit gerecht zu werden suchen, am Geist der Geschichte jedoch nichts ändern. Reden, die bei Kästner im Vordergrund stehen, sind zurückgenommen, weil sie optisch nichts hergeben, kurze Textpassagen dagegen sind zu manchmal fast selbstzweckhaft wirkendem, brillantem Spiel mit den Möglichkeiten des Zeichentrickfilms ausgebaut.

Zwei besonders drastische Änderungen seien ausführlicher angesprochen:

Erstens: Kästner vermenschlicht die Tiere sehr stark. Das macht diese einerseits zu den besseren Menschen und verstärkt stilistisch die sarkastische Botschaft des Buches, andererseits gibt es Gelegenheit zu vielen skurrilen Gags, die dem kindlichen Witzbedürfnis entgegenkommen,

»Verspielter Spaß an Affenschwanztrick und psychedelischen Blümchenorgien« (Ponkie).

etwa der Elefant beim Zahnarzt, der zum Nachspülen einen Eimer Wasser gereicht bekommt. Aber Kästner hatte keinen Disney als Schatten. Linda hat, um den Eindruck von niedlichen Viechern à la Disney auszuschließen und der Geschichte ihre Ernsthaftigkeit zu bewahren, bewußt alles vermieden, was auf eine Vermenschlichung der Tiere hinausläuft, ja sogar den Disneyschen (dennoch etwas verniedlichenden) Realismus bei der Wiedergabe der tierischen Verhaltensweisen weitgehend durch Stilisierung und Abstrahierung ersetzt.

Zum zweiten hat Linda eine starke antimilitaristische Tendenz in den Film gebracht. In der Situation von 1949, der Entstehungszeit des Buches, kurz nach dem Zweiten Weltkrieg, waren Pazifismus und Antimilitarismus für den gebildeten Europäer noch fast eine Selbstverständlichkeit. Kästner konnte sich dar-auf konzentrieren, vor den Gefahren zu warnen, die durch Unvernunft und Uneinigkeit der Menschen auch bei den Friedenskonferenzen drohen. Linda entlarvt, aus der Erfahrung weiterer zwanzig Jahre, Friedenskonferenzen als ein euphemistisches Spiel der alten Unfriedensstifter, des Militärs. Das gibt ihm nebenbei Gelegenheit, in einer der stärksten, trickfilmgerechtesten Sequenzen des Films sinnbildlich das System darzustellen, mit dem aus Menschen hirnlose, der Sprache, also der menschlichen Artikulation nicht mehr mächtige Befehlsausübungsmaschinen = Soldaten gemacht werden. Und im Gegensatz zu Kästner läßt er die Menschen sogar Krieg führen gegen die Tiere. Auch Kästner, der sonst sehr auf die genaue Umsetzung seiner Bücher im Film bedacht war, akzeptierte die Lindaschen Änderungen.

Der Film wäre geeignet gewesen, die Ambivalenz der Vorlage zu überwinden, die in den kindlichen Adressaten einerseits und der das kindliche Auffassungsvermögen übersteigenden Komplexität des Stoffes andererseits begründet ist. Er ist eine amüsante Geschichte für Erwachsene mit satirischer Brillanz. Linda tritt und trat von jeher dafür ein, den Zeichentrickfilm von dem Odium zu befreien, er sei nur etwas für Kinder. So hat er eben

»Pädagogisches Pazifistenballett von brillantem Groteskwitz ... perfide kleine Buschrevolution« (Ponkie).

auch DIE KONFERENZ DER TIERE bewußt eher zu einem Erwachsenenfilm gemacht, doch die kindgemäßen Elemente des Stoffs in Verbindung mit der amüsanten, gagreichen Behandlung vieler Details im Film haben ihre Eigengesetzlichkeit entwickelt. Außerdem kam kurz vorher Disneys »Dschungelbuch« heraus, an dessen Erfolg sich der Verleih - mit dem unpassenden Objekt - anhängen

wollte. So hat sich einmal mehr das alte Klischee durchgesetzt; DIE KONFERENZ DER TIERE hat sich im Bewußtsein des Publikums fest als Kinderfilm etabliert.

Filmographie

Die Konferenz der Tiere
(Bundesrepublik Deutschland 1969)

Regie: Curt Linda. Produktion: Linda-Film-Produktion. Drehbuch: Curt Linda nach dem gleichnamigen Kinderbuch von Erich Kästner. Idee: Jella Lepman. Kamera: Wolfgang Dietrich, Ivan Masnik, Barbara Linda. Musik: Erich Ferstl. Schnitt: Gisela Grischow. Dialogbearbeitung: Oliver Hassencamp. Hintergründe: Borislav Šajtinac. Animation: Eva Marino, Nora Korti, Sonja Rutova, Halina Weiss.
Sprecher: Georg Thomalla (Löwe), Charles Regnier (General), Bruni Löbel (Maus), Anton Reimer (Eisbär), Ernst Fritz Fürbringer (Elefant), Paul Bürks (Kamel), Erich Kleiber (Känguruh), Ursula Traun (Giraffe), Thomas Reiner (Esel), Maria Landrock (Papagei), Rosemarie Fendel (Eule), Anita Bucher (Marabu).
Farbe. 95 Minuten. FSK: ab 6. Verleih: AFM.
Video: BMG/Atlas (Ö).

Der kleine Mann

Kästners letzter großer, 1963 veröffentlichter Kinderbucherfolg, DER KLEINE MANN, beruht (wie das vier Jahre später erschienene, nicht ganz so erfolgreiche Nachfolgebuch DER KLEINE MANN UND DIE KLEINE MISS) auf Geschichten, die Kästner für seinen 1957 geborenen Sohn Thomas erfunden hatte. Es geht um die Abenteuer eines nur fünf Zentimeter großen Jungen und seine Sehnsüchte, so groß wie ein normales Kind zu werden. Gegen Ende des KLEINEN MANNes bringt Kästner in seinem üblichen virtuosen Spiel mit den Realitätsebenen eine Verfilmung durch die Filmgesellschaft Metro Goldwyn Mayer, mit der er ja einschlägige Erfahrungen hatte, ins Spiel, und in DER KLEINE MANN UND DIE KLEINE MISS tritt der Held gar als er selbst im Film auf. (In EMIL UND DIE DREI ZWILLINGE hatte Kästner die - tatsächlich erfolgte - Verfilmung von EMIL UND DIE DETEKTIVE ja schon einmal als durchgängiges Motiv verwendet). Aber die Beschwörung nutzte in diesem Falle nichts. Keines der beiden Bücher wurde bisher fürs Kino verfilmt.

Wohl aber gab es, wie Elisabeth Lutz-Kopp in ihrem Buch »Nur wer Kind bleibt ...« festhält, eine Verfilmung von DER KLEINE MANN für das ungarische Fernsehen. Die Regisseurin Ilona Katkics hatte übrigens 1978 auch die Bildregie bei einer Fernsehübertragung einer ungarischen Theateraufführung von Kästners Bühnenfassung seines EMIL UND DIE DETEKTIVE.

Da weder ich noch offenbar Lutz-Kopp den Film MÁKSZEM MATYI (der Titel ist eine sinngemäße Übertragung des Namens des kleinen Mannes Mäxchen Pichelsteiner, etwa soviel wie »Matthias Maiskorn«) sehen konnten - Lutz-Kopp führt nur reichlich vage an, den Angaben der Regisseurin Ilona Katkics zufolge seien keine inhaltlichen Veränderungen vorgenommen worden[104] -, bleibt vorläufig nur, der Vollständigkeit halber die bei Lutz-Kopp aufgeführten Daten zu wiederholen, korrigiert durch und ergänzt um einige filmographische Daten, die mir die Drehbuchautorin Mária Zahora besorgt hat; das ungarische Fernsehen sah sich nicht in der Lage, weitere Angaben zu liefern:

Filmographie

Mákszem Matyi
(Fernsehfilm, Ungarn 1977/78)

Regie: Ilona Katkics. Produktion: Magyar Televizio. Drehbuch: Mária Zahora. Redaktion: Jószef Békés. Kamera: László Szalay. Szenenbild: Sándor Nagy. Kostüme: Éva Witz. Produktionsleitung: István Garaguly. Darsteller: Péter Perlusz (der kleine Mann). Farbe. 64 Minuten.

Die Erwachsenenromane und -stücke
FABIAN

Kästners erster Erwachsenenroman, FABIAN, 1931 erschienen, wurde zu einem der bedeutendsten deutschen Zeitromane des 20. Jahrhunderts. Der Titelheld, in gewissem Sinne Kästners Alter ego - Kästner publizierte Ende der zwanziger Jahre unter anderem auch unter dem Pseudonym E. Fabian -, läßt sich im Berlin der frühen dreißiger Jahre treiben, weil er neugierig ist, »ob die Welt zur Anständigkeit Talent habe«[105], und weil er in der Vorahnung einer nahen Katastrophe keinen rechten Sinn darin sieht, Bücher zu lesen, an seinem Charakter zu feilen oder Geld zu verdienen.[106] Mit seinem Freund Labude, einem engagierten Sozialisten aus großbürgerlichem Hause, studiert er interessiert die herrschende Unmoral. Während Fabian glaubt, erst müsse der Mensch gebessert werden, dann werde die Welt besser (gleichzeitig aber sehr skeptisch ist in bezug auf die Realisierungsmöglichkeiten), meint Labude, erst müsse das System geändert werden, dann werde der Mensch von selbst besser.

Fabian, der promovierte Germanist, verliert seine bescheidene Stellung in der Reklameabteilung eines Zigarettenkonzerns. Er verliebt sich, doch das Mädchen verkauft sich nach einigen glücklichen Tagen an einen Filmproduzenten, um Karriere als Schauspielerin zu machen. Sein Freund Labude erschießt sich, als er erfährt, seine Habilitationsschrift sei abgelehnt worden - ein »Scherz« eines neidischen Kollegen. Resignierend zieht sich Fabian in seine Geburtsstadt zu seiner Mutter zurück. Als ein kleiner Junge von einer Brücke in den Fluß fällt, springt Fabian hinterher. »Der kleine Junge schwamm heulend ans Ufer. Fabian ertrank. Er konnte leider nicht schwimmen.«[107]

Um 1970 gab es erstmals Bestrebungen, den FABIAN zu verfilmen. Die interessierten Produzenten aber wollten alle den Stoff »modernisieren« und in die Gegenwart verlegen. Das lehnte Kästner ab, da er nur eine Verfilmung mit dem Bezug zu den frühen dreißiger Jahren für sinnvoll und angemessen hielt. Mitte der siebziger Jahre kam, ausgelöst durch den Erfolg des Films »Cabaret«, das Deutschland der zwanziger und frühen dreißiger Jahre - auch international - in Mode. Der Produzent Horst Wendlandt erwarb, nun von Kästners Erben, eine Option auf die Filmrechte zum FABIAN, die aber ungenutzt auslief. Er realisierte dann statt dessen »Das Schlangenei« mit Ingmar Bergman als Regisseur.[108] 1977 schließlich konnten der Jungfilmer Wolf Gremm und seine Frau, die Berliner Produzentin Regina Ziegler, die Filmrechte von den Kästner-Erben erwerben. Die sehr aufwendige, für damalige deutsche Verhältnisse mit viereinhalb

Vergeblich versucht Frau Moll (Mijanou van Baarzel), Fabian (Hans Peter Hallwachs) zu verführen.

Millionen Mark sehr teure Realisierung zog sich zweieinhalb Jahre hin.

Gremms Film ist trotz der enormen zeitlichen Distanz, trotz einiger Auffassungsunterschiede zwischen Kästner und dem Regisseur und trotz der notwendigen Verkürzungen, die dem Ganzen ein wenig von seiner Bitterkeit nehmen, bemerkenswert dicht an Kästners Buch entlang inszeniert. Die szenische Realisierung ist überzeugend, auch wenn einige Massenszenen an Perfektion zu wünschen übrig lassen. So sind »auf dem Bahnhof, wo das Leben pulsieren müßte, ... nahezu die Regieanweisungen an die Komparsen abzulesen, wann sie loszulaufen hätten.«[109] Auswahl und Leistung der Schauspieler sind vorzüglich. Trotz sorgfältiger Rekonstruktion des Historischen macht der Film keinen musealen Eindruck, kann dank der Konzentration auf die Geschicke des Helden, nicht auf die politischen Zeitereignisse, der Intention des Regisseurs entsprechend aktuell rezipiert werden.

In der zeitgenössischen Kritik war der Film ungewöhnlich umstritten. Nichts, was in den immerhin 19 mir vorliegenden Kritiken an ihm gerühmt oder gerügt wurde und wovon nicht in anderen auch das Gegenteil behauptet wurde: Er beute Sexszenen spekulativ aus - er sei in dieser Hinsicht besonders dezent; er protze mit einer opulenten Ausstattung, sei pseudorealistisch - er zeige ein sehr stimmiges Bild Berlins um 1930, sei atmosphärisch dicht; die für das Drehbuch aus dem Roman getroffene Auswahl sei stimmig - sie sei einseitig und verfälschend; Hans Peter Hallwachs sei ein mitreißender Fabian (hier herrschte noch am meisten Einigkeit) - die

Im Atelier von Ruth Reiter (Ruth Niehaus, Mitte) lernt Fabian Cornelia (Silvia Janisch, links) kennen.

Figur bleibe blaß bzw. wirke unglaubwürdig (nur eine Stimme); der politisch ökonomische Zeithintergrund werde ausgeblendet - er werde so deutlich, wie es Kästners Buch erfordere; der Film sei ein Glücksfall einer gelungenen Literaturadaption - er sei exemplarisch mißlungen.

Vielleicht liegt das daran, daß Gremms FABIAN eher ein Musterbeispiel für die Problematik von Literaturverfilmungen ist, beim Anschauen kaum an Kästner denken läßt - ebenso wie wohl Kästner bei kaum einem seiner Romane so wenig an eine Verfilmung gedacht hat wie beim FABIAN. Der FABIAN ist kein realistischer Roman. Er ist ein Zeitkaleidoskop, das von Kästner bitter-sarkastisch kommentiert wird, wobei er die Kommentare nicht nur seinem Alter ego Fabian, sondern fast allen handelnden Personen in den Mund legt. Die Personen sind keine Individuen, sondern Typen, die stellvertretend für Situationen, Phänomene oder Anschauungen stehen - und dabei gleichzeitig in Teilen Sprachrohr Kästners für seine Kommentare zu diesen Phänomenen oder Anschauungen sind. Da auf diese Weise alle Personen, gleich welcher Herkunft und Stellung, in Kästners sarkastisch-aphoristischem Stil sprechen, kann von realistischer Personenzeichnung keine Rede sein. Man mag dies, wie Werner Schneyder[110], für die entscheidende Schwäche des Romans halten, oder, absehend von jeder Forderung nach Realismus, für eine legitime Darstellungsform: In einem Film ist ein gewisser Realismus unvermeidlich, selbst wenn er nicht so betont realistisch ist wie der Gremms.[111] Szenen, die Kästner nur knapp charakterisiert, müssen, sollen sie greifbar sein, breit ausgemalt

Regisseur Wolf Gremm nimmt bei den Dreharbeiten den Platz zwischen Vater und Sohn Labude (Ivan Desny, links und Hermann Lause, rechts) ein, den im Film Fabian ausfüllt.

Fabian (Hans Peter Hallwachs, vorne Zweiter von rechts) in der Arbeitslosenschlange.

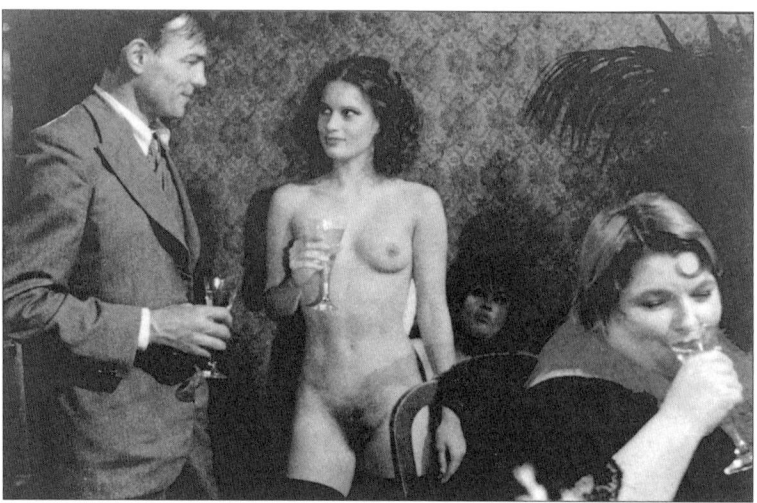

Fabian im Bordell (mit Christel Braak, Mitte, als Vera und Yanaika Lempers als Bordell-mutter). Kein Grund, dem Film, wie in einigen Kritiken geschehen, zu unterstellen, er überbetone das Element, von dem Kästner sagt: »Der Autor weist wiederholt auf die anatomische Verschiedenheit der Geschlechter hin«.

werden, wie etwa die Szenen im Tanzetablissement. Statt des lakonischen Stils Kästners kommt damit in den Film eine gewisse Opulenz. Der Schluß des Romans, von lakonischer Kürze und als ironische Metapher zu verstehen, wirkt in der ernsthaft-realistischen Wiedergabe im Film geradezu lachhaft unwahrscheinlich und unangemessen. (Kritiker, die Kästners Roman diesen Schluß ankreiden, begehen übrigens meist denselben Fehler wie der Film. Sie verstehen ihn als Faktum, als Handlungselement in einem realistischen Roman.)

Die handelnden Personen, bei Kästner Typen wie gesagt, werden im Film allein durch die Persönlichkeit der Schauspieler, und je besser diese sind, desto mehr, zu Individuen. Sie können auch nicht alle wie Kästner sprechen. Gremm und Hans Borgelt als Drehbuchautoren haben sehr geschickt die Dialoge so verändert, daß, bis auf notwendige Kürzungen, an Sinn nichts verloren ging, das Gesprochene aber realistischer wird. Die ironischen Kommentare werden ganz den Akademikern Fabian und, in eingeschränkter Form, Labude überlassen (als kleinere Rolle kommt noch der Erfinder, ebenfalls ein Akademiker, dazu), Bonmots der übrigen Personen sind sogar zum Teil Fabian und Labude in den Mund gelegt, wenn sie für das Verständnis beziehungsweise die Charakterisierung der Situation wichtig sind. Den übrigen Schauspielern wird aus Kästners Dialogen nur belassen, was der Normaldiktion der dargestellten Personen entsprechen könnte. Das führt aber über die notwendige Verkürzung eines 200seitigen Romans auf einen knapp zweistündigen Film hinaus zu einer Verdünnung des zeitkritischen Gehalts. Und insgesamt ist so zwar eine stimmige, realistische (und wie gesagt handwerklich vorzügliche) Verfilmung der *Story* von Kästners Roman entstanden, Essentielles seiner künstlerischen Wirkung aber ist verlorengegangen.

Filmographie

Fabian
(Bundesrepublik Deutschland 1980)

Regie: Wolf Gremm. Produktion: Regina Ziegler. Drehbuch: Hans Borgelt, Wolf Gremm nach dem gleichnamigen Roman von Erich Kästner. Dramaturgie: Annette Regnier. Kamera: Jürgen Wagner. Musik: Charles Kalman. Bauten: Jan Schlubach. Ausstattung: Rainer Schaper. Kostüme: Siegbert Kammerer. Schnitt: Siegrun Jäger. Regieassistenz: Michael Junker, Irmi Kelpinski. Produktionsleitung: Horst Burkhard.
Darsteller: Hans Peter Hallwachs (Fabian), Hermann Lause (Labude), Silvia Janisch (Cornelia), Mijanou van Baarzel (Frau Moll), Brigitte Mira (Frau Hohlfeld), Ivan Desny (Justizrat Labude), Charles Regnier (Erfinder), Ruth Niehaus (Ruth Reiter), Carola Regnier (die Kulp), Roswitha Lippert (die Selow), Helma Seitz (Fabians Mutter), Edgar Wenzel (Dr. Moll), Herbert Leiser (Wenzkat), Christel Braak (Vera), Gunther Berger (Münzer), Rainer Hunold (Weckerlein), Hans Wyprächtiger (Geheimrat), Engelbert von Nordhausen (Fischer), Erich Will (Breitkopf), Yanaika Lempers (Bordellmutter), Franz Böhm (Wilhelmy), Werner Lustig (Kommunist), Hans-Jürgen Schatz (Nazi), Andreas Mannkopf (Wirt), Dieter Kursawe (Kellner), Manfred Günther (Kriminalkommissar Donath), Helene Hedy (Frau Sommer), Bernd Riedel (Junge mit Plakat), Ana Fallscheer (Trikotengel), Charles Kalman (Pianist), Julie Felix (Sängerin), Lisa Sordanier - Gloria Roberts - Annemarie Roeloffs - Carolien Schönfeld - Iris Surma - Henny Vonk - Helma Fehrmann - Eva Kuttner (Damenorchester).
Farbe. 114 Minuten. FSK: ab 16. Verleih: (UIP).
Video: UFA, vergriffen.

DREI MÄNNER IM SCHNEE

Geheimrat Tobler, Multimillionär und Konzerneigner, hat unter falschem Namen an einem Preisausschreiben einer seiner Firmen teilgenommen und den zweiten Preis, zehn Tage Aufenthalt in einem Luxushotel im Gebirge, gewonnen. Nun will er, als armer Mann verkleidet, den Preis einlösen. Sein Diener Johann soll als reicher Mann im selben Hotel logieren, um im schlimmsten Fall zur Stelle zu sein. Toblers Tochter Hilde warnt die Hotelleitung telefonisch vor, wird aber unterbrochen, so daß sie Toblers falschen Namen nicht mehr verraten kann. Noch vor dem verkleideten Millionär kommt der Träger des ersten Preises beim Preisausschreiben an, der stellungslose Werbefachmann Dr. Hagedorn, der einen vierzehntägigen Aufenthalt im gleichen Hotel gewonnen hat. Er wird prompt für den Millionär gehalten und entsprechend zuvorkommend behandelt. Als Tobler eintrifft, wird er als vermeintlich armer Teufel, der in der vornehmen Gesellschaft des Hotels stört, in einem ungeheizten Dachkämmerchen einquartiert, und in der Folge versucht der Portier, ihn durch allerlei Schikanen hinauszuekeln. Der vermeintliche Millionär und der falsche arme Teufel freunden sich an und spielen auf Betreiben Toblers das Spiel der Hotelleitung mit. Als Hilde durch Johann von der Behandlung ihres Vaters erfährt, reist sie, ebenfalls unter falschem Namen und in Begleitung der Toblerschen Hausdame, an. Hagedorn und Hilde verlieben sich ineinander. Als einige Gäste Tobler durch den Portier Geld anbieten, falls er verschwinde, reisen er, Hilde, die Hausdame, Johann und zuletzt der vermeintliche Millionär Hagedorn empört ab. Wenige Tage später wird der verdutzte Hagedorn von Tobler, der sich jetzt als Konzernchef zu erkennen gibt, als zukünftiger Schwiegersohn und Direktor eines seiner Werke begrüßt.

DREI MÄNNER IM SCHNEE, 1934 entstanden, ist Kästners erste Publikation, nachdem ihm Schreibverbot für Deutschland auferlegt worden war, und durfte nur im Ausland erscheinen. (DAS FLIEGENDE KLASSENZIMMER erschien zwar auch erst nach der

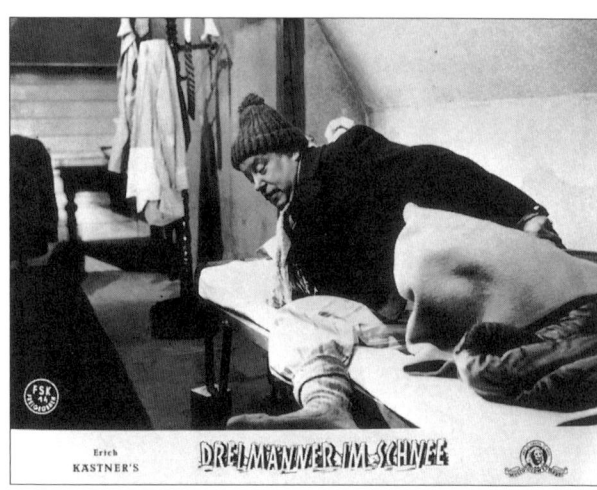

Schlüter/Tobler in seiner (zumindest im Winter) gut gekühlten Dachkammer: Paul Dahlke in der Version von 1955.

»Machtergreifung«, ist aber im wesentlichen noch vorher entstanden.) Wie die anderen Werke zwischen 1933 und 1945 ist der Roman ein leichtgewichtiges humoristisches Werk ohne übergroße Zeitbezüge, ganz auf Publikumswirksamkeit und leichte Verkäuflichkeit angelegt. So erstaunlich auch die Virtuosität und Perfektion sind, mit denen sich Kästner dieser Aufgabe entledigte, muß sie für ihn, den Satiriker, den Zeitkritiker doch ein großes Maß an Selbstverleugnung bedeutet haben.

Mehrfachverwertung seiner Ideen und Werke, wie sie Kästner schon in seinen Anfängen so gut beherrscht hatte, war in dieser Zeit geringer Ein-

Klaus Schwarzkopf (mit Klaus Grünberg) in der Version von 1973/74.

nahmemöglichkeiten eine Notwendigkeit. Der Gedanke daran mag schon bei der Konzeption des Romans mitgespielt haben. Er ist mit viel Handlung, viel Dialog und wenig Beschreibung und Reflexion geradezu prädestiniert für eine Dramatisierung oder Umsetzung zum Drehbuch. Als angebliches Werk eines fiktiven Autors namens Robert Neuner brachte Kästner eine Bühnenfassung mit dem Titel DAS LEBENSLÄNGLICHE KIND heraus[112], die einige Zeit recht erfolgreich an einigen Theatern lief - Erich Ponto soll den Tobler als seine Lieblingsrolle bezeichnet haben[113]-, ehe die Machthaber mißtrauisch wurden und das Stück verboten. Später durfte es aber wieder aufgeführt werden. Beim Verkauf der Filmrechte schob Kästner den angeblichen Freund Neuner vor, den übrigens selbst Enderle in ihrer 1960 erschienenen Biographie (und in Neuauflagen mindestens noch bis 1966) als real existierend anführt. »Täglich kommen ausländische Fragen, Depeschen usw. wegen der Filmrechte von den 3 Schneemännern. Na, da ist ja nun leider nichts mehr zu verkaufen. Weil Neuner ja vor Weihnachten sein Stück zur Verfilmung verkauft hat.«[114] Schließlich scheint Kästner versucht zu haben, ein weiteres Theaterstück, möglichst samt Drehbuch für eine Verfilmung, unter dem Pseudonym Neuner zu plazieren. »Robert ... arbeitet jetzt an seinen Entwürfen für Theaterstück und Film, zu seinem Einfall von den fünf Leuten, die gemeinsam ein Los gewinnen«, schrieb er am 27.3.1935 an die Mutter.[115] Weitere solcher Finten Kästners zur Umgehung des Berufsverbots werden im Kapitel über die Eberhard-Foerster-Stücke angesprochen.

Die Filmrechte wurden vom Hollywood-Major-Studio MGM und von der schwedischen Irefilm gekauft, die beide noch in den dreißiger Jahren eine Version herstellten. In einem offenbar von Kästners Sekretärin erstellten Typoskript »Liste sämtlicher Übersetzungen der Werke von Erich Kästner«[116] sind in der Rubrik »Drei Männer im Schnee, Film« auch Frankreich und die Tschechoslowakei genannt. Offenbar wurden also auch Drehbücher in diesen Sprachen erstellt. Bemmann schreibt zwar in ihrer Kästner-Biographie[117] - leider, wie im ganzen Buch, ohne Belege anzugeben - eine amerikanische Filmfassung

Von links: Claus Biederstaedt, Paul Dahlke und Günther Lüders im Schnee von Kitzbühel in der Version von 1955.

von 1933 [!] sei »kurz danach mit Untertiteln auch in Frankreich, der Tschechoslowakei und in Schweden« angelaufen. Die amerikanische Verfilmung entstand aber erst 1938. Diese Jahreszahl gibt auch Bemmann in ihrer 19 Nummern umfassenden Filmliste an. Ihre zitierte Äußerung beruht offenbar auf einer Fehlinterpretation des oben genannten Typoskripts, das sie wohl noch bei Kästners ehemaliger

Sekretärin selbst vor deren Tod eingesehen hat.

Nun haben Görtz/Sarkowicz im Nachlaß des Hollywood-Agenten Paul Kohner in der Stiftung Deutsche Kinemathek einen Brief Kästners gefunden, der darauf verweist, daß es schon 1935 eine französische Verfilmung durch die Méga-Film gab, der er offenbar die Weltvertriebsrechte eingeräumt hatte. Daß dieser Film »filmographisch bisher noch nicht bekannt«[118] war, liegt daran, daß die Angabe der Vorlage in allen Filmographien fehlt (den Hinweis auf einen deutschen Autor wollten die französischen Produzenten vermutlich aus politischen Gründen vermeiden) und daß der Titel, UN[119] OISEAU RARE, keine Rückschlüsse auf den Vorlagetitel erlaubt. Die Variety vom 12.6.1935 meinte, er gehöre zu den komischsten Film-Farcen, die in jenem Jahr in Frankreich gezeigt worden seien. Was diese Einschätzung wert ist, wird sich zwar gleich bei der Besprechung der amerikanischen Version zeigen, aber immerhin, das Drehbuch stammte von dem großen Jacques Prévert.

Daß es sich bei der tschechischen Version, von der Kästner, diesmal ohne den Titel zu nennen, Kohner mitteilte, sie sei bereits gedreht, um den Film TŘI MUŽI VE SNĚHU handelt, dessen Titel ja eine wörtliche Übersetzung von DREI MÄNNER IM SCHNEE ist, läßt sich erst seit der Veröffentlichung der tschechischen Nationalfilmographie in diesem Jahr zweifelsfrei sagen. Der Inhaltsangabe in dieser Nationalfilmographie zufolge dürfte sich diese Version nächst der von Kurt Hoffmann am engsten an Kästners Buch gehalten haben.

Die chronologische Folge bei der Besprechung der Verfilmungen sei hier aufgegeben zugunsten der einzigen Version, an der Kästner mitgewirkt hat, nicht von ungefähr auch der gelungensten Version: 1955 verfilmte Kurt Hoffmann DREI MÄNNER IM SCHNEE für die österreichische Ring-Film. Kästner schrieb das Drehbuch und sprach im Film einige ironische (Off-)Kommentare. Wie alle Kästner-Verfilmungen Kurt Hoffmanns ist auch diese außerordent-

Drei Männer im schwedischen Schnee: Ernst Eklund, Adolf Jahr und Nils Wahlbom (von links) in »Stackars miljonärer«.

lich werktreu. Entstanden ist ein atmosphärisch dichter Film, eine liebenswürdige Komödie mit Witz und Ironie, ohne Klamauk und falsche Töne, aber auch ohne allzu großen Realitätsbezug oder tiefere Bedeutung. Die ohnehin nur winzigen, meist (film-) dramaturgisch bedingten Änderungen gegenüber der Vorlage gehen fast ausschließlich auf das Kästnersche Drehbuch[120] zurück. Kästner

erweist sich auch hier als Drehbuchautor mit dem richtigen Sinn für das Filmische.

Die Figuren, besonders die Nebenfiguren, bekommen im Film gegenüber dem ganz auf Situationen und geschliffene Dialoge angelegten Buch durch die Persönlichkeit der vorzüglich ausgewählten Darsteller sogar mehr Lebendigkeit. Um die Rolle des Geheimrat Tobler (im Film Schlüter) soll sich auch Heinz Rühmann sehr bemüht haben. Sie sollte sein Nachkriegs-Comeback forcieren.[121]

Glücklicherweise erhielt der unvergleichliche Paul Dahlke den Part, den er mit knurriger Gutmütigkeit und dem richtigen Tonfall für den Kästnerschen Sarkasmus zum beherrschenden des Films machte, und das trotz der Glanzleistung von Günther Lüders mit seiner umwerfend komischen, aber auch rührenden, würdig-steifen Dienertreue.

1936 erschien als dritte und bis dahin bemerkenswerteste Verfilmung des Romans die schwedische Version als STACKARS MILJONÄRER (»Arme Millionäre«), im selben Jahr wie die schwedische Übersetzung des Buches mit dem gleichen Titel. Das Drehbuch weist eine schwerwiegende Veränderung der Story auf. Der Millionär ist kein liebenswürdiger Kauz, der trotz seines vielen Geldes Mensch geblieben ist und seinen Konzern vernachlässigt, wie bei Kästner, sondern ein harter Geschäftsmann, der »in seinem blinden Geschäftseifer herzlos mit seinen Untergebenen umgeht, ohne ihnen einen menschlichen Gedanken zu widmen.«[122] Die Verkleidungskomödie - er zahlt den echten Preisträger aus und reist an seiner Stelle - führt er auf, weil ihm seine Tochter sein Verhalten massiv vorwirft. Er will in der Haut des armen Mannes eine Erfahrung machen, die ihm fehlt. (Konsequenterweise ist es dann seine Haushälterin, nicht seine Tochter, die die Hoteldirektion vorwarnt.) Bei Kästner dagegen handelt Tobler aus Jux und Tollerei, aus der Langeweile des reichen Müßiggängers heraus, der das Glashaus, in dem er sitzt, demolieren will. Und er muß sich am Schluß von allen Beteiligten sagen lassen, daß seine Idee eine Schnapsidee war.

So interessant der kritische Ansatz des schwedischen Films ist, so mündet er leider bald in die Harmlosigkeit und Nettigkeit, die bei Kästner - aus der persönlichen Situation erklärlich - bewußt den ganzen Roman beherrschen. Der weitere Fortlauf der Handlung folgt der des Romans, mit Ausnahme einiger zusätzlicher

Die Schlußszene von »Stackars miljonärer«: Eriksson (Adolf Jahr, vorne) und seine Mutter (Anna Olin, rechts) erfahren die wahre Identität der Haushälterin (Tollie Zellman, zweite von rechts), Johans (Nils Wahlbom, hinten rechts), des Direktors (Ernst Eklund, hinten links) und seiner Tochter (Eleonor de Floer, links).

Episoden wie einer effektvollen Lebensrettung der Millionärstochter durch Hagedorn (im Film Jan Eriksson).

Beherrscht wird der Film durch den offenbar zu seiner Zeit sehr populären Komödiendarsteller Adolf Jahr in der Rolle des Hagedorn/Eriksson, was auch den Einbau der Lebensrettungs-Szene zur Aufwertung der Rolle erklärt. Die zeitgenössische (schwedische) Kritik reagierte im ganzen wohlwollend, kritisierte aber, daß aus der guten Grundidee zu wenig gemacht worden sei, und vermißte Übermut und Feuer im komödiantischen Spiel.

Die amerikanische Version von 1938, PARADISE FOR THREE, wurde an Weihnachten 1995 unter dem Titel DREI MÄNNER IM PARADIES, quasi anstelle des sonst zu diesem Fest fast schon obligatorischen Hoffmann-Films, in Deutschland erstaufgeführt. Das war selbst (oder gerade) für die, die Hoffmanns Version schon mehrfach gesehen hatten, ein fragwürdiger Tausch und ein eher zweifelhaftes Vergnügen.

Kästners Schauplatz und Personennamen und auch die Grundzüge der Handlung sind in diesem

Film zwar beibehalten. Aber fast sämtliche Personen sind erheblich umgezeichnet. Daß Hagedorn ausgesprochen clever ist und nicht nur ein netter, aber offenbar nicht mit sehr viel Durchsetzungsvermögen ausgestatteter Akademiker, tut dem Stoff eher gut. Robert Young in der Rolle Hagedorns hat mir in dem Film bei weitem am besten gefallen, besser sogar als Claus Biederstaedt in der deutschen Erstverfilmung, während bei den anderen Rollen der Vergleich jeweils deutlich zugunsten der deutschen Darsteller ausfällt. Ebensowenig schlägt übrigens zu Buche, daß Hagedorns Mutter durch eine blasse Zimmervermieterin ersetzt ist. Hagedorns albernes Geziere allerdings, kein reiches Mädchen heiraten zu wollen, ist ein aufgesetztes, nicht zu Kästners Stoff passendes Lustspielklischee.

Kesselhut ist ein trotteliger Dienerpopanz von stark reduzierter Bedeutung (von seinem Darsteller überdies ohne jegliche Ausstrahlung gespielt), so daß die Zahl »drei« im Titel bei diesem Film fragwürdig erscheint. Die Kunkel ist ein wahrer Drachen von einer Hausdame, in dem sich die Klischees aus Dutzenden von Durchschnittslustspielen vereinigen und der es erstaunlich erscheinen läßt, daß Tobler nicht schon eher auf die Idee zu einem derartigen Ausbruchsversuch kam. Konsequenterweise muß Tobler seinen Plan vor der Kunkel verheimlichen, während Hilde ihm seinen Ausbruch gönnt. Die Kunkel ist es auch, die ihn an die Hoteldirektion zu verraten versucht.

Tobler macht sich zum Narren, weil er auf Frau Mallebré (in ihr sind, um die Rolle des Stars Mary Astor aufzuwerten, Kästners Figuren der heiratswütigen Damen Casparius und Mallebré vereinigt) hereinfällt. Sie durchschaut seine wahre Identität, tut ihm schön und versucht, ihn mit einem angeblichen Eheversprechen zu erpressen. Und im Gefolge dieses Handlungsteils wird aus der eher beiläufigen Beziehung des »armen Teufels« Tobler mit dem Hoteldiener Sepp eine unglaubwürdige Parallelhandlung zum Hagedorn-Komplex konstruiert: Sepp rettet den von der Mallebré fast schon erlegten Tobler aus den Fängen des Vamps und wird dafür zum Manager des Hotels befördert, nachdem dessen gesamtes leitendes Personal gefeuert ist (auch diese Idee versuchen in Kästners Buch und der deutschen Erstverfilmung alle Beteiligten Tobler auszureden!).

Gerade bei der zentralen Figur des Tobler (und in ähnlichem Ausmaß bei der marginaleren Kunkel) ist das Kästnersche Personenkonzept trotz immer noch vorhandener Ähnlichkeiten am stärksten in sein Gegenteil verkehrt. Daß von Kästners Dialogen, selbst sinngemäß, nichts übrig blieb, erübrigt sich fast zu sagen. Die vielgerühmten Dialogschreiber Hollywoods haben allerdings beileibe nichts Besseres, ja nicht annähernd Gleichwertiges produziert.

Die Lustspielgags, mit denen man die Handlung aufzuzäumen versuchte, eine am Schlüsselloch lauschende und beim Öffnen der Tür ins Zimmer fallende Kunkel etwa, eine tellerschleudernde Geschirrspülmaschine oder breit ausgewalzte Ski-Slapsticknummern, sind teils abgeschmackt, teils fade. Das Chargieren und Übertreiben der meisten Darsteller trägt auch nicht gerade zu einem subtilen Lustspielgenuß bei. Und wenn Jodeln in den Tiroler

Alpen zu einer Lachnummer an sich wird, zeigt sich die Einfallslosigkeit der Drehbuchautoren am deutlichsten. Wenn »Variety« den Film zu einem der besten Lustspiele der Saison erklärte[123], muß man sich besorgt fragen, wie denn die Hollywood-Jahresproduktion 1938 ausgesehen haben mag.

1973 entstand die vorerst letzte Verfilmung, gestaltet durch das vor allem durch seine Simmel-Verfilmungen bekannte Team Alfred Vohrer, Regie und Manfred Pur-

Hätte man mit dem Remake noch ein paar Jahre gewartet, so hätte das bei Kästner so wichtige Motiv des arbeitslosen Akademikers traurige Aktualität bekommen.

Regisseur und Drehbuchautor haben allerdings die Geschichte so stark verändert, daß sie alles verloren hat, was wesentlich an ihr war. Weniger schlimm ist der Verzicht auf Kästners obligate Mutter im Falle Hagedorn/Dorfmeister und die Umdeutung Hagedorns. Schwerer wiegt der Ersatz der Haushälterin

Klamauk in »Paradise for Three«. Tobler (Frank Morgan) überrascht ...   ... die an der Tür lauschende Kunkel (Edna May Oliver).

zer, Drehbuch. Die beiden haben richtig erkannt, daß Kästners Geschichte in ihrer ursprünglichen Form nicht mehr in die Zeit Mitte der siebziger Jahre paßte. Das galt übrigens 1973 auch für den arbeitslosen Akademiker. Arbeitslos wurde gestrichen, Akademiker überflüssigerweise auch. Hagedorn (im Film Boris Dorfmeister) wurde zum Automechaniker gemacht.

Kunkel durch eine weitgehend funktionslose, allenfalls einer Portion Vulgärpsychologie bei der Charakterisierung des Millionärs dienende Mutter Tobler. Noch gravierender ist der Austausch des rührend ergebenen Dieners Johann gegen einen Boxer als Leibwächter, der im Film prompt recht blaß bleibt (nicht zuletzt wegen der schwachen darstellerischen Leistung des Schlagersängers Roberto Blanco, ein Fall von Darstellerwahl ausschließlich nach dem Popularitätsprinzip). Eigentlich ist die Figur nur für einige überflüssige Schlägerszenen gut.

Am weitesten geht die Umdeutung Toblers: Aus dem Millionär, der trotzdem Mensch ist, wird der gestreßte Super-Unternehmer, der geradezu eine Karikatur des in dieser Zeit in Mode gekommenen Strebens nach »Selbstverwirklichung« ist. Dieses äußert sich hauptsächlich in wildem Herumschmieren auf einer

den geldgierigen Witwen. Da wird die Story durch klamottige Gags, Show-Effekte als Selbstzweck (Trick-Ski) und Sex-Szenen aufgemotzt, daß nicht viel mehr als eine ganz ferne, melancholische Erinnerung an Kästner bleibt. Dem Wert von geschliffenen, geistreichen Dialogen mißtraute man im deutschen Film (nicht nur) jener Zeit offenbar, weil man selbst nicht fähig war, welche zu schreiben. So wird in das bewußt spärliche Handlungsgerüst Kästners immer mehr an Action und Gags hineingepackt,

Schlüter (Paul Dahlke) stört Frau Casparius (Eva-Maria Meinecke) bei der Suche nach Hagedorn in der Version von 1955 (links: Günther Lüders als Johann).

Tobler (Klaus Schwarzkopf) hindert Frau Mallebré (Elisabeth Volkmann) »hand«fest am Tanz mit Dorfmeister (Thomas Fritsch) in der Version von 1973/74.

Leinwand bei überlauter Musik und in der von Kästner her bekannten Verkleidungskomödie. Klaus Schwarzkopf hätte ein guter Kästnerscher Tobler werden können, aber der Film gibt ihm keine Chance dazu!

Kästners Konzeption wird aber selbst da verworfen, wo sie auch heute noch taugen könnte, die ironische Liebesgeschichte etwa, oder der »Millionär« zwischen

damit man nicht merkt, wie banal das ist, was die Personen daherschwätzen. Von Kästners Dialogen ist nicht ein Wort stehengeblieben. Wer dieses Vorgehen gar für filmisch hält, verwechselt Film mit Klamotte.

Am klarsten wird der Charakter des Films in der Exposition, die als Motiv nicht dem Roman entstammt, sondern hinzugefügt wurde. Hauptcharakteristikum des Millionärs ist ein Zucken im rechten Bein, das ihn zwingt, mißliebige Personen in den Hintern zu treten - weshalb er dann einen Preisboxer als Leibwächter braucht, denn die Getretenen könnten ja zurücktreten. Auch vor Gericht bringen ihn seine Heldentaten. Als der Staatsanwalt, ebenfalls getreten, meint, das komme Tobler teuer zu stehen, fragt dieser, sein Scheckbuch zückend, was denn ein Tritt in den staatsanwältlichen Hintern koste. So werden Millionen sinnvoll angelegt. Deutscher Humor 1973!

Der Witz des Films findet seinen adäquaten Ausdruck in der Wirkung der Keule, mit der Boris Dorfmeister ins Reich der Träume und ins Bett der Frau Casparius befördert wird, ein Schicksal, vor dem ihn bei Kästner der väterliche Schutz Toblers gerade bewahrt. Die Besetzung der Nebenrollen, eine Ansammlung von Knallchargen, Klamottendarstellern und »Ulknudeln«, die seinerzeit dank des Fernsehens eine gewisse Popularität besaßen, sagt ein übriges.

Einige gute Szenen hat der Film, wo er in der Charakterisierung von Hotelführung und -personal den Kästnerschen Ansatz satirisch zuspitzt und modernisiert (hier finden sich auch die besten Schauspielerleistungen). Aber warum hat man dann nicht Kästner gleich in Ruhe gelassen und lieber eine originale Satire gedreht?

Trotz der vorzüglichen Leistung Kurt Hoffmanns und der passablen von Tancred Ibsen und Ragnar Arvedson, den Regisseuren der schwedischen Version, muß man sagen, daß DREI MÄNNER IM SCHNEE unter Kästners Werken in der Welt des Films das traurigste Schicksal hatte.

Filmographie

Un Oiseau rare

(»Ein seltener Vogel«, Frankreich 1935)

Regie: Richard Pottier. Produktion: Méga-Film. Drehbuch: Jacques Prévert [nach dem Roman »Drei Männer im Schnee« von Erich Kästner]. Kamera: Jean Bachelet, Charlie Bauer. Musik: Henri Poussigue. Bauten: Jacques Krauss, Robert Hubert. Schnitt: Pierre Méguérian. Produktionsleitung: Oscar Danciger.
Darsteller: Max Dearly (Melleville, entspricht Tobler), Pierre Brasseur (Jean Berthier, entspricht Hagedorn), Pierre Larquey (Valentin, entspricht Johann Kesselhut), Monique Rolland (Renée, entspricht Hilde Tobler), Claire Gérard (Mme. Berthier), Madeleine Suffel - Marcel Duhamel (junges Ehepaar), Charles Dechamps (Hoteldirektor), Jean Tissier (Mascaret), Henry Vilbert (Hotelportier), Madeleine Guitty (Gouvernante), Anthony Gildès (alter Mann), Léon Arvel, Carlos Avril, Pierre Sabas, Lou Bonin.
Schwarzweiß. 105 Minuten.

Tři muži ve sněhu

(Tschechoslowakei 1936)

Regie: Vladimír Slavínský. Produktion: Metropolitan. Drehbuch: Vladimir Slavínský, Otakar Vávra [nach dem Roman »Drei Männer im Schnee« von Erich Kästner]. Kamera: Jan Roth. Musik: Josef Dobeš. Bauten: Štěpán Kopecký. Schnitt: Jiří Slavíček, Antonín Zelenka. Produktionsleitung: Josef Stein.
Darsteller: Hugo Haas (Eduard Bárta, entspricht Tobler), Jindřich Plachta (Jan Náprstek, entspricht Johann), Vladimír Borský (Dr. Jaroslav Hájek, entspricht Hagedorn), Věra Ferbasová (Věra, entspricht Hilde), Zdeňka Baldová (Julie Hubáčková, entspricht Kunkel), Ella Nollová (Hájeks Mutter), František Paul (Hoteldirektor), Theodor Pištěk (Hotelportier), Vlasta Hrubá (Helena Kašparová), Míla Reymonová (Severová), Jaroslav Marvan (Direktor in Bártas Fabrik), Vladimír Štros (Prokurist bei Bárta), Antonín Soukup (Hoteldiener), Karel Postranecky (Ober), Fanča Foltová - Robert Ford - Jiří Hron - František Černy - František Maly - Wanda Vodičková - Jaroslav Hladík - Alfred Baštyř (Hotelgäste), Antonín Vaverka (Portier in Bártas Fabrik), Ela Pochmanová (Dienstmädchen bei Bárta), Jan W. Speerger, Julius Batha. Es spielen die Melody Boys unter der Leitung von R.A. Dvorský.
Schwarzweiß. 105 Minuten. Verleih: (Metropolitan).

Stackars miljonärer
(»Arme Millionäre«, Schweden 1936)

Regie: Tancred Ibsen, Ragnar Arvedson. Produktion: Irefilm (Olof Thiel). Drehbuch: Ragnar Arvedson, Tancred Ibsen nach dem Roman »Drei Männer im Schnee« von Erich Kästner. Kamera: Olle Comstedt. Musik: Sune Waldimir (Pseudonym für Sune Engström), Jacques Armand (Pseudonym für Olof Thiel). Bauten: Manne Runsten. Schnitt: Tancred Ibsen. Produktionsleitung: Tancred Ibsen. Darsteller: Adolf Jahr (Jan Eriksson, Ingenieur), Anna Olin (Frau Eriksson, seine Mutter), Ernst Eklund (Georg Delmar, Direktor), Eleonor de Floer (Eva Delmar, seine Tochter), Nils Wahlbom (Johan, Diener), Tollie Zellman (Frau Olander, Haushälterin), Olav Riégo (Holm, Delmars Sekretär), Georg Funkquist (Hevén, Hoteldirektor), Carl-Gunnar Wingård (Lövgren, Portier), Nils Hallberg (Hotelpage), Carl Browallius (Larsson, Kontorist), Inga-Bodil Vetterlund (Greta Nordén), Anna-Lisa Hydén (Irma Brenner), Peggy Lindberg (Stubenmädchen), John Ericsson (Holzfäller), Erik Johansson (Vorarbeiter), Gudrun Brost - Hugo Tranberg (Gäste), Holger Löwenadler (Herr im Pyjama). Schwarzweiß. 99 Minuten. Verleih: Sandrew-Film, Stockholm.

Paradise for Three
(»Paradies für drei«, USA 1938, in Großbritannien »Romance for Three«, unter dem Titel »Drei Männer im Paradies« 1995 im Deutschen Fernsehen erstaufgeführt)

Regie: Edward Buzzell. Produktion: MGM (Sam Zimbalist). Drehbuch: George Oppenheimer, Harry Ruskin nach dem Roman »Drei Männer im Schnee« von Erich Kästner. Kamera: Leonard Smith. Musik: Edward Ward. Ausstattung: Cedric Gibbons. Kostüme: Dolly Tree. Schnitt: Elmo Veron. Regieassistenz: Dolph Zimmer. Darsteller: Frank Morgan (Rudolph Tobler), Robert Young (Fritz Hagedorn), Mary Astor (Mrs. Mallebré), Edna May Oliver (Mrs. Kunkel), Florence Rice (Hilde Tobler), Reginald Owen (Johann Kesselhut), Henry Hull (Sepp), Herman Bing (Mr. Polter), Sig Rumann (Mr. Bold), Walter Kingsford (William Reichenbach). Schwarzweiß. 75 Minuten.

Drei Männer im Schnee
(Österreich 1955)

Regie: Kurt Hoffmann. Produktion: Ring-Film. Drehbuch: Erich Kästner nach seinem gleichnamigen Roman. Kamera: Richard Angst. Musik: Alexander von Slatinay. Liedtexte: Willy Dehmel. Bauten: Werner Schlichting. Ausstattung: Isabella Ploberger. Kostüme: Ilse Dubois. Schnitt: Paula Dworak. Ton: Kurt Schwarz, Herbert Janeczka. Regieassistenz: Alfred Solm. Produktionsleitung: Karl F. Sommer. Darsteller: Paul Dahlke (Geheimrat Schlüter), Günther Lüders (Johann Kesselhut), Claus Biederstaedt (Dr. Fritz Hagedorn), Margarete Haagen (Hausdame Kunkel), Nicole Heesters (Hilde Schlüter), Hans Olden (Direktor Kühne), Fritz Imhoff (Portier Polter), Alma Seidler (Mutter Hagedorn), Franz Muxeneder (Graswander Toni), Elfie Pertramer (Frau von Mallebré), Eva-Maria Meinecke (Thea Casparius), Stefan Kayser (Olaf von Mallebré), Richard Eybner (Herr Heltai), Ulrich Bettac (Generaldirektor Tiedemann), Elly Naschold (Isolde), Ralph Boddenhuser (Sepp), Walter Simmerl (Fahrer), Elfie Beer (Stubenmädchen), Jane Tilden, Ernst Waldbrunn, Erich Kästner (Sprecher). Schwarzweiß. 93 Minuten. FSK: ab 12. Verleih (MGM). Video: BMG

Drei Männer im Schnee
(Bundesrepublik Deutschland 1973/74)

Regie: Alfred Vohrer. Produktion: Roxy-Film (Luggi Waldleitner). Drehbuch: Manfred Purzer nach dem gleichnamigen Roman von Erich Kästner. Kamera: Charly Steinberger. Musik: Peter Thomas. Kostüme: Ina Stein. Schnitt: Ingeborg Taschner. Regieassistenz: Eva Ebner. Produktionsleitung: Georg Föcking. Darsteller: Klaus Schwarzkopf (Otto Tobler), Roberto Blanco (Titus Solsona), Thomas Fritsch (Boris Dorfmeister), Grit Böttcher (Frau Casparius), Fritz Tillmann (Hoteldirektor Kühne), Herbert Fleischmann (Hotelportier Zenkel), Susanne Beck (Susanne Tobler), Elisabeth Volkmann (Frau Mallebré), Gisela Uhlen (Frau von Wolzogen), Lina Carstens (Mutter Tobler), Ingrid Steeger (Gundula von Wolzogen), Klaus Grünberg (Ferry), Franz Muxeneder (Kriminalkommissar), Dieter und Hans Jürgen Bollmann (Zwillinge), Max Strecker (Eduard Schulze), Bruno W. Pantel (Richter), Ulrich Beiger (Staatsanwalt), Rainer Basedow (Oberkellner), Joachim Hackethal, Ernst Kuhr, Edgar Wenzel, Benno Hoffmann, Ursula Reit, Shogi Nomura, Rolf Castell, Dieter Augustin. Farbe. 92 Minuten. FSK: ab 12. Verleih: (Kristall). Video: VPS, vergriffen.

DIE VERSCHWUNDENE MINIATUR

1935 schrieb Kästner seinen Roman von den Abenteuern eines empfindsamen Berliner Fleischermeisters DIE VERSCHWUNDENE MINIATUR: Oskar Külz lernt auf einer Reise in Kopenhagen die junge Irene Trübner kennen, die Privatsekretärin des reichen Kunstsammlers Steinhövel ist und in dessen Auftrag eine soeben erworbene kostbare Miniatur nach Berlin bringen soll. In dem berechtigten Verdacht, daß eine Kunsträuberbande, die Kopenhagen unsicher macht, auch hinter ihr her sein werde, bittet sie Külz, die Miniatur in Verwahrung zu nehmen, da hinter ihm ja niemand her sei. Doch die Diebesbande beobachtet die Übergabe und entwendet Külz die Miniatur bei einer vorgetäuschten Zollkontrolle. Irene tröstet den verzweifelten Külz, daß sie ihm nur eine Kopie gegeben habe, und zwar möglichst auffällig, um von sich abzulenken. Zusammen mit einem jungen Mann, der sich Irene inzwischen angeschlossen hat, feiern sie in einem Tanzlokal in Warnemünde ihren Erfolg. Da wird ihnen die falsche Miniatur zugesteckt zum Zeichen, daß die Diebe den Trick bemerkt haben. Kurz danach betreten zwielichtige Gestalten das Lokal, das Licht geht aus, großer Tumult entsteht, und als das Licht wieder angeht, sind die Miniatur, die Diebesbande, aber auch der junge Mann verschwunden. Dieser hat die Miniatur entwendet, um den Dieben zuvorzukommen, lockt die Bande nun hinter sich her nach Berlin, wo es ihm gelingt, sie in seine Wohnung zu lotsen, dort einzusperren und die Polizei zu alarmieren. Er stellt sich nun als Versicherungssubdirektor vor, der mit seinen Manövern seine Firma, bei der die Miniatur versichert war, vor Schaden bewahren wollte. Nachdem auch noch einige weitere Verwechslungen der echten mit der falschen Miniatur geklärt sind, gibt es ein Happy-End zwischen Irene und dem jungen Mann und große Erleichterung aller an dem Verwirrspiel Beteiligten.

Die Filmrechte an der gut gebauten, trotz einiger Action-Elemente eher gemütlichen, von Sprach- und Dialogwitz lebenden Roman-Komödie wurden zusammen mit denen an DREI MÄNNER IM SCHNEE an die Filmgesellschaft MGM verkauft. Als jedoch 1939 die Verfilmung geplant wurde, brach der Zweite Weltkrieg aus, und die Realisierung erschien angesichts der antideutschen Stimmung in den USA nicht mehr opportun.

1954 wurde der Stoff in Deutschland verfilmt. Der Schauspieler Carl Heinz Schroth, der sich Mitte der fünfziger Jahre eine Weile mit mäßigem Erfolg in Filmregie versuchte (»Männer im gefährlichen Alter«, »Das Fräulein vom Amt«, »Griff nach den Sternen«), bekam die Regie übertragen. Kästner schrieb das Drehbuch. Damit war sichergestellt, daß sich der Film eng an den Roman hielt. Aber obwohl dieser weit weniger zeitgebunden ist als

Die Gauner (von rechts I.K., Bum Krüger, Willem Holsboer, Arnulf Schröder) drängen Oskar Külz (Paul Westermeier, links) ihre Zigarettenvorräte auf, um zu verhindern, daß er seine eigenen in seinem Koffer sucht und vielleicht verfrüht feststellt, daß die Miniatur fehlt.

andere Werke Kästners, obwohl kleine Retuschen aufgrund der geänderten politisch-geographischen Situation - Külz stammt im Film nicht aus Berlin, sondern aus Hannover - genügten, um den Stoff glaubwürdig der Zeit zwanzig Jahre nachher anzupassen, wirkt der Film über weite Strecken matt. Drehbuchautor und Regisseur haben sich zu sehr auf Situationskomik und Dialogwitz der Vorlage verlassen, haben versäumt, mehr Action und Tempo in den Film zu bringen. Die im Roman durch die Ironie des Autors gleichermaßen bewirkte und aufgefangene Breite läßt den Film betulich wirken.

Ein Lichtblick ist Paul Westermeier. Er macht

aus der Rolle des »Aussteigers«, des Fleischermeisters, dem die Welt zu schön ist, als daß man, »ohne sich umzudrehen, vom Schlachthof geradewegs auf den Friedhof galoppieren«[124] dürfte, der aber von seinen Abenteuern so mitgenommen (aber, zugegeben, auch von der Reue gegenüber seiner schmählich im Stich gelassenen Frau so gepackt) wird, daß er gern wieder in seine kleinbürgerliche Ordnung zurückkehrt, eine Glanznummer. Bruno Hübner spielt seine vergleichsweise kleine Rolle als Chef der Diebesbande mit gewohnter Brillanz. Ralph Lothar und Paola Loew in ihren nächst der Westermeiers gewichtigsten Rollen dagegen sind überfordert, chargierend der eine, unbedarft und dadurch mehr als blaß die andere. Die übrigen Darstellerleistungen sind größtenteils solide.

Rudi Struve (Ralph Lothar) mit der Miniatur; unten lauern schon die Ganoven.

Eine Kästner-Rezeption fand in der DDR kaum statt. Der Autor, der nicht nur im FABIAN klar machte, daß er vom orthodoxen Sozialismus nicht viel hielt, war trotz seines antiwilhelminischen, antifaschistischen, antimilitaristischen Hintergrunds unbequem und wurde als unverbesserlicher Kleinbürger abgetan. Erst nach dem Ende der DDR befaßte man sich in der ehemaligen solchen filmisch erstmals mit Kästner: 1990/91 drehte der

noch so genannte Deutsche Fernsehfunk (unter Beteiligung des Hessischen Rundfunks) einen Fernsehfilm nach der VERSCHWUNDENEN MINIATUR. Aber man schien Kästners Geschichte nicht zu trauen und veränderte sie entscheidend; warum erfand man nicht gleich eine neue?

Statt einer echten und einer falschen Miniatur gibt es neben der echten gleich zwei falsche, mit dem Effekt, daß schließlich offenbar nicht einmal mehr die Regisseurin so recht weiß, wo die echte ist, geschweige denn der bei Kästner so überlegene junge Mann (der in diesem Film notabene wenig Durchblick hat). Warum Steinhövel kein reicher Sammler sein darf, sondern ein Museumsdirektor sein muß, wird nicht recht einsichtig (es sei denn, weil es in der DDR keine reichen Sammler hatte geben dürfen, Parteifunktionäre ausgenommen, aber das war natürlich kein Filmthema; andererseits spielt die Handlung ja in kapitalistischer Vorzeit). Daß dieser Museumsdirektor der Drahtzieher ist, eine Art impotenter Cardillac, der die - nicht von ihm geschaffenen - Kunstwerke davor bewahren will, daß jedermanns Augen sie anglotzen (und gegen Ende beinahe den Fleischermeister Külz umbringen würde, wenn nicht dessen Gattin dazwischenkäme),

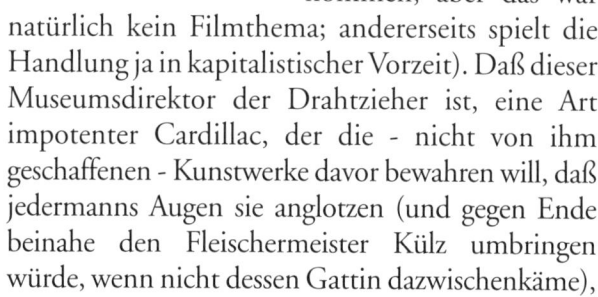

Erste Begegnung von Oskar Külz mit Irene Trübner: Paola Loew mit Paul Westermeier in der Version von 1954.

gibt der zunächst auch hier recht gemütvollen Geschichte eine völlig andere, drastischere Gewichtung als bei Kästner. Wollte man von Anfang an auf die Pointe hinzielen, daß Steinhövel am Schluß nicht bestraft, sondern zum Generaldirektor ernannt wird? Das wäre recht hübsch, wenn die Geschichte in die eigene Zeit und das eigene Land verlegt worden wäre. So drängt sich der Verdacht

auf, daß die Konzeption noch aus DDR-Zeiten stammt und einmal mehr billige Kritik am Kapitalismus geübt werden sollte. Dabei wäre das ohne so weitgehende Verbiegung von Kästners Konzeption wahrscheinlich viel subtiler möglich gewesen.

Der Versicherungsmann gibt sich nicht erst am Schluß zu erkennen, sondern schon ziemlich zu Beginn, ohne daß dies von irgendeiner Bedeutung für die Geschichte wäre, außer daß ein zusätzliches Spannungsmoment und das Spiel mit den falschen Identitäten fehlen. Da die Drahtzieherschaft Steinhövels noch vor dem Vorspann angedeutet wird und die Ganoven bei ihren Aktionen von Anfang an deutlich gezeigt werden, weiß der Zuschauer immer mehr als die handelnden Personen. Als Spannungselement bleibt also nur, wo sich die echte Miniatur befindet, und am spannendsten ist dabei wie gesagt die Frage, ob es die Regisseurin wohl herausfinden wird.

Gegenüber der Erstverfilmung ist die Handlungszeit um mehrere Jahrzehnte in die Entstehungszeit des Romans zurückverlegt. Der Stil des Films aber, vor allem auch der der Filmmusik, ist der der fünfziger Jahre. Die Darstellerleistungen sind im übrigen alles andere als überzeugend.

Der Film ist sehr dialoglastig, und das liegt nicht so sehr an Kästner,

Erste Begegnung von Oskar Külz mit Irene Trübner: Susanne Lüning mit Kurt Böwe in der Version von 1990.

sondern am Drehbuchautor Friedemann Schreiter, der wohl den Ehrgeiz hatte, es Kästner gleichzutun, und die Dialoge mit mehr oder weniger witzigen zusätzlichen Sentenzen befrachtet hat (»Draußen ist das Leben ziemlich unübersichtlich«, sagt Külz, als er mit dem Fleischermesser bewaffnet seinen Laden verläßt). Ein wenig von Kästners Dialogen ist

immerhin auch stehengeblieben, vor allem das, was der Fleischermeister sagt, der auch als Figur noch am getreusten übernommen ist. Kurt Böwe in der Rolle des Külz ist auch der einzige Darsteller, der über das Chargieren hinauswächst und seiner Rolle gewissermaßen Kästnersche Konturen gibt.

Über die Witzigkeit hinzuerfundener slap-stickartiger Szenen mag man streiten, jedenfalls ist ihr Timing schlecht. Und eine Voyeursszene auf der Damentoilette (als Ersatz für die Schlägerei im Tanzlokal; die Ganoven versuchen hier, Irene ihre Handtasche zu rauben) ist nichts anderes als peinlich.

Trösten wir uns damit, daß dies keine Kästner-Verfilmung ist, sondern ein etwas wirrer, nicht besonders unterhaltsamer Film sehr frei nach Kästner.

Filmographie

Die verschwundene Miniatur
(Bundesrepublik Deutschland 1954)

Regie: Carl-Heinz Schroth. Produktion: Carlton. Drehbuch: Erich Kästner nach seinem gleichnamigen Roman. Kamera: Ekkehard Kyrath. Musik: Hans-Martin Majewski. Bauten: Max Mellin. Kostüme: C.W. Mehringer, Ilse Kohl. Schnitt und Regieassistenz: Fritz Stapenhorst. Produktionsleitung: Klaus Stapenhorst.
Darsteller: Paola Loew (Irene Trübner), Paul Westermeier (Oskar Külz), Ralph Lothar (Rudolf Struve, der Falsche), Bruno Hübner (Professor Horn), Paul Bildt (Steinhövel), Hubert von Meyerinck (Tänzer), Bum Krüger (Achtel), Arnulf Schröder (Storm), Willem Holsboer (Karsten), Heini Göbel (Rudi Struve, der Echte), Lina Carstens (Frau Külz), I.K. (Boxer), Ernst Rotmund (Wirt Lieblich), Wolf Ackva (Kriminalkommissar), Carlheinz Peters (Polizei-Inspektor), Liesl Karlstadt (Dame im Zug).
Schwarzweiß. 87 Minuten. FSK: ab 12. Verleih: (Europa).
Video: BMG.

Die verschwundene Miniatur
(Fernsehfilm, Deutschland 1990/91)

Regie: Vera Loebner. Produktion: Deutscher Fernsehfunk (Lutz Wittcke). Drehbuch: Friedemann Schreiter frei nach dem gleichnamigen Roman von Erich Kästner. Dramaturgie: Ellen-Maria Richter. Kamera: Peter Brand. Musik: Uwe Hilprecht. Szenenbild: Georg Kranz. Bauten: Joachim Otto, Thomas Knappe. Kostüme: Regina Viertel. Schnitt: Karin Kusche. Regieassistenz: Mario Kuban.
Darsteller: Kurt Böwe (Oskar Külz), Ursula Karusseit (Emilie Külz), Susanne Lüning (Irene Trübner), Carl Martin Spengler (Joachim Seiler), Reimar-Johannes Baur (Storm), Sewan Latchinian (Achtel), Frieder Venus (Karsten), Dieter Mann (Prof. Steinhövel), Paul Arenkens, Ekkehard Bilz, Gerd Funk, Gert Klotzek, Siegfried Nürnberger, Armin Roder, Gerd Staiger.
Farbe. 89 Minuten.

Oskar Külz (Paul Westermeier, rechts) schlägt sich bravourös, doch ...

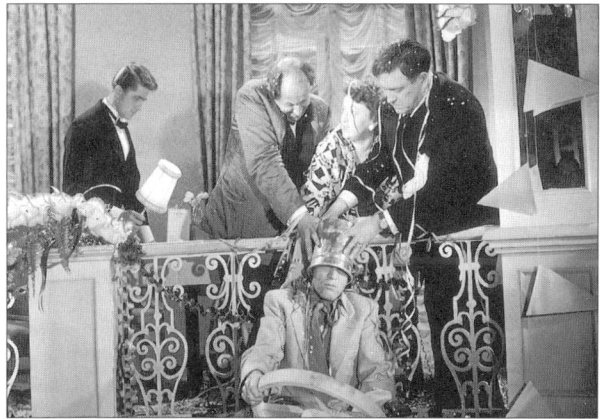

... als die Saalschlacht, die deutlich ihre Spuren hinterlassen hat, vorbei ist, ist die echte Miniatur schon wieder verschwunden. (Beide Fotos aus der Version von 1954).

GEORG UND DIE ZWISCHENFÄLLE
(DER KLEINE GRENZVERKEHR)

Im August 1937 traf sich Kästner mit Walter Trier, dem Illustrator seiner Bücher, der 1936 nach London emigriert war. Sie wollten ein Salzburg-Buch konzipieren, das zu den Festspielen 1938 erscheinen sollte. Kästner wohnte in Bad Reichenhall und reiste täglich im »kleinen Grenzverkehr« ohne Bargeld nach Salzburg, wo Trier logierte. Dies ersparte ihm, kurz nach seiner zweiten Verhaftung, eine besondere Ausreisegenehmigung und Devisenbewilligung amtlicher Stellen einzuholen. Auslagen ersetzte Trier, da die Ausfuhr von Devisen im kleinen Grenzverkehr auf 10 Mark monatlich beschränkt war.

Diese Konstellation verarbeitete Kästner im Buch, allerdings ohne die auf ihn zutreffende Begründung. Der Held der Erzählung GEORG UND DIE ZWISCHENFÄLLE, die 1949, dem Titel der Erstverfilmung folgend, in DER KLEINE GRENZVERKEHR umbenannt wurde, ist gezwungen so zu reisen, weil die Behörden seinen Devisenantrag verschleppt haben. Aus einem der »Zwischenfälle«, die diese Situation heraufbeschwört, entwickelt sich eine bezaubernde Liebesgeschichte: Georg kann in einem Café die Zeche nicht bezahlen, weil sein in Salzburg logierender Freund nicht kommt, um ihn auszulösen (er wartet in einem anderen Café auf Georg). Georg bittet eine junge Dame, ihm behilflich

zu sein, die sich ihm später als Stubenmädchen Konstanze vorstellt. Er verliebt sich und stellt nach einigen amüsanten Verwicklungen fest, daß es sich bei dem charmanten Stubenmädchen um eine österreichische Komtesse handelt, die mit ihrer ganzen Familie »Schloßpersonal« spielt, weil ihr Vater, ein gräflich dilettierender Lustspiel-Autor, die entsprechende Konstellation für eine Komödie studieren möchte.

Etwa das erste Drittel des Buches allerdings ist eine geistreiche Hommage an Salzburg, ein Stückchen

Konstanze zeigt Georg die Schönheiten Salzburgs. (Fotos S. 98 und 99: »Der kleine Grenzverkehr«)

bester Reiseliteratur, die offensichtlich dem Absatz in der Festspielstadt förderlich sein sollte. Dazu kam es allerdings nicht mehr, da noch vor den Festspielen 1938 die Deutschen in Österreich einmarschierten und die Festspiele ausfielen. Kästners, des nach dem »Anschluß« auch in Österreich verbotenen Autors, Buch mußte in der Schweiz erscheinen.

1942, zur Zeit seiner vorübergehenden Schreiberlaubnis, konnte Kästner auch dieses Buch mit Hilfe Eberhard Schmidts bei der UFA unterbringen und

»Ehrvergessenheit brauchst Du Dir von einem Portier nicht vorwerfen zu lassen«, sagt Georg und entführt Konstanze dem verdutzten Leopold (Heinz Salfner, rechts).

wurde selbst mit der Abfassung des Drehbuchs betraut. Sein Pseudonym »Berthold Bürger« durfte auch hier, wie im MÜNCHHAUSEN, im Vorspann nicht genannt werden (aber im Film-Kurier vom 21.9.1942 wurde darauf hingewiesen: Berthold Bürger, »der Autor des Münchhausen-Manuskripts«, habe das Drehbuch geschrieben!). Kästner hat sich seinerseits den Spaß erlaubt, die weitgehend funktionslose Figur eines »Dr. Bürger« in die Eingangsszene einzubauen: Dieser (sein Darsteller Erich Fiedler hat zu allem Überfluß noch eine gewisse physiognomische Ähnlichkeit mit Kästner!) teilt (natürlich entsprechend filmisch aufbereitet und aufgelockert) in der Szene einem »Geheimrat« die Dinge über Georg Rentmeister mit, die im Vorwort des Buches der Autor, angeblicher Freund Georgs, dem Leser erzählt. Bezeichnenderweise hielt Kästner im Drehbuch zu SALZBURGER GESCHICHTEN diese Volte nicht mehr für nötig!

Wenn man Buch und Film mit großem zeitlichen Abstand kennenlernt, ist man versucht zu glauben, die Verfilmung sei sehr dicht am Buch entlang erfolgt. In Wirklichkeit ist wohl kaum ein Buch Kästners weniger für die unmittelbare Umsetzung in den Film geeignet als das »Salzburger Tagebuch Georg Rentmeisters«, in dem der Held seine Erlebnisse nicht nur schildert, sondern auch

Beim Verlobungsessen sind Konstanze (Marianne Koch) und Georg (Paul Hubschmid) bald allein, weil die »Dienerschaft« abberufen wird. Zwischen ihnen Karl Hanft als echter Diener Ferdl. (Fotos S. 100 und 101: »Salzburger Geschichten«)

ausführlich kommentiert und reflektiert. Das eigentliche Handlungsgerüst ist dagegen recht dünn. Während sonst bei Romanverfilmungen kräftig verkürzt werden muß, war es hier sogar nötig, Ergänzungen vorzunehmen. Kästner ist es ausgezeichnet gelungen, durch Übernahme von Tagebuchkommentaren in den Dialog, durch szenische Umsetzung der im Buch, oft äußerst knapp, referierten Ereignisse und durch Einfügung hübscher Lustspielsituationen ein sehr filmgerechtes Drehbuch zu schreiben und doch den Charakter der Geschichte voll zu wahren.

Hans Deppes Regieleistung weist die solide handwerkliche Qualität, die Präzision und Sorgfalt auf, die ihn in den dreißiger und vierziger Jahren noch auszeichneten, ganz im Gegensatz zu seinen Heimatfilmen der fünfziger Jahre. Seine schon in den dreißiger Jahren einsetzende Spezialisierung auf dieses Genre ließ ihn

Die Gäste verabschieden sich vom »Personal«: von links Eva-Maria Meinecke, Claire Reigbert, Frank Holms, Otto Storr, Richard Romanowsky, Anneliese Engerer, Marianne Koch, Adrienne Gessner, Paul Hubschmid, Peter Mosbacher.

wohl als die richtige Wahl für diesen »Salzburg-Film« - als solcher wurde er zuvorderst angesehen - erscheinen. Salzburg ist auch wirklich ebenso hübsch ins Bild gesetzt wie im Buch liebevoll beschrieben.

Willy Fritsch in der Titelrolle bringt genau die richtige Mischung aus jungenhaftem Charme und Selbstironie mit, um den Intentionen Kästners bei der Figur gerecht zu werden. Den weiblichen Part sollte (neben Axel von Ambesser als Georg) ursprünglich Luise Ullrich spielen, die aber, im vierten Monat schwanger, nicht zu den Proben erschien, so daß man sich für Hertha Feiler entschied. »Die Ulrich wäre zu alt gewesen, ist aber die bessere Schauspielerin«, war Kästners Kommentar.[125] Nun, Hertha Feilers schauspielerische Fähigkeiten genügten für die Rolle, und sie ist eine ungewöhnlich anziehende, herzlich-schelmische Konstanze, ganz wie sie sein soll. Warum auch der neben der Ullrich geplante Axel von Ambesser umbesetzt wurde, ob es mit der Ersetzung der Ullrich durch Hertha Feiler zusammenhängt, ist nicht überliefert. Zum Schaden des Films war es meines Erachtens nicht, da Ambesser als Schauspieler zu intellektuell, ein wenig *zu* sophisticated für die Rolle ist.

Die übrigen Darsteller sind zu marginal, als daß sie auf die Qualität des Films nennenswerten Einfluß haben könnten, aber es sei der Vollständigkeit halber angeführt, daß sie durchweg gut ausgewählt sind und eine solide Leistung bieten.

1956 wurde ein farbiges Remake des Films gedreht nach dem vom Autor überarbeiteten, nur wenig veränderten Drehbuch Kästners. Die Farbe war das Alibi für dieses Remake, der Mangel an guten Stoffen und guten Einfällen im deutschen Film der fünfziger Jahre wohl der eigentliche Grund. Kurt Hoffmann, der schon zwei sehr inspirierte Kästner-Verfilmungen gemacht hatte, führte Regie. Auch dieser Film ist handwerklich einwandfrei und sehr atmosphärisch inszeniert. Dennoch fehlt ihm etwas vom

abzufallen, die Figur des Grafen etwas zu trottelhaft darzustellen.

Ein wenig disparat wirkt der Film auch, weil er Touristik- und Heimatfilmelemente zu sehr betont. Der Titel SALZBURGER GESCHICHTEN hat so gesehen durchaus programmatischen Charakter. Aber ausführliche Übernahmen aus Aufzeichnungen von Festspielaufführungen (»Jedermann«, »Don Giovanni« in Ausschnitten aus dem berühmten Film von Paul Czinner und das New York City

»Der kleine Grenzverkehr«: Georg Rentmeister (Willy Fritsch) und Konstanze (Hertha Feiler) treffen sich zu einem Ausflug ins Salzkammergut.

»Salzburger Geschichten«: Georg und Konstanze (Paul Hubschmid und Marianne Koch) lauschen während ihres Ausflugs ins Salzkammergut dem jodelnden Franzl Lang.

Charme der Erstverfilmung. Das dürfte hauptsächlich an den Hauptdarstellern liegen, dem hölzernen Paul Hubschmid und der trockenen Marianne Koch. Die übrigen Darsteller sind ebenso solide wie in der Erstverfilmung. Lediglich Richard Romanowsky scheint mir gegen Heinz Salfner stark

Ballett) unterbrechen die Handlung unangemessen. Ein jodelnder Franzl Lang erinnert peinlich an minder respektable musikalische Heimatfilmschnulzen der Zeit, ein durchaus köstlicher Michl Lang als trompetender Fremdenführer auf dem Königsee wirkt marginal. Es mag sein, daß Kästner, der Drehbuchautor, an der so verursachten Uneinheitlichkeit des Films eine gewisse Mitschuld trug - und sei es nur als Verführter[126] -, weil er sich an den ursprünglichen Zweck seines Buches erinnerte. Dort aber ist das Reiseliteraturhafte geschickt aufgefangen, indem die entsprechenden Passagen in die Tagebuchreflexionen Georgs eingebaut und durch die Einheitlichkeit der Diktion integriert sind.

Irritierend wirkt schließlich, daß die Ausgangssituation - Geldmangel wegen Devisenrestriktionen und Behördenschlamperei - nicht recht überzeugend in einen Film übernommen wurde, der deutlich erkennbar in den weniger restriktiven fünfziger Jahren spielt (auch wenn in den Eingangsszenen so getan wird, als spiele er kurz nach 1935, es sei denn, man interpretiert Georgs Äußerung, sein Smoking sei »Baujahr 1935«, dahingehend, daß er ein Erbstück ist). Zur Entstehungszeit der Erstverfilmung konnte man sich sicher noch besser in die Situation der Devisenrestriktionen hineinversetzen, auch wenn sie im Vorspann des Films - um nicht die Zensur auf den Plan zu rufen, bewußt vage - wie ein Märchen aus böser, alter Zeit aufgetischt wird. Tatsächlich hatte es sich ja um eines von vielen Druckmitteln der Nazis gegen das unbotmäßige Österreich gehandelt.

Filmographie

Der kleine Grenzverkehr
(Deutschland 1943)

Regie: Hans Deppe. Produktion: UFA (Herstellungsgruppe Eberhard Schmidt). [Drehbuch: Berthold Bürger, d.i. Erich Kästner nach seinem Roman »Georg und die Zwischenfälle«]. Kamera: Kurt Schulz. Musik: Ludwig Schmidseder. Bauten: Walter Röhrig. Schnitt: Paul Ostermayr. Produktionsleitung: Hans Schönmetzler.
Darsteller: Willy Fritsch (Georg Rentmeister), Hertha Feiler (Konstanze), Heinz Salfner (Leopold), Louis Soldan (Franzl), Hans Leibelt (Herr Dirksen), Charlotte Schulz (Frau Dirksen), Hilde Sessak (Jutta Dirksen), Charlott Daudert (Doris), Peter Widmann (Karl), Erich Fiedler (Dr. Bürger), Max Gülstorff (Geheimrat), Hans Richter (Dirksen junior), Auguste Pünkoesdy (Tante), Ewald Wenck (Herr Tetzlaff), Inge Drexel, Karl Hellmer, Julius Brandt, Franz Weber, Elise Aulinger, Sonja Kuska, Maria Loja, Marianne Probstmeier, Rudolf Brix, Lutz Götz, Leopold Kerscher, Ernst Martens, Hanns Schulz.
Schwarzweiß. 83 Minuten.
Verleih: (Transit).

Salzburger Geschichten
(Bundesrepublik Deutschland 1956)

Regie: Kurt Hoffmann. Produktion: Georg Witt. Drehbuch: Erich Kästner nach seinem Roman »Der kleine Grenzverkehr«. Kamera: Werner Krien. Musik: Franz Grothe. Bauten: Ludwig Reiber. Ausstattung: Hans Strobl. Kostüme: Ilse Dubois. Schnitt: Eva Kroll. Ton: Hans Endrulat.
Darsteller: Marianne Koch (Konstanze), Paul Hubschmid (Georg Rentmeister), Peter Mosbacher (Karl), Richard Romanowsky (Leopold), Adrienne Gessner (Karoline), Helmuth Lohner (Franz), Anneliese Egerer (Mizzi), Eva-Maria Meinecke (Emily Namarra), Frank Holms (Bob Namarra), Theodor Danegger (Kellner), Vera Comployer (Marktfrau), Franz Lang (Jodler), Michl Lang (Bootsführer auf dem Königssee), Liesl Karlstadt (Vroni), Otto Storr (Mr. Namarra), Claire Reigbert (Mrs. Namarra), Franz Otto Krüger (Hotelmanager), Karl Hanft (Ferdl, Diener bei Raitenau), Petra Unkel, José Held.
Farbe. 90 Minuten. FSK: ab 12. Verleih: (Constantin).
Video: BMG.

Die Bühnenstücke unter Pseudonym und ihre Verfilmungen

Ende der dreißiger Jahre schrieb Kästner eine Reihe von Lustspielen und Komödien, die auch in Deutschland aufgeführt und bis auf eins (Das Goldene Dach) sogar verfilmt wurden. Er benutzte dafür das Pseudonym Eberhard Foerster, das eigentlich der Schriftsteller und Drehbuchautor Eberhard Keindorff führte, der ihn bei der Abfassung der Stücke als Ko-Autor unterstützt zu haben scheint. Bei den verfilmten handelt es sich um die Stücke Verwandte sind auch Menschen (1937), Die Frau nach Mass (1938) und Seine Majestät Gustav Krause (1940). Wie schon im ersten Kapitel gezeigt, verringerten sich Ende der dreißiger Jahre Kästners Einnahmemöglichkeiten aus seinen im Ausland erschienenen Werken. So mag er darauf verfallen sein, nach Schleichwegen zu suchen, um das Inlands-Schreibverbot zu umgehen. Der Wunsch, die Reaktionen auf sein Werk wenigstens als Zuschauer unmittelbar mitzubekommen, mag ebenfalls mitgespielt haben, auch wenn er wegen des Schreibverbots nicht als Autor in Erscheinung treten konnte. Kästner interessierte sich sehr für das Echo seines Werks in der Öffentlichkeit. Einige Dutzend Ordner mit entsprechenden Materialien, Zeitungsnotizen und -berichten, Kritiken und dergleichen, die seine Sekretärin für ihn gesammelt hat, legen Zeugnis davon ab.

Die Verwendung eines Pseudonyms reichte allerdings in der Zeit totaler Überwachung als Schutz für den verbotenen Autor nicht aus; die wahre Identität des Verfassers wäre schnell, spätestens beim Versuch, die Tantiemen abzurechnen, entdeckt gewesen. So vereinbarten Kästner und der mit ihm befreundete Keindorff eine zusätzliche Sicherheitsmaßnahme: Keindorff ließ die Stücke unter seinem Pseudonym erscheinen und rechnete die Tantiemen für und mit Kästner ab.[127]

Von einem ähnlichen Manöver berichtet Géza von Cziffra in seinem Erinnerungsbuch »Ungelogen«: Kästner sei Mitte der dreißiger Jahre (der Chronologie in von Cziffras Darstellung nach wäre es nach dem Röhm-»Putsch« und vor den Olympischen Spielen gewesen, also etwa 1935/36) eines Tages mit dem Produzenten Hans von Wolzogen in seinem Berliner Hotelzimmer aufgetaucht. Sie hätten ihm erzählt, daß Kästner an Wolzogen ein Film-Treatment verkaufen wolle, der aber mit dem verbotenen Autor nicht abrechnen dürfe. Sie hätten ihn daher gebeten, das Treatment als seines auszugeben, sich das Geld auszahlen zu lassen und es dann an Kästner weiterzugeben. Das habe er dann auch getan. Um welchen Film es sich gehandelt haben könne, sagt der - kurz nach Erscheinen des Buches verstorbene - Autor leider nicht. Vertraut man dem

Deutschen Spielfilm Almanach von Alfred Bauer, so hat Wolzogens Produktionsfirma FDF (Fabrikation deutscher Filme GmbH) zwischen 1933 und 1942 - so lange existierte diese Firma - nur einen Film mit Géza von Cziffra in der Autorenangabe produziert, »Oh, diese Männer«. Dem lag aber ein Theaterstück von Cziffras, »Drei blaue Augen«, zugrunde. Kästners Exposé dürfte also entweder nicht realisiert worden sein, oder der bloße »Ideengeber« von Cziffra ist im Vorspann nicht genannt.[128]

In Film- und Theaterkreisen scheint die Kenntnis von Kästners Autorschaft bei den drei Eberhard-Foerster-Stücken durchaus verbreitet zu sein. Der Schauspieler Siegfried Wischnewski jedenfalls, der 1971 eine Fernsehbearbeitung von SEINE MAJESTÄT GUSTAV KRAUSE vorgenommen hat, gab in einem Brief an den Verfasser auf entsprechende Nachfrage an: »E. Foerster als Kästner-Pseudonym war mir immer bekannt.«

Der Literaturwissenschaft hingegen scheint Kästners Autorschaft völlig unbekannt zu sein. In keiner der zahlreichen Monographien über Kästner habe ich einen Hinweis auf eines der genannten Werke gefunden. Und auch das größte deutsche Literaturlexikon, der »Kosch«[129], verzeichnet Eberhard Foerster als Pseudonym von Eberhard Keindorff, in dessen Artikel dann auch die genannten

Werke aufgeführt sind. (Die kleineren Lexika verzeichnen weder Eberhard Foerster noch Eberhard Keindorff.)

Warum sich die eigentliche Autorschaft nach 1945 nicht weiter herumgesprochen hat, läßt sich nur mutmaßen. Ein Geheimnis machten Kästner und Keindorff daraus offenbar nicht, wie die Kenntnis Siegfried Wischnewskis beweist. Aber die Werke scheinen Kästner nicht wichtig genug gewesen zu sein, um die Autorschaft stolz zu verkünden oder die Stücke gar in eine seiner Werkausgaben aufzunehmen. Das entspricht seiner Praxis aus der Frühzeit. Diejenigen journalistischen Gelegenheitsarbeiten in den zwanziger Jahren, die ihm weniger wichtig schienen, ließ er gerne unter allen möglichen Pseudonymen erscheinen[130] und nahm sie auch meist nicht in seine Sammelbände auf. Und auch sein »Konversationsstück« ZU TREUEN HÄNDEN ließ er ja 1948 unter einem Pseudonym herausbringen, weil er seinen »eigenen Namen für sein eigentliches Theaterdebüt, für ›Die Schule der Diktatoren‹, aufsparen wollte.«[131]

Auch Kästners am Beginn des zweiten Kapitels zitierte Äußerung von 1942, daß er lieber Stücke schreiben würde, als sich mit Filmleuten herumzuärgern, läßt sich in Kenntnis der Eberhard-Foerster-Stücke leichter verstehen. Warum hätte Kästner vor Entstehen seines nach bisheriger Meinung - sieht man von den Bearbeitungen der eigenen Romane ab - ersten Theaterstücks (ZU TREUEN HÄNDEN, 1943) das Stücke- und nicht das Romanschreiben als gewünschte Alternative zur Filmarbeit sehen sollen? Aber das Stückeschreiben war eben schon seine Haupttätigkeit der Jahre 1937-1940 gewesen.

Alle drei Werke sind gut konstruierte Boulevardstücke ohne allzu großen Tiefgang, völlig unberührt von politischen oder sozialen Konflikten. Lediglich in SEINE MAJESTÄT GUSTAV KRAUSE kommt es zu einer Auseinandersetzung zwischen dezidierten Vertretern verschiedener Gesellschaftsklassen, die allerdings nicht den eigentlichen Konflikt des Stücks ausmacht. Außerdem wird der Klassengegensatz als nur subjektiv empfunden dargestellt, gesellschaftlicher Aufstieg durch Tüchtigkeit und Bildung geradezu propagiert. Die Verbindung unterschiedlicher Gesellschaftsklassen, die Heirat zwischen der Tochter des Emporkömmlings und dem Adelssproß, vollzieht sich trotz der Bedenken des Vaters, Gustav Krauses, problemlos.

Die Stücke sind also vergleichbar den humoristischen Romanen der dreißiger Jahre: harmlose Unterhaltung, die durch Enthaltsamkeit im Politischen und Gesellschaftskritischen den Konflikt mit den Machthabern vermied, aber durch die propagierten Werte und die positiven Charaktere der Werteideologie des Regimes zuwiderlief. Daß die Stücke dennoch an Charme, Leichtigkeit und Unterhaltungswert hinter den Romanen zurückstehen, liegt an einer gewissen Sprödigkeit, Konstruiertheit, an

der Tatsache, daß der Sprachwitz des Autors nicht voll ausgespielt ist, weit seltener liegt es an Schwächen im szenischen Aufbau.

Am witzigsten und elegantesten ist meines Erachtens das erste der Stücke, VERWANDTE SIND AUCH MENSCHEN. Die Intrige, die zugrundegelegt ist, erweist sich als tragfähig: Ein alter, verbitterter, von seinen Geschwistern in jungen Jahren in die Emigration getriebener Millionär will seine Verwandtschaft düpieren, indem er seinen Tod und eine reiche Erbschaft vorspiegelt, deretwegen die Verwandten in einem Landhaus versammelt werden, eine Erbschaft, die dann aber scheinbar an einen alten Diener - von ihm selbst gespielt - fällt. Die Verwandten allerdings erweisen sich als längst nicht so geldgierig und bösartig wie erwartet. Vielmehr sind es lauter mehr oder weniger liebenswerte, mit menschlich nur zu verständlichen Schwächen ausgestattete Leute, die da eintreffen, ein wenig neugierig, was für ein Mensch ihr unbekannter verstorbener Verwandter wohl gewesen sein mag, und jeder von der Erbschaft nicht mehr als die Erfüllung der kleinen, aber unerfüllbaren Wünsche des Alltags erhoffend. So revidiert der Millionär zum guten Schluß seine Meinung und spielt »Weihnachtsmann« für die Familie.

Die vielfältigen Charaktere sind ausgezeichnet ausdifferenziert. Zwar sprechen arg viele von ihnen in Kästners Diktion, in Kästnerschen Sentenzen, eine Gefahr, der Kästner wie gesehen nur allzu oft erliegt. Aber in der Boulevardkomödie ist dies nicht unbedingt ein Nachteil, dient vielmehr dem Amüsement des Publikums.

Turbulenz bei der Testamentseröffnung: »Verwandte sind auch Menschen«.

Das Drehbuch der Verfilmung von 1939 - Autor ist Peter Hagen, unter seinem wirklichen Namen Willi Krause Chefredakteur der Zeitschrift »Der Angriff« und 1934-36 Reichsfilmdramaturg, - hat die Vorlage weitgehend verändert und ihr damit Wesentliches genommen. Der Millionär wird hier aufgrund eines Jachtunfalls tatsächlich für tot erklärt, was seinem Motiv für den Schabernack mit den Verwandten viel an Schärfe nimmt. Andererseits ist der größte Teil der Verwandtschaft wirklich nur auf das Erbe scharf, was das für die martialische Entstehungszeit so bemerkenswerte Kästnersche Loblied auf den netten Durchschnittsmenschen mit seinen liebenswerten Schwächen umbiegt zum Klamottenmotiv von der geldgierigen Verwandtschaft. Dank der handwerklich sorgfältigen Regie Hans Deppes und dank eines vorzüglichen Schauspielerensembles behält der Film dennoch einen gewissen Unterhaltungswert.

Ausgerechnet das meines Erachtens schwächste unter den Stücken Eberhard Foersters, DIE FRAU NACH MASS, wurde vom prominentesten Regisseur verfilmt. Helmut Käutner war zum Zeitpunkt der Verfilmung, 1940, allerdings noch ein Anfänger. FRAU NACH MASS war sein zweiter Film, eine »Fingerübung«, wie er selbst meinte.[132]

Das Stück spielt im Theatermilieu. Der berühmte Bühnenregisseur Gustav Bauer, der es leid ist, auch außerhalb des Theaters immer nur übers Theater reden zu müssen, verkracht sich mit seiner Verlobten Annemarie, weil diese darauf besteht, Theaterstücke zu schreiben. Annemarie taucht nun als ihre angebliche Zwillingsschwester Rosemarie bei Bauer auf und spielt ihm das brave, vom Theater völlig unbeleckte Hausmütterchen so überzeugend vor, daß Bauer prompt Rosemarie heiratet - zu heiraten glaubt, da Annemarie unbemerkt alles so arrangiert, daß auf der Heiratsurkunde ihr wirklicher Name steht. Als Annemarie in ihrer wirklichen Identität Bauer aufsucht, um ihm ihr Stück zu präsentieren, das sein Theater angenommen hat, kommt der durch Zufall hinter den Schwindel. Er »verführt« daraufhin seine »Schwägerin«, und Annemarie/ Rosemarie steht vor der verwirrenden Frage, wen von beiden er eigentlich liebt. Zum guten Schluß klärt Bauer sie über sein Wissen um die Verwechslungskomödie auf und überrascht sie mit der Einsicht, daß eine theaterbesessene Ehefrau ihm doch nicht so zuwider ist, wie er meinte.

Der Konflikt des Stücks wirkt etwas konstruiert und unglaubwürdig, zumal der emanzipatorische Zündstoff, der in ihm liegt, nicht genutzt ist. Bauer ist gegen die Theaterleidenschaft Annemaries nicht, weil er diese Leidenschaft oder berufliche Tätigkeit überhaupt mit der Rolle der Frau für unvereinbar hielte, sondern weil er sie nicht für echt hält, weil er glaubt, daß Annemarie sich in den Beruf des Mannes drängt, ohne eine eigene Beziehung dazu zu haben. Zur Lösung des Konflikts ist daher nicht mehr nötig, als Bauer von der Ernsthaftigkeit der Bestrebungen Annemaries zu überzeugen und zur Einsicht in sein eigenes vorschnelles Urteilen zu bringen. Die Verwechslungskomödie wäre dazu nicht unbedingt notwendig, schon gar nicht, daß Annemarie in ihrer zweiten Identität ausgerechnet ein braves Hausmütterchen spielt. So wirkt die Verwechslungskomödie selbstzweckhaft und hat Mühe, nicht in die Klamotte abzurutschen - was sie in der Verfilmung dank Leny Marenbach, die ihrem Affen gelegentlich allzuviel Zucker gibt, manchmal dennoch tut. So wirkt das Stück auch im ganzen etwas flach, zumal die Dialoge weniger spritzig sind als zum Beispiel in VERWANDTE SIND AUCH MENSCHEN.

Der Film, zu dem der Regisseur Käutner auch das Drehbuch schrieb, lockert das Stück szenisch stark auf und betont das Theatermilieu noch stärker durch Einbeziehung einiger Probenszenen, die gleichzeitig ironische Schlaglichter auf die musikalische Komödie im UFA-Stil werfen. Die Dialoge sind stark verkürzt, zum Teil optisch gut umgesetzt, zum Teil aber durch alberne Witzchen »angereichert«. Annemaries Theaterleidenschaft drückt sich nicht im Stückeschreiben aus, sondern darin, daß sie Schau-

Nach der Premiere: der Regisseur und Hauptdarsteller (Hans Söhnker, links), die Hauptdarstellerin (Leny Marenbach) und der Autor des Stücks, »Eberhard Foerster«, (Fritz Odemar).

spielerin wird. Damit ist einerseits eine zusätzliche Motivation für die Verwechslungskomödie gegeben, andererseits wirkt die Möglichkeit der Täuschung Bauers durch eine gelernte Schauspielerin glaubwürdiger, auch wenn Leny Marenbach den Rosemarie-Part ihrer Doppelrolle wie gesagt etwas überdreht spielt.

Das Stück, das den Schlußkonflikt herbeiführt, hat im Film nicht Annemarie, sondern ein Freund Bauers und stiller Verehrer Annemaries unter dem Pseudonym Eberhard Foerster [!] geschrieben. (Bauer soll inszenieren und die männliche Hauptrolle spielen, Annemarie die weibliche Hauptrolle übernehmen.) Wenn überhaupt Kästner an einem der Eberhard-Foerster-Filme verdeckt mitgearbeitet hat, so wäre diese Einbeziehung des eigenen Pseudonyms ein Hinweis. Kästner liebte solche Volten, wie er ja auch sein Pseudonym »Bürger« in den KLEINEN GRENZVERKEHR eingebaut hat. Andererseits wäre das auch für den Drehbuchautor Käutner nicht gerade untypisch.

Nach dem Krieg hat übrigens Eberhard Keindorff, der »Leihgeber« von Kästners Pseudonym, das Drehbuch zu einem erstaunlich ähnlichen Film geschrieben, zu »Weh dem der liebt« (1951, Regie: Alexander von Slatinay). Es geht hier allerdings um echte Zwillingsschwestern, deren eine Operettendiva ist (und heimlich verheiratet, die Rolle des Mannes ist allerdings vergleichsweise unbedeutend, zumindest was die Haupthandlungselemente angeht). Die andere heiratet einen Rechtsanwalt, glaubt, auf ihre Zwillingsschwester eifersüchtig sein zu müssen und spielt ihm ebendiese vor, um die Wahrheit aus seinem eigenen Munde zu hören. Als der dahinterkommt, »verführt« er die angebliche Schwester und stürzt sie in einen ebensolchen Gewissenskonflikt, wie ihn Annemarie/Rosemarie in FRAU NACH MASS erleidet. Aber wie gesagt, es handelt sich um tatsächliche Schwestern. Der Vergleich geht im übrigen, vor allem was die Dialoge angeht, deutlich zugunsten von FRAU NACH MASS aus.

Das dritte der Eberhard-Foerster-Stücke, SEINE MAJESTÄT GUSTAV KRAUSE, ist das verbreitetste. Außer der Verfilmung von 1942 unter dem Titel DER SENIORCHEF gab es 1971 ein Fernsehspiel, und schon 1954 wurde eine Inszenierung des Hamburger Ohnsorg-Theaters im Fernsehen übertragen.

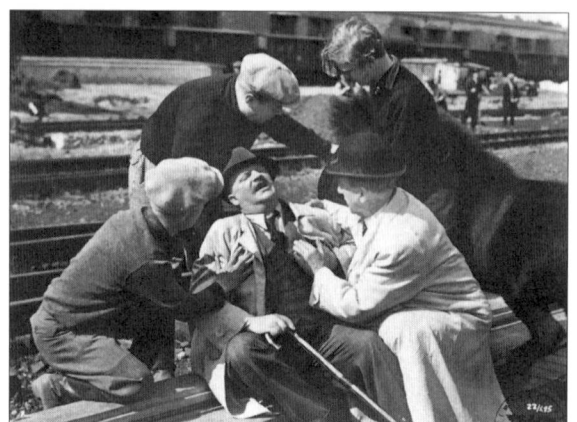

Herzinfarkt: Otto Wernicke als Gustav Krause in »Der Seniorchef«.

Es geht um einen reich gewordenen Pferdehändler, ehemaligen Metzger, der ganz in seiner Arbeit aufgeht, seine Umgebung tyrannisiert und seine Familie vernachlässigt. Den ältesten Sohn hat er aus dem Haus getrieben, weil der nicht Pferdehändler werden wollte. Der zweitälteste studiert heimlich Medizin, macht aber den Vater glauben, er studiere Tiermedizin, weil der nur das als dem Sohn eines Pferdehändlers einigermaßen angemessen erachtet. Der dritte Sohn schließlich kann Jura studieren, weil sich der Vater

inzwischen gar nicht mehr um die Familie kümmert. Die Tochter will einen Grafen und angehenden Diplomaten heiraten, was der Vater als sozial unangemessen schärfstens verurteilt. Als Gustav Krause einen Herzinfarkt erleidet, muß er sich aus dem Berufsleben zurückziehen. Nun wird ihm schmerzlich bewußt, wie sehr er sich seiner Familie entfremdet hat. Verbittert zieht er aus der Neureichen-Villa der Familie aus und bezieht die alte Wohnung über den Pferdeställen. Die Söhne etablieren sich in ihren Berufen, die Tochter heiratet ihren Grafen, Gustav Krause nimmt sich eine Geliebte, deren er aber bald wieder überdrüssig wird, da ihn eigentlich nur die Arbeit, der er sich wieder ganz widmet, interessiert. Die Mutter aber, die bei ihren Kindern geblieben war, da sie sich ihnen stärker verpflichtet glaubte, als dem Mann, ist nun plötzlich funktionslos allein. Da kommt aus Argentinien der älteste Sohn zurück, der dort inzwischen Karriere als - Pferdehändler gemacht hat, versöhnt die Eltern miteinander, übernimmt das väterliche Geschäft, und Gustav Krause zieht sich aufs Altenteil des »Seniorchefs« zurück.

Das Stück wirkt realistischer, weniger boulevardhaft als die beiden zuvor besprochenen. Kästner kannte das Milieu genau; die sieben Brüder seiner Mutter waren allesamt erfolgreiche Metzger oder Pferdehändler. Viele Details aus dem Stück lassen sich zu ihrer Biographie in Beziehung setzen, wie ja Kästner überhaupt persönliche Erlebnisse und Jugendeindrücke in besonders reichem Maße in seine Werke einbaute.[133] Etliche Details stimmen sogar exakt mit der Beschreibung seines Onkels Franz Augustin überein, die Kästner in seinem Buch ALS ICH EIN KLEINER JUNGE WAR[134] gegeben hat, etwa dessen herrisches Auftreten, sein Unwille, die Wohnung über den Pferdeställen gegen eine »standesgemäße« Villa einzutauschen, oder die dienende Rolle des Bruders Bruno.

Der soziale Zündstoff, der in dem Stück angelegt ist, ist allerdings, wie schon oben ausgeführt, nicht konsequent genutzt. Die persönliche Tragikomödie des Gustav Krause und der Familienkonflikt stehen ganz im Vordergrund. Die Charaktere bleiben jedoch ziemlich blaß. Selbst die Mittelpunktfigur des Gustav Krause gewinnt nur durch kraftvolle Schauspielernaturen wie Otto Wernicke oder Siegfried Wischnewski Konturen.

Der Film, der 1942 unter der Regie des routinierten Lustspielregisseurs Peter Paul Brauer unter dem Titel DER SENIORCHEF hergestellt wurde, setzt das Stück im großen und ganzen getreu, aber etwas zähflüssig um. Daß der Regisseur bekennender Nazi war, hat sich nicht dahingehend ausgewirkt, daß die Handlung prononciert linientreu umgearbeitet worden wäre, wie nicht zuletzt das Verdikt Goebbels' belegt, der Film habe »keine klare Handlungsführung, vor allem in keiner Weise ein Ziel und keine Tendenz. Solche Filme dürften eigentlich in unserer Zeit nicht mehr gemacht werden.«[135]

Eine kleine Änderung in der Biographie Krauses - er war im Film vormals nicht Metzger in Berlin, sondern Farmer in Südwestafrika und heißt auch anders, nämlich Georg von Schulte - bleibt für die Handlungsführung ohne Belang. Die sozialen Gegensätze zwischen dem Emporkömmling Krause und dem vornehmen Umgang seiner Kinder, die im Stück noch eine gewisse Rolle spielten, sind im Film allerdings ganz eliminiert, weil von [!] Schulte kein Emporkömmling ist.

Die Kameraarbeit ist recht atmosphärisch. Unter den Darstellern erreichen nur Wernicke, Gülstorff und allenfalls Fuetterer ein überdurchschnittliches Niveau. Am Drehbuch arbeitete Eberhard Keindorff mit. Das legt die Vermutung nahe, daß es Absprachen zwischen ihm und Kästner gab, daß Kästner also nicht ganz ohne Einfluß auf das Drehbuch blieb. Doch konkrete Hinweise liegen nicht vor.

1971 erarbeitete der Schauspieler Siegfried Wischnewski im Auftrag der Fernsehproduktion der Deutschen Buchgemeinschaft ein Drehbuch für einen Fernsehfilm nach dem Stück. Die Dialoge sind geschickt verkürzt, das Stück ist ausgezeichnet visualisiert. Das Milieu hat der Ostpreuße Wischnewski, der auch die Titelrolle spielte, ins Ostpreußen von 1928 verlegt. »Alle an der Produktion Beteiligten waren seinerzeit der Meinung, der Handlungsraum müsse Ostpreußen sein, eine Region, in der Pferde eine bedeutende wirtschaftliche Rolle spielten.«[136] Da neben Wischnewski viele ostpreußische Schauspieler mitwirkten (Gräwert, der Regisseur, in

Der Drehbuchautor und Hauptdarsteller Siegfried Wischnewski (links) und der Regisseur Günter Gräwert in der kleinen Rolle des Bruders von Gustav Krause in der 1973er Version »Seine Majestät Gustav Krause«.

einer kleineren Rolle; Lapsien; Krüger; Wagner; Kahlert; van Bergen; Steinkrauss; Wegner), ist ein äußerst stimmiges ostpreußisches Volksstück entstanden, das dem Geist der Kästnerschen Vorlage besser entspricht als der Film von 1942.

Die gravierendste Änderung Wischnewskis: Er hat den Handlungsteil mit der Geliebten Gustav Krauses beträchtlich ausgebaut und auch um zusätzliche Szenen erweitert und damit die unfreundliche Art, mit der Kästners Stück diese Figur abtut, gemildert. Überhaupt hat Wischnewski den Charakter Gustav Krauses etwas gemildert und vermenschlicht, ohne daß diesem Charakter das Bärbeißig-Grobe und Herrische genommen wäre.

1973 verfilmte, ebenfalls als Produktion der Deutschen Buchgemeinschaft, Wolfgang Liebeneiner nach einem eigenen Drehbuch VERWANDTE SIND AUCH MENSCHEN für das ZDF. Leider waren mir weder der Film noch das Drehbuch zugänglich. Der Inhaltsangabe in Zeutzschels Fernsehspiel-Archiv zufolge scheint sich die Verfilmung eng an das Stück gehalten zu haben. Die Besetzungsliste wirkt reizvoll und vielversprechend.

Sven Hanuschek, Autor einer Kästner-Biographie, die im Januar 1999 im Hanser-Verlag erscheinen wird, hat mich auf ein weiteres Theaterstück aufmerksam gemacht, das Kästner in dieser Zeit mit dem Titel WILLKOMMEN IN MERGENTHAL gemeinsam mit Martin Kessel, einem heute kaum noch bekannten, seinerzeit recht geschätzten Autor, unter dem Pseudonym Hans Brühl verfaßt hat. Es geht um einen Reporter und eine Verlegerstochter, die sich zwecks Enthüllungsreportage unter falschem Namen als Ehepaar in einem Sanatorium einschleichen, in dem zerrüttete Ehen gerettet werden, indem man die Ehepartner konsequent separiert und bis zum Überdruß dazu zwingt, das zu tun, was den Partner immer so störte. Das Stück scheint verschollen, doch es wurde zweimal verfilmt: 1938 unter dem Titel DAS EHESANATORIUM, womit gleichzeitig der terminus ante quem für die Datierung des Stücks gegeben ist, dessen genaue Entstehungszeit sich nicht ermitteln läßt, und 1954/55 unter dem Titel JA, SO IST DAS MIT DER LIEBE. Die verhältnismäßig große inhaltliche Übereinstimmung der beiden Filme läßt den Schluß zu, daß man sich eng an das Stück hielt, so daß man also von den Filmen Rückschlüsse zwar nicht auf den szenischen Aufbau, wohl aber auf die Abfolge der Handlung ziehen kann.

Nicht nur 1938 wurde Kästners Autorschaft wegen seines Schreibverbots verschwiegen, während der als Autor zugelassene Kessel die Tantiemen hätte abrechnen sollen, so es denn welche gegeben hätte - das Stück scheint nie aufgeführt worden zu sein. Aber auch 1954 hat Kästner sich selbst noch vertraglich ausbedungen, »meinen Namen in keiner Weise nach aussen hin mit dem Vorhaben in Zusammenhang zu bringen«. Dies deutet darauf hin, daß er auch dieses Stück nicht als seinem Rang gemäß erachtete, obwohl er 1951 gegenüber Curt Goetz, den er zur Aufführung des Stücks mit seiner Frau Valerie von Martens zu bewegen versuchte, meinte, daß es sein »Mißgeschick [nicht ›das Licht der Bühne erblickt‹ zu haben, d.

Verf.] nicht verdient hat.« (Goetz lehnte aus Zeitmangel ab und meinte, eine Umarbeitung, die der Autor ihm zugestehen wollte [!], habe »ein Erich Kästner nicht nötig«[137]). Die Reaktionen der zeitgenössischen Kritik auf die - milde ausgedrückt - unbedeutenden Verfilmungen sind zwar nicht unbedingt ein Indikator für die Qualität des Stücks, bestärken aber zumindest den Verdacht. Der Fall ist nur interessant als ein weiteres Beispiel dafür, wie Kästner im Dritten Reich materiell über die Runden zu kommen versuchte.

Filmographie

Verwandte sind auch Menschen
(Deutschland 1939)

Regie: Hans Deppe. Produktion: Tobis (Herstellungsgruppe Robert Wuellner). Drehbuch: Peter Hagen nach dem gleichnamigen Bühnenstück von Eberhard Foerster [d.i. Erich Kästner und Eberhard Keindorff]. Kamera: Georg Krause. Musik: Fritz Wenneis. Bauten: Gustav Knauer, Hans Haueisen. Schnitt: Ella Ensink. Produktionsleitung: Joseph Pfister.
Darsteller: Heinz Salfner (Ambrosius Brown), Ernst Dumcke (Buddy Drops), Fritz Odemar (Washington), Renée Stobrawa (Erna Schramm), Fritz Claudius (Max Schramm), Margarete Kupfer (Paula Braun), Else von Möllendorff (Grete Braun), Arthur Schröder (Dr. Hugo Braun), Ellen Bang (Melitta Braun), Oscar Sabo (Otto Zander), Grete Reinwald (Ingeborg Zander), Werner Stock (Ulrich Böhmke), Hermann Braun (Kurt Thiele), Louis Ralph, Eleonore Tappert, Philipp Manning, S.O. Schoening, Rudolf Esseck.
Schwarzweiß. 78 Minuten. Verleih: (Transit).

Frau nach Maß
(Deutschland 1940)

Regie: Helmut Käutner. Produktion: Terra. Drehbuch: Helmut Käutner nach dem gleichnamigen Bühnenstück von Eberhard Foerster [d.i. Erich Kästner und Eberhard Keindorff]. Kamera: Walter Pindter. Musik: Norbert Schultze. Bauten: Willi A. Herrmann, Julius Baumann. Kostüme: Gerda Leopold. Schnitt: Wolfgang Wehrum. Regieassistenz: Rudolf Jugert. Produktionsleitung: Hans Tost.
Darsteller: Leny Marenbach (Annemarie/Rosemarie), Hans Söhnker (Christian Bauer), Fritz Odemar (Dr. Buchmann), Hilde Hildebrand (Hermine Campe), Walter Steinbeck (Julius Campe), Hugo Schrader (Dr. Gärtner), Hermann Pfeiffer (Höllenkamp), Dorit Kreysler (Fräulein Zettlund), Hadrian Maria Netto (Professor Häberfeld), Ursula Herking (Anna), Wilhelm Grothe (Toni), Wilhelm Bendow (Herr Schmott), Erika von Thellmann (Dame im Vorzimmer), Tibor von Halmay (Schauspieler Birkbusch), Margarete Kupfer (Tante Rose), Alice Treff (Fräulein Mümmelmann).
Schwarzweiß. 94 Minuten. Verleih: (Transit).

Der Seniorchef
(Deutschland 1942)

Regie: Peter Paul Brauer. Produktion: Terra. Drehbuch: Eberhard Keindorff, Wolf Neumeister nach der Komödie »Seine Majestät Gustav Krause« von Eberhard Foerster [d.i. Erich Kästner und Eberhard Keindorff]. Kamera: Robert Baberske. Musik: Hans Ebert. Bauten: Max Mellin, Gerhard Ladner. Schnitt: Ira Bugajenko. Regieassistenz: Max Dickhaut. Produktionsleitung: Walter Tost.
Darsteller: Otto Wernicke (Georg von Schulte), Hildegard Grethe (Martha), Werner Fuetterer (Konrad), Heinz Welzel (Robert), Rolf Weih (Hermann), Karin Himboldt (Helene), Max Gülstorff (Ludwig Goerner), Helmi Mareich (Margot Winkelmann), Hellmut Helsig (Fritz Bodenstedt), Jeanette Bethge (Emma), Maria Litto (Liesbeth), Leopold von Ledebur (Dr. Schneider), Ernst Stimmel (Professor im Sanatorium), Hilde Jansen (Schwester Hilde), Lotte Rausch (Grete Nowak), Karl Hannemann (Paul), Otto Braml (Oskar), Gunnar Möller (Willy), Günther Ballier (Loistelli), Albert Florath (Pietsch), Oskar Höcker (Wendland), Leo Peukert (Karsten), Walter Bechmann, Franz Ernst Bochum, Konrad Cappi, Kurt Kramer, Alwin Lippisch, Anatol Losseff, Kurt Mikulski, Hermann Pfeiffer, Ilse Pellemeyer, Ernö René, Walter Ringewald, Annemarie Schäfer, Dorothea Thiess.
Schwarzweiß. 83 Minuten. Verleih: (Transit).

Seine Majestät Gustav Krause
(Fernsehspiel. Bundesrepublik Deutschland 1971)

Regie: Günter Gräwert. Produktion: Fernsehproduktion der Deutschen Buchgemeinschaft im Auftrag des ZDF. Drehbuch: Siegfried Wischnewski nach der gleichnamigen Komödie von Eberhard Foerster [d.i. Erich Kästner und Eberhard Keindorff]. Musik: Franz Grothe. Szenenbild: Gerd Staub.
Darsteller: Siegfried Wischnewski (Gustav Krause), Ingeborg Lapsien (Martha Krause), Günter Gräwert (Emil Krause), Jürgen Wegner (Robert Krause), Elga Sorbas (Helene Krause), Hans-Georg Panczak (Hermann Krause), Zane Grey Leslie (Konrad Krause), Elsa Wagner (Emma), Ingrid van Bergen (Grete), Evamaria Miner (Margot Winkelmann), Jochen Busse (Dr. Fritz von Bodenstedt), Carmen Steinkrauss (Lisbeth), Hans Kahlert (Paul), Franz-Otto Krüger (Dr. Schneider), Martin Hirthe (Direktor Büttner), Heinrich Gies (Gastwirt Bartsch), Rudolf Geske (Pferdehändler Gutzeit), Max Giese (Tierarzt), Brigitte Goebel (Krankenschwester Hedwig), Herbert Grünbaum (Uhrmacher Kern).
Farbe. 91 Minuten.

Verwandte sind auch Menschen
(Fernsehspiel. Bundesrepublik Deutschland 1973)

Regie: Wolfgang Liebeneiner. Produktion: Fernsehproduktion der Deutschen Buchgemeinschaft im Auftrag des ZDF. Drehbuch: Wolfgang Liebeneiner nach der gleichnamigen Komödie von Eberhard Foerster [d.i. Erich Kästner und Eberhard Keindorff]. Kamera: Gero Erhardt. Produktionsleitung: Michael Kühn.
Darsteller: Alice Treff (Paula Blankenburg), Claus Biederstaedt (Prof. Christian Blankenburg), Karin Hübner (Cäcilie Blankenburg), Miriam Spoerri (Maria Theresia Blankenburg), Edeltraud Elsner (Emma Schramm, geb. Blankenburg), Maria Körber (Ingeborg Zander, geb. Blankenburg), Peter Schiff (Otto Zander), Heidy Bohlen (Hildegard Böhmke), Bernhard Dübe (Emil Böhmke), Ernst Fritz Fürbringer (Leberecht Riedel), Lutz B. Riedel (Lothar Bildt), Martin Hirthe (Justizrat Klöckner), Dagmar Tass (Stubenmädchen), Peter Hamel (ein fremder Herr).
Farbe. 90 Minuten.

Das Ehesanatorium
(Deutschland 1937/38)

Regie: Toni Huppertz. Produktion: Cinephon-Film (Fred Lyssa). Dialog-Regie: Walter Janssen. Drehbuch: Bobby E. Lüthge, Hans Fritz Köllner nach dem Bühnenstück »Willkommen in Mergenthal« von Hans Brühl [d.i. Erich Kästner und Martin Kessel]. Kamera: Bruno Timm. Musik: Franz R. Friedl. Bauten: Willi A. Herrmann, Alfred Bütow.
Darsteller: Volker von Collande (Stephan Seidlitz), Hilde Sessak (Franziska Kaub), Günther Lüders (Fritz Keller), Charlott Daudert (Rita Keller), Walter Janssen (Professor Eschenburg), Käthe Haack (Hermine Kaub), Willi Schaeffers (Dr. Nottebohm), Gretl Theimer (Frau Dr. Müller), Werner Stock (Herr Oberweg), Tine Schneider (Frau Oberweg), Wilhelm Bendow (Herr Dietze), Gisela Schlüter (Frau Dietze), Ernst Stahl-Nachbaur (Rudolf Burg), Beppo Brem (Ottokar), Edith Meinhard (Lily), Fritz Klaudius (Herr Tube), Paul Heidemann (Herr im Frack), Maria Krahn (Patientin), Else Boy - Jeanette Bethge - Odette Orsy (Krankenschwestern).
Schwarzweiß. 84 Minuten. Verleih: (Terra).

Ja, so ist das mit der Liebe
(Österreich 1954/55)

Regie: Franz Antel. Produktion: Öfa/Schönbrunn-Film. Drehbuch: Kurt Nachmann, Gunther Philipp, Franz Antel nach dem Bühnenstück »Willkommen in Mergenthal« von Hans Brühl [d.i. Erich Kästner und Martin Kessel]. Kamera: Hans H. Theyer. Musik: Lotar Olias. Bauten: Fritz Jüptner-Johnstorff. Schnitt und Regieassistenz: Arndt Heyne. Produktionsleitung: Walter Tjaden.
Darsteller: Adrian Hoven (Stefan Seidlitz), Maria Emo (Franziska Kaub), Margit Saad (Rita Keller), Hans Moser (Meisel), Paul Hörbiger (Professor Eschenburg), Gunther Philipp (Fritz Keller), Oskar Sima (Herr Lehmann), Christl Mardayn (Hermine Kaub), Annie Rosar (Frau Hübner), Susi Nicoletti (Frau Dietze), Rudolf Carl (Dienstmann), Kurt Nachmann (Rudolf Burg), Erica Beer (Frau Brose), Ernst Waldbrunn (Herr Dietze), Peter Gerhard (Herr Hübner), Ilse Peternell (Frau Müller), Adrienne Geßner (Frau Lehmann), Helly Servi (Frau Kunz), Franz Böheim (Herr Zagel), Raoul Retzer (Herr Kunz), Fritz Eckhardt (Herr Rübsam), Hans Unterkirchner (Herr im Frack), Elfriede Weissenböck (Fräulein Stein), Peter Hey (Professor Lebeau), Bibi Ptak (Wärter).
Schwarzweiß. 90 Minuten. Verleih: (Herzog-Film).

ZU TREUEN HÄNDEN

1943, schon wieder und diesmal mit totalem Schreibverbot belegt, schrieb Kästner, für die Schublade, eine weitere Komödie: ZU TREUEN HÄNDEN. Eine Witwe vertraut ihren 22jährigen Sohn Hansgeorg ihrem Bruder, einem Schriftsteller und Frauenhelden, an, da sie meint, daß zur Persönlichkeitsbildung des Sohnes noch erotische Erfahrungen gehörten. Der Bruder soll die heikle Aufgabe übernehmen, den vermeintlich schüchternen, am weiblichen Geschlecht nicht angemessen interessierten jungen Mann zu ermuntern und zugleich davor zu bewahren, daß er sich die Finger verbrennt. Der Onkel selbst ist allerdings währenddessen hin- und hergerissen zwischen seiner Geliebten, einer Schauspielerin, und seiner ihn anhimmelnden Sekretärin. Hansgeorg erweist sich schon bald als gelehriger Schüler und turtelt heftig mit einem jungen Mädchen. Einige Wochen später, als die Mutter zu Besuch kommt, um ihre Wiederverehelichung zu verkünden, gesteht der Sohn, daß er mit eben diesem Mädchen schon seit vier Jahren verlobt ist und ein zweijähriges Kind hat. Ihre Liebe den Eltern eingestehen und heiraten hatten sie nicht wollen, da der junge Mann mitten im Studium steckte und nach landläufiger Meinung zur Gründung einer Familie zu jung und unfertig war.

Die tiefere Bedeutung des Stücks hält Kästner gegen Ende der Komödie selbst fest in einem Exposé, das der Schriftsteller-Onkel aufgrund des eben Erlebten für ein zukünftiges Theaterstück anlegt[138]:

»Die Petroleumlampe kommt wieder! Umkehrung des üblichen Generationsunterschiedes. Früher die Alten altmodisch und die Jungen modern. Heute die Alten modern und die Jungen altmodisch. Verzwickte Romantiker. Unterstellen eigene blühende Phantasie gesünderem, primitiverem Empfinden. Dies der psychologische Irrtum, aus dem sich die Irrtümer in der Handlung automatisch entwickeln. Die Alten könnten eher von den Jungen lernen als umgekehrt.«

Das Stück ist recht gut konstruiert und die geistreiche Ironisierung der alten Spießbürgerweisheit, daß junge Männer sich vor der Ehe die Hörner abstoßen müßten, gibt eine gute Grundlage ab. Dennoch irritiert an dem Lustspiel einiges. So äußert sich verschiedentlich Kästners problematisches Frauenbild, etwa in der Dialogstelle: »Onkel Thomas sagt es ja immer ... Die Frauen, sagt er, sind noch instinktsicher ... Sie haben eine Witterung wie die Tiere im Wald ... Wir Männer hingegen sind durch unsere geistige Höherentwicklung verpfuscht worden.«[139] Der Onkel als durchaus sympathisch gezeichnete Figur hält sich im 3. Akt die ehemalige Sekretärin als heimliche Nebengeliebte, die ihrerseits von seinem weiteren

Martin Held als Christoph Mylius ist kumpelhaft, Grit Böttcher als seine Sekretärin reagiert verliebt, Mylius ist (zunächst noch) irritiert.

Zusammenleben mit der ahnungslosen Schauspielerin weiß.

Im übrigen ist die Motivation für das Versteckspiel des jungen Paares nicht recht glaubwürdig und die ganze Charade für ein abendfüllendes Theaterstück nicht tragfähig genug. ZU TREUEN HÄNDEN gehört trotz der Anerkennung des Autors, die es durch die Aufnahme in die Gesammelten Werke erfuhr, zu den schwächeren Werken Kästners.

1948 wurde das Stück in Düsseldorf uraufgeführt, unter dem Pseudonym Melchior Kurtz, weil Kästner »den eigenen Namen für sein eigentliches Theaterdebüt, für ›Die Schule der Diktatoren‹, aufsparen wollte«.[140]

Als sich 1962, am Ende der konservativen, spießig-moralistischen Ära Adenauer der Film für das Stück interessierte, war der Stoff beileibe noch nicht antiquiert. Kästner selbst schrieb unter dem Titel LIEBE WILL GELERNT SEIN ein Drehbuch[141], in dem er den szenischen Aufbau des in einem einzigen Raum spielenden Stückes filmgerecht auflockerte, die Dialoge straffte und teilweise umstellte, gelegentlich auch neue Bonmots unterschiedlicher Qualität hinzufügte und einige zusätzliche Personen und Schauplätze einführte, ohne daß sich am Charakter des Stücks Entscheidendes verändert hätte. Vom Verhältnis Hansgeorgs erfährt man schon weit früher als im Stück, nicht jedoch, daß die beiden ein Kind haben. Die im Stück vielfach geäußerte Behauptung vom animalischen Charakter der Frauen ist zwar deutlich abgeschwächt, aber immer noch vorhanden. Die bei Kästner häufig

anzutreffende Tendenz, alle handelnden Personen in der geistreichen Diktion des Autors sprechen zu lassen, ist im Drehbuch zugunsten einer realistischeren Darstellung stark zurückgenommen. Kästner wußte offenbar selbst sehr genau, wo er sich dies erlauben konnte, wie in der Boulevardkomödie, und wo er »realistisch« zu sein hatte, wie meist im Film.

Eine gravierende Änderung des Drehbuchs gegenüber dem Stück gibt es allerdings: Das Motiv von der Ex-Sekretärin, die sich der Schriftsteller ohne Wissen seiner Lebensgefährtin, der Schauspielerin, als Geliebte hält, fehlt im Drehbuch. Kennt man Kästners Biographie, so wirkt das Stück, wie immer man zu diesem Motiv stehen mag, zumindest aufrichtiger. Warum das Motiv wegfiel, muß wohl Spekulation bleiben. Kästner, der zwi-

Komplott: Dagmar Hank und Peter Striebeck (das rechte Pärchen) verreisen und schicken von Götz George im voraus geschriebene Ansichtskarten ab, damit der mit Loni von Friedl Urlaub zuhause machen kann.

schen den Zeitpunkten der Entstehung von Stück und Drehbuch seiner Lebensgefährtin ein mehrjähriges Verhältnis und ein daraus hervorgegangenes Kind verschwieg, mag das Motiv aus Scheu selbst weggelassen haben. Ebenso denkbar ist allerdings, daß eine übervorsichtige, mit prüden Publikumsreaktionen kalkulierende Produktion auf die Streichung drängte. Das paßt im Endeffekt auch zur Tendenz der Regie.

Als Regisseur für den Film wurde nämlich Kurt Hoffmann gewählt, der schon einige der besten Kästner-Verfilmungen - stets in Zusammenarbeit mit dem Autor - gemacht hatte und offenbar der ideale Regisseur für Kästner-Stoffe war. Doch diesmal erwies sich die Wahl als Mißgriff. Hoffmann, der Harmlos-Heitere, der, anders als sein Lehrmeister Reinhold Schünzel, wenig Sinn für das Abgründige im Erotischen und für sexuelle Irritationen hat, war kaum geeignet, das Frivole des Stücks, sein ironisches Spiel mit Moralvorstellungen adäquat zu entwickeln. Er erzählt die Geschichte behäbig-humorig, trotz der szenischen Auflockerung theaterhaft mit weitgehend starrer Kamera und langen Einstellungen und verläßt sich ganz auf die, gemessen an anderen Werken Kästners, auch nicht eben witzsprühenden Dialoge. So ist LIEBE WILL GELERNT SEIN, obwohl das Drehbuch kurzweiliger und weniger dialoglastig ist als das Stück, auch unter den Kästner-Verfilmungen eine der schwächeren.

Filmographie

Enthüllung: Götz George, Barbara Rütting, Martin Held und Fita Benkhoff.

Liebe will gelernt sein
(Bundesrepublik Deutschland 1963)

Regie: Kurt Hoffmann. Produktion: Independent Film (Heinz Angermeyer). Drehbuch: Erich Kästner nach seinem Lustspiel »Zu treuen Händen«. Kamera: Sven Nykvist. Musik: Hans-Martin Majewski. Bauten: Hans-Jürgen Kiebach, Ernst Schomer. Kostüme: Elisabeth Urbancic, Nicola Hoeltz. Schnitt: Ursula Kahlbaum. Ton: Clemens Tütsch. Regieassistenz: Werner Grassmann, Thomas Grimm.
Darsteller: Martin Held (Christoph Mylius), Barbara Rütting (Hermine Schack), Götz George (Hansgeorg Lehmbruck), Loni von Friedl (Margot), Fita Benkhoff (Ilse Lehmbruck), Grit Böttcher (Dora), Margarete Haagen (Frau Krüger), Bruno Hübner (Feldhammer), Herta Saal (Nelly), Charles Regnier (Kramer), Ralf Wolter (Müller), Blandine Ebinger (Fräulein Bretschneider), Michael Barry (Andreas), Peter Striebeck (Melzer), Dagmar Hank (Yvonne), Ilse Pagé (Liane), Helmut Gentsch, Alfons Teuber, Franz Fröhlich.
Schwarzweiß. 93 Minuten. FSK: ab 16. Video: Taurus.

KÄSTNERREZEPTION IM FILM UND DEUTSCHE NACHKRIEGSFILMGESCHICHTE

Bei Kästners Arbeit für den Film und bei den deutschen Kästner-Verfilmungen - die ausländischen blieben punktuell und vereinzelt - kann man schwerpunktmäßig drei Phasen ausmachen. Eine Art Kästner-Renaissance im Film zeichnet sich in neuerer Zeit ab. Ende der achtziger, Anfang der neunziger Jahre wurde allerdings international mit den Werken Kästners nur noch rumgemacht - man verzeihe mir diesen arg (nach)lässigen Ausdruck, aber er trifft die Sache perfekt -, ohne daß die Macher einen sonderlichen Bezug zu Kästner erkennen ließen. Ob die Neuverfilmungen der meisten Kinderbücher Kästners durch den Produzenten Peter Zenk diesen Eindruck so weit verbessern werden, daß man einmal von einer wirklichen Kästner-Renaissance in den neunziger Jahren wird sprechen können, läßt sich noch nicht abschätzen.

Die erste (film-)historische Phase war Anfang der dreißiger Jahre. Kästner, das blendende junge Schriftstellertalent, war ein gefragter Ideengeber und Drehbuchautor in der kleinen liberal-progressiven Gruppe innerhalb der reaktionären, UFA-bestimmten Filmlandschaft. Die Namen, die im Zusammenhang mit ihm zu nennen sind, sprechen für sich: Max Ophüls, Gerhard Lamprecht, Alexis Granowsky, Robert A. Stemmle. Kästner, in vielen Sätteln zuhause, versuchte, sich zu etablieren. Doch die »Machtergreifung« beendete (nicht nur) diesen hoffnungsvollen Beginn.

Die zweite Phase ist die der kurzfristigen Schreiberlaubnis für den Film 1942/43. Der Selbsterhaltungstrieb führte Kästner zur Mitwirkung an harmlos-unterhaltsamen, eskapistischen Filmen. Das wichtigste Ergebnis dieser Phase ist der trotz allem großartige MÜNCHHAUSEN, Kästners beste Arbeit für den Film, ein geistreich-ironisches Drehbuch, das man mit Fug und Recht seine beste dramatische Arbeit nennen kann.[142] (Auf eine Bewertung von Kästners Schriften fürs Theater muß allerdings hier verzichtet werden.) Die Verfilmungen der unter Pseudonym entstandenen Bühnenstücke, die ins Umfeld dieser Phase gehören, kann man nicht zur Kästnerrezeption rechnen, da nur ein kleiner Kreis Eingeweihter von der Autorschaft Kästners wußte und weiß. Ins Vorfeld dieser Phase gehören allerdings Kästners heftige Versuche, Verfilmungen seiner humoristischen Romane im Ausland zu lancieren, was ja im Falle der DREI MÄNNER IM SCHNEE sehr erfolgreich war. Dabei versuchte er sich auch - erfolglos - selbst als Drehbuchautor ins Spiel zu bringen.

Die gewichtigste Phase sind die fünfziger Jahre, ihre erste Hälfte zumal. Kästner erlebte einen wahren Boom. Zehn der 23 deutschsprachigen Kästner-

Verfilmungen (wiederum ohne die Eberhard-Foer-ster- und Hans-Brühl-Verfilmungen) entstanden zwischen 1950 und 1962, davon sieben bis 1956. Fast für alle hat Kästner das Drehbuch geschrieben. Doch dieser Kästner-Boom hinterläßt einen ambivalenten Eindruck. Es sind vorzügliche Filme darunter, aber samt und sonders sind auch sie Teil eines harmlos-heiteren, eskapistischen Kinos, das den »Urlaub von der Geschichte«[143] angetreten hat, und diesmal ohne den schweren Druck einer Diktatur. Es ist verwunderlich, daß gerade Kästner, der Satiriker, der Zeitkritiker, der unbequeme Mahner eine solch gewichtige Rolle für das unpolitische, verdrängungsfreudige Kino der Ära Adenauer spielt.

Die Ursache dafür ist allerdings nicht beim Autor zu suchen. Kästner hat nach 1945 kein Originaldrehbuch mehr geschrieben. Auch ist er nicht, wie Anfang der dreißiger Jahre, massiv auf die Filmleute zugegangen mit Ideen, Drehbuchvorschlägen und Angeboten zur Verfilmung seiner Bücher. Drehbücher zur Verfilmung seiner Werke schrieb er hauptsächlich, um einer werkgerechten Umsetzung einigermaßen sicher zu sein. Die Initiative aber kam von der Filmwirtschaft. Bei Kästners Aktivitäten Anfang der dreißiger Jahre spielten, wie bereits dargestellt, gewiß die guten Verdienstmöglichkeiten beim Film eine wichtige Rolle. Doch er suchte sich Stoffe und Partner kritisch aus. Sein filmisches Wirken paßt in der Tendenz zu seiner Tätigkeit als Autor. Alles in allem war er in Bezug auf den Film in dieser Phase (wie auch in der notgedrungen weniger wählerischen von 1942/43) aktiv, in den fünfziger Jahren war er passiv.

Die Antwort auf die Frage, warum Kästner in den fünfziger Jahren dem Film gegenüber so zurückhaltend blieb, ob er, was für die erste Zeit nach 1945 erklärtermaßen zutrifft, der aufklärerischen Tagesschriftstellerei den Vorrang einräumte, ob er, nach seiner letzten Brotarbeit für den Film (ALL ABOUT EVE/ALLES ÜBER EVA 1951), als zunehmend finanziell saturierter Erfolgsautor die Arbeit für den Film nicht mehr attraktiv fand, oder ob er Zurückhaltung übte in richtiger Einschätzung des deutschen Films der fünfziger Jahre, bleibt vorerst Spekulation. Es ist darüber nichts überliefert.

Die Ursache für die merkwürdige Konstellation Kästner/deutscher Nachkriegsfilm jedenfalls ist beim deutschen Film jener Zeit zu suchen und im Rahmen der allgemeinen Kästnerrezeption der Nachkriegszeit zu sehen.

Werner Schneyder hat in seinem Kästner-Buch[144] beschrieben, wie er 1953 Kästner als Satiriker und Zeitkritiker entdeckte und dieser ihm quasi zum Lehrer wurde. Spätere Generationen, die 68er zumal, hätten dagegen, so Schneyder, mit Kästner nichts mehr anfangen können, weil sie ihm als Angehörigen der Väter-Generation automatisch mißtrauten und weil sie ihn nicht richtig kannten. Doch auch Schneyders Kästner-Erlebnis ist - für die Rezeption der fünfziger Jahre - nicht repräsentativ.

Nach 1945 wurde Kästner schnell zu einem der geachtetsten und bekanntesten deutschen Schriftsteller. Er machte, nach den Jahren des erzwungenen Quasi-Schweigens, den Sprung vom ungeduldigen jungen Talent zum arrivierten Altmeister. Kästner widmete sich zwar mit viel Elan dem Geschäft, das Anfang der dreißiger Jahre sein wichtigstes gewesen war, der satirischen Tagesschriftstellerei, der gereimten wie der ungereimten. Doch sein Biß ließ bald nach, »der Satiriker Erich Kästner begann sich zu zitieren«.[145] Das aber war nicht nur ein biographisch-biologisches, ein Altersproblem - denn Kästner biß in Watte, in die man ihn gewickelt hatte. Er wurde geehrt, er wurde zum deutschen PEN-Präsidenten gewählt, er wurde zu Festreden und Vorträgen eingeladen, aber er wurde nicht geziemend ernst genommen. Geehrt wurde er als der nette Kinderbuchautor, als humoristischer Schriftsteller. Als unbequemer Satiriker jedoch wurde er weitgehend übersehen.

Dieses Pauschalurteil kann nur den Trend aufzeigen. Natürlich wurden Kästners bissige Gedichtsammlungen, die alten wie die neuen, verlegt - aber mit welchen Auflagen! Natürlich wurde DIE SCHULE DER DIKTATOREN aufgeführt - aber an wie vielen Bühnen! Dennoch, zu einer totalen Reduzierung auf den Kinderbuchautor und Verfasser humoristischer

Geschichten kam es nur im deutschen Film der fünfziger Jahre, der damit wiederum wesentlichen Einfluß auf das Gesamtbild von Kästner hatte. Ein Blick in die Chronologie der Kästner-Verfilmungen genügt. All die harmlos-heiteren Mimikry-Werke der nationalsozialistischen Zeit sind unter den Vorlagen, vom Roman DREI MÄNNER IM SCHNEE (1934) bis zur Boulevardkomödie ZU TREUEN HÄNDEN (1943), dazu die, aus anderen Gründen, ebenfalls unpolitischen, unterhaltsamen Kinderbücher. Und selbst was von diesen Werken schon verfilmt worden war, und zwar höchst adäquat verfilmt worden war, wurde noch einmal gedreht, wie EMIL UND DIE DETEKTIVE und DER KLEINE GRENZVERKEHR.

Gewiß: Kästner hat sein Werk aus der Zeit zwischen 1933 und 1945 im großen und ganzen bejaht, auch wenn er 1945 meinte, erst jetzt wieder recht eigentlich »schreiben« zu dürfen und sich sofort wieder dezidiert und fast ausschließlich politischen und zeitkritischen Themen zuwandte. (Einen humoristischen Zug sieht übrigens Kiesel[146] auch schon in Kästners Werk aus der Zeit vor 1933, wenn auch schwach, ausgeprägt. Das Überwiegen des Liebenswürdig-Humoristischen gehört andererseits zu den Altersmerkmalen Kästners ab Mitte der sechziger Jahre.) Es gibt meines Wissens keine Äußerung, in der Kästner zu den bekannten Werken aus der Zeit zwischen 1933 und 1945 kritische Distanz suchen würde. An ihrer Rezeption, Editionen und Verfilmungen, hat er uneingeschränkt mitgewirkt. Vorbehalte sind in äußerst milder Form nur in den Vorworten der Nachkriegsausgaben festgehalten.

Von links: der Vater der Günther-Zwillinge, Emeric Pressburger, Jutta Günther, Yolande Larthe, Kästner, Isa Günther, Charmain Larthe und Günther Stapenhorst bei den Dreharbeiten zu »Twice Upon a Time« in Kitzbühel.

Kiesel sieht mit Recht in den Kinderbüchern wie in den Unterhaltungsromanen Kästners die notwendige »Folie eines positiven und tendenziell utopischen Normensystems und Existenzmodells«, vor dem der Gesellschaftskritiker und Satiriker seine Kritik an den gegenwärtigen Zuständen entwickelt.[147] Diese Folie einerseits nicht als utopisch, sondern als real existierend abgebildet zu haben, diesen Werkaspekt andererseits unangemessen gewichtet, ja ausschließlich aufgegriffen zu haben, das ist es, was die

Kästner (rechts) und sein Verleger Kurt L. Maschler (links) bei Curt Linda im Atelier während der Dreharbeiten zu »Die Konferenz der Tiere«.

große Verzerrung des Kästner-Bildes in der filmischen Kästner-Rezeption ausmacht.

Bezeichnend für diese filmische Rezeption ist auch die stilistische Umsetzung. Aus Kästners charakteristischer Stilmischung von Ironie und Sarkasmus, Sentimentalität, Understatement und rigorosem Moralismus, wie sie selbst in den humoristischen Romanen noch erkennbar ist, haben die Filmregisseure der fünfziger Jahre vor allem den unverbindlichen Witz und das Sentiment, das sich oft in mehr oder minder kitschiger Gefühligkeit äußert, herausgefiltert. Und auch Kästner als Drehbuchautor konnte das nicht verhindern. Ein Problem der Umsetzung Literatur/Film ist dies natürlich nicht. Wieviel mehr von den Hauptcharakteristika des Kästnerschen Werks enthält doch im positiven Sinne der MÜNCHHAUSEN.

Noch einmal zur Einseitigkeit und falschen Gewichtung in der filmischen Kästnerrezeption: Man sage nicht, es hätten nun einmal nur Kinderbücher und humoristische Romane an verfilmbaren Werken zur Verfügung gestanden; die Gedichte und Essays hätte man nicht gut verfilmen können. Auch die pazifistische KONFERENZ DER TIERE war verfilmbar. Allerdings geschah dies erst Ende der sechziger Jahre zur Zeit der vielerlei Revolten. Und es wurde daraus der Film, der wohl Kästners Intentionen als Satiriker am nächsten kommt.

Auch für den FABIAN interessierte sich die Filmwirtschaft erst Ende der sechziger Jahre, allerdings nur die Altfilmer - die Jungfilmer waren noch zu sehr mit ihrer Nabelschau beschäftigt. Den Alten aber traute Kästner die Umsetzung nicht zu und verweigerte die Rechte.

Es paßt ins Bild, daß auch die irritierendste Vorlage, die sich der deutsche Film der fünfziger und sechziger Jahre wählte, die frivole Komödie ZU TREUEN HÄNDEN, von dem Spezialisten für die humoristischen Werke, dem harmlos-heiteren Kurt Hoffmann verfilmt wurde. Hoffmann war gewiß in seinem Genre, der musikalischen Komödie, der romantischen Idylle, der beste, und die häufige Zusammenarbeit zwischen ihm und Kästner gehört zu den Aktivposten des deutschen Films. Aber der Richtige für die Verfilmung von ZU TREUEN HÄNDEN

war Hoffmann, wie schon im entsprechenden Abschnitt dargelegt, nicht.

Zu den Kinderbüchern und -filmen: Kästner hielt, so Beutler[148], die Erziehung für »das einzig legitime Mittel, Einfluß auf die Gesellschaft zu nehmen. Die politische Aktion im Sinne Kästners ist beschränkt auf individuelle Widersetzlichkeit gegen Unrecht und auf den Vernunft-Appell an den einzelnen«. Nicht Systemveränderung, sondern Verbesserung des Menschen hielt er für die primäre Voraussetzung zur Verbesserung der Welt, wie schon bei der Besprechung des FABIAN gezeigt wurde. Das aber bedeutet, daß die Erziehung eine ganz zentrale Bedeutung für Kästner hat, wobei er eigentlich nur bei den Kindern eine wirkliche Einwirkungsmöglichkeit sieht. Das ist aber auch der Grund, warum seine Kinderbücher unpolitisch im Sinne von Kritik an politischen Systemen oder gesellschaftlichen Zuständen sind. Erziehung der Kinder zu Menschen, auf denen eine humane Gesellschaft aufbauen kann, ist das Movens für seine Kinderbücher. Sie demonstrieren den Kindern - unauffällig und unterhaltsam, aber umso eindringlicher - die Werte und Tugenden, die den von Kästner intendierten Menschen ausmachen.

Einer unpolitischen Filmwirtschaft war die scheinbare Politikferne der Kinderbücher natürlich willkommen. Aber den Verfilmungen dieser Bücher fehlt wegen der Ausrichtung am großen, generationenübergreifenden (Familienfilm-)Publikum auch die pädagogische Eindringlichkeit der Vorlagen. Das läßt die Filme neben den Büchern so verwässert und verharmlost erscheinen, und selbst

Kästner als Drehbuchautor konnte das nicht ausgleichen.

Auch die berühmteste Kinderbuchverfilmung, EMIL UND DIE DETEKTIVE von 1931, macht da keine Ausnahme. Aber dieser Film ist immerhin durchpulst vom Leben seiner Entstehungszeit. Das macht seine eigentliche Qualität aus, eine Qualität, die dem gelackten, mehr bemühten als gelungenen Remake von 1954 abgeht. Ein wenig von der Wirklichkeitsferne dieses Remakes haben alle Kästner-Kinderbuchverfilmungen. Doch das mag nicht nur am deutschen Film der fünfziger Jahre, sondern mehr noch am Abstand zur Entstehungszeit der Vorlagen liegen, weshalb ja auch das sehr um Werktreue bemühte FLIEGENDE KLASSENZIMMER von 1973 und erst recht CHARLIE & LOUISE, die stärker von Kästner entfernte Neuverfilmung des DOPPELTEN LOTTCHEN von 1993, am unangemessensten wirken.

Zwar ist auch Josef von Bakys DAS DOPPELTE LOTTCHEN, die beste Kästner-Kinderbuchverfilmung der fünfziger Jahre, alles andere als ein realistischer Film, aber er erschafft sich seine eigene poetische Welt voller Atmosphäre. Es geht bei diesen Überlegungen zur Kästnerrezeption allerdings nicht um qualitative Fragen; die wurden in den vorhergehenden Kapiteln bereits berücksichtigt. Ein Eingehen auf die eher trostlose Situation des deutschen Films in den fünfziger und frühen sechziger Jahren ist hier ohnehin nicht möglich. Gut oder schlecht, allen Kinderbuchverfilmungen ist gemeinsam, daß sie Kästners pädagogische Intentionen nicht angemessen umsetzen und Kästner auf diese Weise verharmlosen, seine Romaninhalte zur unverbindlichen Unterhaltung machen. Und die Ursache dafür ist meines Erachtens wie gesagt die Ausrichtung am Familienfilmpublikum.

Das heißt, was heute zu den Klassikern des deutschen Kinderfilms zählt und immer noch bei jeder Vorführung das Entzücken der jugendlichen Zuschauer hervorruft, war ursprünglich für Erwachsene geplant, denen man mit (in diesem Falle aufdringlicher) Belehrung allenfalls in »Problemfilmen« kommen durfte. Diese Ausrichtung an einem überwiegend erwachsenen Publikum war aber wiederum, und das ist die Ironie in dieser Geschichte, das Beste, was Kästner passieren konnte, waren doch ausgesprochene Kinderfilme im bundesdeutschen Kino der fünfziger Jahre fast ausschließlich routiniert heruntergekurbelte Billigproduktionen.[149] So sind die Kästner-Filme immerhin wenigstens Ausdruck dafür, daß man ihn als humoristischen Autor ernst nahm und achtete. Denn: Während auch Kästners harmlos-humoristische (Erwachsenen-)Romane alle noch mit großer handwerklicher Sorgfalt, mit schriftstellerischer Virtuosität und Routine und, bei aller Routine, mit erkennbarer Liebe zur Sache gemacht sind, während die nach seinen Werken entstandenen Filme der fünfziger Jahre in der Regel zu den niveauvollsten Produktionen ihrer Zeit zählen, während selbst Walt Disney in seinen Kästner-Verfilmungen bei aller Verfälschung in den sechziger Jahren noch geschmackvolle, konsumierbare Unterhaltung bietet, blieb es einem deutschen Film der siebziger Jahre und einigen amerikanischen Produktionen der späten achtziger Jahre vorbehalten, Kästner mit übelster, liebloser Klamotte gleichzusetzen.

EINE BESONDERE FORM DER REZEPTION:
DIE KÄSTNER »PLAGIATE«

Plagiate haben eine wirtschaftliche (Verdienst-ausfall) und eine moralische (die berühmten fremden Federn) Komponente. Und in Würdigung dieser Sachverhalte eine juristische, denn zumindest vor Einnahmeverlusten sollen die Inhaber geistigen Eigentums geschützt werden. Plagiate sagen aber auch etwas über die Rezeption eines Schöpfers geistiger Werke aus. Nur erfolgreiche und beliebte Autoren (und im Fall des Films Produzenten) lohnt es sich zu plagiieren. So werden regelmäßig bei Ankündigung eines neuen Disneyfilms Streifen auf den Markt geworfen, die diesen neuen Film thematisch wie gestalterisch antizipatorisch plagiieren. (Gestalterisch ist dies nur wegen des einheitlichen Erscheinungsbilds der Disneyfilme, vielleicht aber auch durch Werkspionage möglich.)

Plagiate gehören also zum Thema Rezeption. Der erfolgreiche Autor, der erfolgreiche Stoff werden nachgeahmt, um sich an den Erfolg anzuhängen. Der Name des Autors, die Quelle werden verschwiegen, sei es, um die Zahlung von Tantiemen zu sparen, sei es, damit der Glanz, der von dem Stoff vielleicht auf die eigene Person fällt, nicht verdunkelt werde. So wird nicht von ungefähr auch im Falle Kästners häufig auf Motivanleihen, ja Plagiate hingewiesen. Kein Wunder, seine Stoffe waren erfolgreich, sie sind dankbar - und sie sind gar nicht einmal so neu. Kästner selbst wußte um die Gefahr von Plagiatsvorwürfen, wie seine Geschichte um das Angebot, einen Doppelgängerstoff[150] für Jenny Jugo zu entwickeln, beweist, auch wenn seine Argumentation seinerzeit darauf abzielte, eine lästige Aufgabe abzuwimmeln.

Doch ein Plagiatsvorwurf ist schnell erhoben, aber nicht leicht zu beweisen, nicht nur juristisch, denn die Juristen haben nur über den Tatbestand zu befinden, müssen sich zu seiner Feststellung aber der Expertenurteile (Literatur-, Kunst-, Musik-, Filmwissenschaftler) bedienen. Wo aber sollen diese ansetzen? Wo endet die zufällige Ähnlichkeit, wo beginnt die Motivanleihe, wo der Diebstahl geistigen Eigentums? Niemand würde beim DOPPELTEN LOTTCHEN so ohne weiteres an Mark Twains »Der Prinz und der Bettelknabe« denken oder bei DREI MÄNNER IM SCHNEE an die Geschichten von Harun al Raschid, und nicht nur, weil bei diesen Werken die Urheberrechte erloschen sind. Witz und Originalität eines Werkes liegen im Detail, in der Ausführung, nicht in der Grundkonstellation, wie ausgefallen diese (z.B. im Falle des DOPPELTEN LOTTCHEN) auch sein mag. So würde keiner auch nur im entferntesten auf die Idee kommen, bei Astrid Lindgrens »Kalle Blomquist« an Kästners EMIL UND DIE DETEKTIVE zu denken, nur weil auch hier Kinder Verbrecher jagen. Im übrigen sei an Montaignes berühmtes Bienengleichnis erinnert: »Die Bienen berauben die Blumen mal hier mal dort, doch dann sind sie es, die daraus den Honig bereiten: Es ist nicht mehr Thymian noch Majoran. Ebenso ist es mit den von anderen entlehnten Stücken, er wird sie umwandeln und miteinander verschmelzen, um daraus ein ganz eigenes Werk zu machen.«

Andererseits stellt juristisch bereits das Sich-Ausdenken einer Geschichte, die Stoffidee, eine schützenswerte geistige Leistung im Sinne des Urheberrechts dar. Und da bei unserem Thema, der filmischen Umsetzung literarischer Werke, das Wesentliche, die sprachliche Gestaltung, nur äußerst rudimentär nachzuvollziehen ist, da andererseits gerade im Filmgeschäft die Entwicklung einer Idee eine ganz besondere Rolle spielt (schon Kästner wußte: »Die *Idee* muß man haben.«[151]), wird hier ganz auf die Anverwandlung des Plots geachtet. Und je mehr Ähnlichkeiten mit einem literarischen Plot bestehen, ohne daß auf den literarischen Verfasser verwiesen und seine Rechte abgegolten würden, desto leichter spricht man beim Film von Plagiat.[152]

Doch darauf soll es hier nicht ankommen, sondern auf das Erfassen des Anteils an möglicher filmischer Kästnerrezeption, der sich nicht ausdrücklich auf Kästner bezieht. Einige Fälle, in denen von verschiedenen Stellen explizit darauf verwiesen wird, daß Anleihen bei Kästner gemacht wurden, ja bei denen von Plagiat gesprochen wird, seien daher angeführt, ohne daß die an diesen Stellen möglicherweise vorgenommene Wertung (oder Nicht-Wertung) nachvollzogen würde.

Allerdings: Die moralische und die wirtschaftliche Komponente des Plagiatsvorwurfs können durchaus auch in Widerstreit geraten. Möchte ein Autor bei Verwendung eines seiner Produkte für ein anderes Produkt verständlicherweise gerne finanziell abgegolten werden, so kann es sich andererseits für ihn beinahe rufschädigend auswirken, wie manche Verwerter mit seinem Werk umgehen. Die Nennung des Namens Kästner kann also, von den Tantiemen einmal abgesehen, eine durchaus zweischneidige Sache sein, und andererseits hinwiederum, um eine letzte Volte zu schlagen, manch ein Plagiat würde Kästner mehr zur Ehre gereichen als unter seinem Namen entstandene Filme wie die PARENT TRAP-Sequels oder gar der unsägliche DREI MÄNNER IM SCHNEE-Film von 1973.

Im folgenden nun einige Filme, die angebliche Kästner-Plagiate sind und/oder Motivanleihen enthalten (die Angaben sind auf Titel, Originaltitel, Herstellungsland und -jahr sowie die vermutlich vorrangig für das »Plagiat« bzw. die Motivanleihe Verantwortlichen, nämlich Regisseur und Drehbuchautor, beschränkt). Interessant sind dabei nicht nur die Motivanleihen, sondern auch, wie selbstverständlich die Kritik immer wieder auf Kästner rekurriert, ein Beweis für den Stellenwert Kästners als Autor und Filmstofflieferant.

Die Abenteuer des Baron Münchhausen
(The Adventures of Baron Münchhausen. Großbritannien/Bundesrepublik Deutschland 1987/88. Regie: Terry Gilliam. Drehbuch: Charles McKeown, Terry Gilliam).

Der amerikanische Produzent Alan Buckhantz, der die Rechte an dem von-Baky/Kästner/Albers-Film erworben hatte und angeblich ein Remake plante, prozessierte gegen die Produzenten dieses Films, Thomas Schühly und Terry Gilliam, wegen mißbräuchlicher Auswertung von Stoff und Titel. Zu Recht hielt Schühly dem entgegen, der Stoff sei frei, lediglich was man kreativ ändere oder hinzudichte, könne geschützt werden. Und von Kästners spezieller Bearbeitung dieses Stoffes nun unterscheidet sich der vorliegende Film beträchtlich. Offensichtlich war die Klage denn auch nicht erfolgreich. Der Fall ist - am Kästnerschen Beispiel - nur eine Facette im diffusen Komplex der Stoffrechte.

Das haut den stärksten Zwilling um
(Bundesrepublik Deutschland 1971.
Regie: Franz Josef Gottlieb. Drehbuch: Erich Tomek).

Zwei weibliche Zwillinge leben bei ihren geschiedenen Elternteilen in verschiedenen Städten (München und London); am Schluß finden die Eltern trotz zeitweilig anderer Orientierung wieder zusammen. Die Zwillinge wissen aber von vornherein voneinander und sind im (fast) heiratsfähigen Alter - und bekommen am Schluß ihrerseits Zwillinge.

Daß auch der Vater einen Zwillingsbruder hat, führt - neben anderen Klamaukelementen à la Lümmelfilm und Gaunerfarce - zu einer Nummernrevue abgestandenster Zwillingsgags. Zum Glück kam - soweit ich sehe - niemand auf die Idee, diese Klamotte aus der untersten Schublade ernsthaft mit Kästner in Verbindung zu bringen.

Eins und eins macht vier
(OT: It Takes Two. USA 1995. Regie: Andy Tennant. Drehbuch: Deborah Dean Davis).

» ... eine Doppeltes-Lottchen-Geschichte mit Aschenputtel-Touch: Zwei Mädchen, die sich zum Verwechseln ähnlich sehen, gründen eine Familie, indem sie ihre Rollen tauschen und mit einiger List ein Paar verkuppeln.« (Detlef Kühn in epd Film 4/96, S. 41). »Andy Tennant hat diesen in zahllosen Varianten adaptierten Stoff (u.a. auch in Josef von Bakys ›Das doppelte Lottchen‹ …) mit der erfahrenen Hand eines Sitcom-Spezialisten umgesetzt«. (Josef Lederle in film-dienst 7/96, S. 22). »Als hätte Joseph Vilsmaiers Remake des Kinderbuchklassikers nicht schon gereicht, verwurstet nun auch noch Hollywood Erich Kästners Stoff mit schrill überzeichneten Charakteren, dumm-dreisten Dialogen und zwei affektierten Kinderdarstellern, die man lieber gar nicht als doppelt sähe.« (Annette Kilzer in: tip 8/96, zit. nach: Heyne Film-Jahrbuch 1997, S. 123). Was an dieser Kritik, außer ihrer sehr zutreffenden Charakterisierung der Qualität des Streifens, auffällt, ist, daß sie ganz selbstverständlich

Kästner als direkte Vorlage benennt, obwohl davon im Film nirgends die Rede ist (und daß sie von den weiteren, allerdings nicht ins Kino gekommenen Verwurstungen durch Hollywood nicht Kenntnis genommen hat). Gudrun Lukasz-Aden in Kinder- und Jugendfilm-Korrespondenz 2/96, S. 7 stellt den Film außer mit Kästner auch in eine Linie mit »Bodo« von Gloria Behrens und »Anna annA« von Greti Kläy und Jürgen Brauer, die aber mit diesem Stoff nur das Doppelgängermotiv, nicht den Elterntausch bzw. die Elternzusammenführung gemeinsam haben. Der Film ist eher ein PARENT TRAP-Plagiat.

De Hotelportier
(Schweiz 1941, Regie: Hermann Haller. Drehbuch: Dr. Rudolf Eger).

De Hotelportier wird von Hervé Dumont (Geschichte des Schweizer Films. Spielfilme 1896-1965. Lausanne 1987. S. 337) als Kästner-Plagiat bezeichnet. Die Story: Ein aus Amerika heimgekehrter Millionär kauft ein Hotel und läßt sich dort unter falschem Namen als Portier einstellen, um nach dem Rechten zu sehen.

Die kleinen Detektive
(auch: Auf ihn mit Gebrüll; OT: Hue and Cry. Großbritannien 1946. Regie: Charles Crichton. Drehbuch: T.E.B. Clarke).

»Erfrischende, einfallsreich inszenierte Detektivkomödie mit Witz und Spannung, die entfernt an Kästners ›Emil und die Detektive‹ erinnert.« (Lexikon des Internationalen Films, S. 3077).

Mein Weihnachtswunsch
(OT: All I Want for Christmas. USA 1991. Regie: Robert Lieberman. Drehbuch: Richard Kramer, Thom Eberhardt, Gail Parent).

Nachdem sich ihre Eltern getrennt haben, wünschen sich zwei Geschwister ein letztes gemeinsames Weihnachtsfest mit beiden Elternteilen. Der neue Geliebte der Mutter versucht dies zwar zu verhindern, doch statt dessen gelingt es den Kindern, die geplante Hochzeit zu sabotieren, und die Eltern kommen schließlich wieder zusammen. »Nette, harmlos-süßliche Unterhaltung für die ganze Familie in Anlehnung an Erich Kästners ›Das doppelte Lottchen‹.« (Lexikon des Internationalen Films, S. 3779). Das Motiv von den Kindern, die, Zwillinge bzw. zwillingsähnlich oder nicht, ihre Eltern zusammenbringen, hatte, wie man sieht, in den letzten Jahren vor allem in den USA Konjunktur. Daß aber auch die Deutschen nicht immer zimperlich waren, möge das nächste Beispiel zeigen:

Zärtliches Geheimnis
(Deutschland 1955. Regie: Wolfgang Schleif. Drehbuch: Wolfgang Wilhelm, Henry R. Sokal nach einer Erzählung [»Was am See geschah«] von Lisa Tetzner).

»Zwei zum Verwechseln ähnliche Jungen bringen durch einen Rollentausch ihre verwitweten Elternteile zusammen.« (Lexikon des Internationalen Films, S. 6607). Es handelt sich zwar um die Verfilmung eines Kinderbuches von Lisa Tetzner aus dem Jahr 1935, das, lose an Mark Twains »Der Prinz und der Bettelknabe« angelehnt, erzählt, wie zwei einander zum Verwechseln ähnliche Jungen aus unterschiedlichen Milieus, der eine aus reichem adeligem Haus, der andere ein verwaister Armenhäusler, durch einen unbeabsichtigten Rollentausch ins Milieu des jeweils anderen geraten. Doch die Macher des Films haben die Mutter des Reichen getötet und die des Vollwaisen zum Leben erweckt (sie ist als Krankenschwester [!] in Kriegsgefangenschaft, damit das Motiv des Armenhauses aufrecht erhalten werden kann, und kehrt just zur Handlungzeit des Films heim). So ließ sich eine familienfilmwirksame Liebesgeschichte zwischen den Eltern - die sich zu allem Überfluß auch früher schon geliebt haben und nur durch die dünkelhafte Familie des Mannes getrennt wurden - einführen. Daß das Motiv der Elternzusammenführung durch Rollentausch der Kinder von Kästners DOPPELTEM LOTTCHEN angeregt wurde, läßt sich nur vermuten, doch der Gedanke liegt angesichts des nur wenige Jahre zurückliegenden Riesenerfolgs der Verfilmung nahe. Gerade die deutschen Filmemacher dieser Zeit walzten gern ein erfolgreiches Rezept besonders breit aus.

Den Film »Weh dem, der liebt« wollen wir wegen seines Drehbuchautors und der besonderen Konstellation in Bezug auf das Vergleichswerk DIE FRAU NACH MASS (vgl. das Kapitel über die Eberhard-Foerster-Stücke) auch nicht im Entferntesten zu den hier zu besprechenden Werken zählen.

Anhang

Chronologie der Kästner-Verfilmungen

Die Filme sind in der Reihenfolge ihrer Uraufführung angeführt, da dies das am eindeutigsten und präsisesten definierbare Datum ist. Dieses Datum sagt aber nichts über den Zeitpunkt der Arbeit Kästners für den jeweiligen Film oder über die Vorbereitungs- und Drehzeit aus, die sich bekanntlich sehr unterschiedlich lang hinziehen kann. Der Hinweis auf das Entstehungsjahr der Filme in den Filmographien kann also geringfügig differieren.

1931	Das Ekel (Regie: Franz Wenzler, Eugen Schüfftan)
1931	Dann schon lieber Lebertran (Regie: Max Ophüls)
1931	Emil und die Detektive (Regie: Gerhard Lamprecht)
1931	Die Koffer des Herrn O.F. (Regie: Alexis Granowsky)
1935	Emil and the Detectives (Regie: Milton Rosmer)
1935	L'Oiseau rare (Regie: Richard Pottier)
1936	Tři muži ve sněhu (Regie: Vladimir Slavinsky)
1936	Stackars miljonärer (Regie: Tancred Ibsen, Ragnar Arvedson)
1938	Das Ehesanatorium (Regie: Toni Huppertz)
1938	Paradise for Three (Regie: Edward Buzzell)
1940	Verwandte sind auch Menschen (Regie: Hans Deppe)
1940	Frau nach Maß (Regie: Helmut Käutner)
1942	Der Seniorchef (Regie: Peter Paul Brauer)
1943	Münchhausen (Regie: Josef von Baky)
1943	Ich vertraue Dir meine Frau an (Regie: Kurt Hoffmann)
1943	Der kleine Grenzverkehr (Regie: Hans Deppe)
1950	Das doppelte Lottchen (Regie: Josef von Baky)
1952	All About Eve (Regie: Joseph L. Mankiewicz)
1952	Hibari no komori-uta (Regie: Koji Shima)
1953	Pünktchen und Anton (Regie: Thomas Engel)
1953	Twice Upon a Time (Regie: Emeric Pressburger)
1954	Das fliegende Klassenzimmer (Regie: Kurt Hoffmann)

1954	Emil und die Detektive (Regie: R.A. Stemmle)
1954	Die verschwundene Miniatur (Regie: Carl Heinz Schroth)
1955	Ja, so ist das mit der Liebe (Regie: Franz Antel)
1955	Drei Männer im Schnee (Regie: Kurt Hoffmann)
1956	Emil to tantei-tachi (Regie: Mitsuo Wakasugi)
1957	Salzburger Geschichten (Regie: Kurt Hoffmann)
1958	Pega ladrão (Regie: Alberto Pieralisi)
1958	Pünktchen und Anton (Regie: Jörg Schneider)
1960	Pünktchen und Anton (Regie: Udo Langhoff)
1961	The Parent Trap (Regie: David Swift)
1963	Liebe will gelernt sein (Regie: Kurt Hoffmann)
1964	Emil and the Detectives (Regie: Peter Tewksbury)
1969	Die Konferenz der Tiere (Regie: Curt Linda)
1971	Seine Majestät Gustav Krause (Regie: Günter Gräwert)
1973	Verwandte sind auch Menschen (Regie: Wolfgang Liebeneiner)
1973	Das fliegende Klassenzimmer (Regie: Werner Jacobs)
1974	Drei Männer im Schnee (Regie: Alfred Vohrer)
1978	Mákszem Matyi (Regie: Ilona Katkics)
1980	Fabian (Regie: Wolf Gremm)
1986	Parent Trap II (Regie: Ronald F. Maxwell)
1989	Parent Trap III (Regie: Mollie Miller)
1989	Parent Trap Hawaiian Honeymoon (Regie: Mollie Miller)
1991	Die verschwundene Miniatur (Regie: Vera Loebner)
1991	Watashi to watashi (Regie: Yukio Okasaki u.a.)
1994	Charlie & Louise - das doppelte Lottchen (Regie: Joseph Vilsmaier)
1998	The Parent Trap (Regie: Nancy Meyers)
1998	Pünktchen und Anton (Regie: Caroline Link)

Margo Lion als Chansonette Viola Volant singt Kästners Cabaretsong in »Die Koffer des Herrn O.F.«

Die Songtexte Erich Kästners aus »Die Koffer des Herrn O.F.«

Am 25.7.1931 schrieb Kästner an seine Mutter[153], es sei geplant, daß er sieben Chansons für Die KOFFER DES HERRN O.F. schreibe, und sieben mehr oder weniger lange Gesangspassagen weist der Film tatsächlich auf. Im zugänglichen Teil des Kästner-Nachlasses finden sich die Texte nicht. Fünf wurden seinerzeit im Filmprogrammheft[154] abgedruckt, und zwar die im folgenden unter »Druckfassungen« angeführten Nummern 1, 2, 3, 5 und 7. In der im Wiener Boheme-Verlag (jetzt in München) erschienenen Edition der Noten sind die Texte 1, 2, 3, 4 und 7 (in anderer Reihenfolge) abgedruckt, wobei Nr. 1 die Fassung des Films wiedergibt, Nr. 2, 3 und 7 identisch sind mit der Fassung des Programmheftes, Nr. 7 aber als 3. Strophe von Nr. 1 firmiert. Die Texte der Druckfassungen weisen zum Teil erhebliche Unterschiede zu denen des Films auf. Im folgenden sind deshalb die Druckfassung des Filmprogrammheftes bzw. bei Nr. 4 der Notenedition und die Filmfassung zur Dokumentation nebeneinandergestellt.

Am 13.1.1932 schrieb Kästner an seine Mutter, »daß der Granowsky-Film umgeändert werden soll und daß ich … noch drei neue Gesangstexte schreiben soll.«[155] »Neu« soll wohl nicht heißen »zusätzlich«, sondern meint sicher geänderte Fassungen. Als Uraufführungsdatum des Films ist allerdings der 2.12.1931 überliefert. Ob der Film tatsächlich kurz nach der Uraufführung noch einmal geändert wurde, läßt sich nicht feststellen. Es würde allerdings erklären, warum im Filmprogrammheft und bis auf Nr. 1 auch in der Notenedition, die den Copyrightvermerk 1931 trägt, offenbar jeweils die ursprünglichen Fassungen abgedruckt wurden. Zwei der Änderungen lassen sich somit dokumentieren, Nr. 5 (Hausse-Song) und Nr. 7 (Schlußsong). Nr. 1 und die im Film verwendete Strophe von Nr. 4 sind nur unwesentlich verändert, wohl nur etwas besser dem Rhythmus der Musik angepaßt. Nr. 2 ist gekürzt, aber unverändert übernommen, Nr. 3 ganz unverändert. Von Nr. 6 ist nur die Filmfassung nachweisbar. Es läßt sich denken, daß Kästner bei diesem Text die dritte größere Veränderung vorgenommen hat, die er im Brief an die Mutter andeutet. Am gravierendsten ist die Veränderung in Nr. 7, wo die Moral von der Geschicht', der ironische Ratschlag, sich 13 Koffer anzuschaffen, geradezu in ihr Gegenteil verkehrt wird: »Mit 13 Koffern kommt man nicht zum Ziel.«

Die Druckfassung

1

DIE KLEINE ANSPRACHE

Meine Damen und Herr'n!
Was sich hier dreht, ist ein Stern.
Dieser Stern heißt die Erde. Diese Erde ist groß.
Und wohin wir auch gehen, überall geht es los!
In Australien
Und Amerika
Und in Asien
Und in Afrika
Und nicht zuletzt auf jenem Kontinent,
Der sich - hier lesen Sie's - Europa nennt.

Meine Damen und Herr'n!
Die Gegend hier ist modern.
Diese Punkte sind Städte. Diese Städte sind laut.
Und sie sitzen wie Pickel dem Stern auf der Haut.
Das ist Leningrad,
Das da ist Berlin,
Das Paris, das Rom,
Das Madrid, das Wien.
Doch sehn Sie hier den Punkt, den keiner kennt?
Das ist ein dunkler Punkt. Er heißt: Ostend!
Die Welt wird ausverkauft. Es wird geräumt!
Ostend merkt nichts davon. Es schläft und träumt.

Die Filmfassung

1

DIE KLEINE ANSPRACHE

Meine Damen, meine Herr'n!
Was sich hier dreht, ist ein Stern.
Dieser Stern heißt die Erde. Diese Erde, die ist groß.
Und wohin wir auch gehen, überall geht es los!
In Australien
Und Amerika
Und in Asien
Und in Afrika
Und nicht zuletzt auf jenem Kontinent,
Der sich - hier lesen Sie's - Europa nennt.

Meine Damen, meine Herr'n!
Diese Gegend ist modern.
Diese Punkte, das sind Städte. Diese Städte, die sind laut.
Und sie sitzen wie Pickel dem Stern auf der Haut.
Das ist Leningrad,
Das da ist Berlin,
Das Paris, das Rom,
Madrid, das Wien.
Doch sehn Sie hier den Punkt, den keiner kennt?
Das ist ein dunkler Punkt. Er heißt: Ostend!
Die Welt wird ausverkauft. Es wird geräumt!
Ostend merkt nichts davon. Es schläft und träumt.

Die Druckfassung

2

BARCAROLE

Die Welt ist so groß, und Ostend ist so klein,
Bei Nacht ist es gar nicht zu sehn.
Hier träumt man allein, und hier schläft man zu
    zwein.
Hier kann einem gar nichts geschehn.
Die Welt ist so groß, und Ostend ist so klein,
Drum träume, Ostend, und schlaf ein.

Nun traben die Träume aus ihrem Versteck,
und stellen der Seele ein Bein.
Manchmal nehmen die Träume die Zukunft vorweg,
vielleicht wird's auch diesmal so sein.
Die Welt ist so groß, und Ostend ist so klein.
Drum träume, Ostend, und schlaf ein.

Nun schließt eure Augen und deckt euch schön zu.
Und schnarcht, wenn es geht, nicht zu sehr.
Jetzt gähnt auch der Mond, und der Wind geht zur
    Ruh,
und die Straßen der Kleinstadt sind leer.
Die Welt ist so groß, und Ostend ist so klein.
Drum träume, Ostend, und schlaf ein.

Refrain:

Die Welt ist so groß, und Ostend ist so klein.
Drum träume, Ostend, und schlaf ein …

Die Filmfassung

2

BARCAROLE

Die Welt ist so groß, und Ostend ist so klein,
Bei Nacht ist es gar nicht zu sehn.
Hier träumt man allein, und hier schläft man zu zwein.
Hier kann einem gar nichts geschehn.
Die Welt ist so groß, und Ostend ist so klein,
Drum träume, Ostend, und schlaf ein.

(Im Film ist nur die erste Strophe verwendet.)

Die Druckfassung

3

CABARETSONG

Die Haut, die war das erste Kleid,
das Evas Körper zierte.
Das war noch eine schöne Zeit,
als man sich nicht genierte.

Dann kriegte das die Eva satt.
Sie pflückte sich ein Feigenblatt
und sprach zu Adam weiter nichts als nur:
Mein Herr! - Mein Herr! - Das ist die moderne
    Kultur!

So'n Feigenblatt, das reicht nicht weit.
Es läßt so manches offen.
Und allzu große Offenheit
macht manchen Mann betroffen.

Das ließ den Frauen keine Ruh.
Sie knöpften sich bis hierher zu.
Dann schwenkten sie den Rock und sagten nur:
Meine Herren! Meine Herren! Das ist die moderne
Kultur!

Dann trug man gar ein Stahlkorsett
und einen Rock mit Reifen.
Man lag wie'n Kürassier im Bett.
Kein Mann konnt' uns begreifen.

Wir haben das Korsett zerhackt.
Bei Licht besehen sind wir nackt.
Die Haut als Kleid, sonst nichts auf weiter Flur:
Meine Herren! Meine Herren! Das ist die moderne
    Kultur!

(Im Film unverändert übernommen.)

138

Die Druckfassung

4

Ostend ist fröhlich,
Ostend ist selig,
Ostend hat alles was uns entzückt,
Ostend hat Frauen, die uns gefallen,
Ostend lebt heiter, und alle sind beglückt.

Ostend ist fröhlich,
Ostend ist selig,
als ob das Ganze ein Märchen wär.
Ein bißchen Mondschein,
ein bißchen Wein und Lustigsein.
Ach Ostend, was brauchst du nun noch mehr?

Die Filmfassung

4

(Im Film ist nur die zweite Strophe verwendet.)

Ostend ist fröhlich,
Ostend ist selig,
als ob das Ganze ein Märchen wär.
Ein bißchen Mondschein,
ein bißchen Wein und Lustigsein.
Ostend, was brauchst du noch mehr?

Die Druckfassung	Die Filmfassung

5

5

HAUSSE-SONG

HAUSSE-SONG

Was gibt's da zu rennen?
Was gibt's da zu raufen?
Ich kaufe! Er kauft!
Wir kaufen! Sie Kaufen!
Ostender Wolle! Ostender Stahl!
Ostender Glanzstoff! Ostend-Areal!
Ostender Banken! Ostender Chemie!
Ostender Elektroindustrie!
Ihr seid ja verrückt! Was soll diese Pose?[156]
In Ostend ist Hausse, ist Hausse, ist Hausse!

Ihr solltet lieber ein bißchen verschnaufen!
Keine Zeit! Keine Zeit! Sie kaufen! Wir kaufen!
Die Schornsteine rauchen,
die Großstadt wächst,
pro Tag zehn Häuser,
es geht wie verhext!
Minister reden, Bilanzen schweigen!
Die Aktien steigen! Die Aktien steigen!
Es geht immer höher, von Sprosse zu Sprosse,
In Ostend ist Hausse, ist Hausse, ist Hausse!

Ostend ist so groß, doch im ganzen Revier,
da faulenzen nur die Gerichtsvollzieher.
Ostend ist so groß, und die Welt ist so klein.
Das ist so und muß wohl so sein.

Sie laufen, und sie raufen,
Und sie kaufen und verkaufen.
Hausse! Hausse!
Und die ganze Welt geht pleite,
Nur Ostend geht in die Breite.
Hausse, Hausse!
Und es steigt empor von Sprosse zu Sprosse.
In Ostend ist Hausse, in Ostend ist Hausse!

Die Druckfassung	Die Filmfassung
6	**6**
(Im Filmprogrammheft und der Noten-Edition nicht abgedruckt.)	Ostend, das ist wie verhext. Ostend, du blühst und wächst. Alle paaren sich zu Pärchen in Ostend. Ja, das Glück kam wie im Märchen nach Ostend. Ostend sei guten Muts, Ist's nur ein Traum, was tut's?
7	**7**
SCHLUSSONG	SCHLUSSONG
Meine Damen, meine Herr'n! Das Paradies ist noch sehr fern. Zwar: man kennt den Garten Eden. Doch noch keiner war darin. Wir tagen und reden und kommen nicht hin, - nicht in Asien, nicht in Afrika, in Australien und Amerika, und auch die Sorgen unsres Kontinents behob bis heute keine Konferenz! Der beste Rat, den man Euch geben kann: Schafft Euch 13 Koffer an!	Meine Damen, meine Herr'n! Märchen hört und sieht man gern. Dreizehn Koffer wie soeben helfen freilich nur im Traum. Ein Rezept für das Leben, das sind sie wohl kaum. Nicht in Asien, nicht in Afrika, in Australien und Amerika, auch nicht auf jenem kranken Kontinent, den man von alters her Europa nennt. Mit 13 Koffern kommt man nicht zum Ziel. Was Ihr geseh'n war nur ein Märchen, nur ein Spiel.

Nachwort

Als 1989 anläßlich einer Ausstellung der Münchner Stadtbibliothek zum 90. Geburtstag Kästners mein erster Versuch über des Autors Verhältnis zum Film erschien, war Kästner als Filmautor wie als verfilmter Autor ein weitgehend Unbekannter. Danach aber kam es fast zu einem Boom der Beschäftigung mit Kästner-Filmen. Am schnellsten reagierte das Loseblattlexikon Cinegraph, das schon wenige Monate später einen entsprechenden Artikel brachte (vgl. unter Schöning im Literaturverzeichnis). Die Filmographie dieses Artikels enthält zwar einige Einträge mehr als mein damaliges Buch, doch nur einen muß ich als Versäumnis verbuchen: Liebeneiners VERWANDTE SIND AUCH MENSCHEN von 1973 habe ich seinerzeit übersehen. In allen anderen Fällen handelt es sich um Fernsehübertragungen der Aufführungen von Theaterstücken von oder nach Kästner. Wollte man diese Übertragungen als Verfilmungen anerkennen, müßte man sie zumindest vollständig aufführen, was nicht annähernd geschehen ist. Auch ein Beispiel eines Fernsehfilms *über* Kästner[157] wirkt wie zufällig hineingeraten; Zonneveld (s. nächsten Absatz) dokumentiert ein gutes Dutzend.

Helmut Kommer nahm noch im gleichen Jahr besonders viele Texte zu Kästner-Filmen in sein Buch über das Kinderkino in Hildesheim auf, darunter zwei Abschnitte aus meinem Buch. Johan Zonneveld geht in seiner verdienstvollen Dissertation von 1991 (mit der bisher umfassendsten Bibliographie zu Kästner!) so ausführlich auf das Thema Film ein wie vorher niemand in einer literaturwissenschaftlichen Arbeit über Kästner. 1993 erschien die ähnlich wie mein Buch angelegte Arbeit von Lutz-Kopp, die sich - freundlich ausgedrückt -weitestgehend auf meine Vorarbeit stützt. Das Wertvollste an diesem Buch ist, daß die Autorin eine weitere, sehr entlegene Kästner-Verfilmung ausgegraben hat, einen ungarischen Fernsehfilm nach dem Kinderbuch DER KLEINE MANN. Ebenfalls 1993 gab die Firma Atlas Film + AV »Materialien zu vier Kästner-Filmen« heraus.

Aber selbst die jüngste, sehr gründliche Kästner-Biographie von Görtz/Sarkowski fördert zwar viele biographische Details in Bezug auf Kästner und den Film zutage, verzichtet aber weitestgehend auf die Analyse von Kästners Filmschaffen und der filmischen Kästnerrezeption. Sven Hanuschek scheint es ähnlich halten zu wollen.

Und nirgends wurde seither die weitere filmische Kästnerrezeption umfassend dokumentiert, die inzwischen einen erklecklichen Umfang angenommen hat. Der hundertste Geburtstag Kästners am 23. Februar 1999 ist daher willkommener Anlaß, das Thema etwas ausführlicher zu präsentieren, vor allem mich über einige Filme, die ich seither zusätzlich sehen konnte, ausgiebiger zu äußern, kleinere Lücken aus meinem ersten Buch zu schließen, Ungenauigkeiten zu korrigieren und die seit 1989 entstandenen Filme nachzutragen und zu kommentieren. Das Bildmaterial ist im Vergleich zum damaligen Werk weitgehend neu und auf etwa den dreifachen Umfang gebracht, da mir aussagekräftigere Fotos zur Verfügung standen und sich in einigen Fällen die Möglichkeit bot, durch nebeneinandergestellte Fotos von gleichen Szenen den Vergleich des Inszenierungsstils verschiedener Versionen auch optisch zu unterstreichen.

Zu den filmographischen Angaben am Schluß jedes Kapitels: Deutsche Verleihtitel ausländischer Filme sind mit "dt." eingeleitet, Titelübersetzungen nicht in Deutschland gelaufener Filme stehen in »…«. Die Längenangaben am Schluß der Filmographien beziehen sich im Zweifelsfall auf die deutsche Verleihfassung. Ist die Mitarbeit Kästners an einem Film im Vorspann nicht erwähnt, steht sein Name (und/oder Pseudonym) in eckigen Klammern. Um auch die praktische Arbeit mit den aufgeführten Filmen zu erleichtern, enthalten die Filmographien, soweit jeweils nachweisbar, Hinweise auf den derzeit aktuellen Verleih und auf das Erscheinen als Videokassette, wobei ein (Ö) bedeutet, daß Rechte zur nichtgewerblichen öffentlichen Vorführung an der Videokassette erworben werden können. Die Angaben zu Verleih und Videoedition basieren auf dem Verleihkatalog des Axtmann-Verlags und dem Verzeichnis lieferbarer Kaufmedien des Entertainment Media Verlags, deren Angaben, da weitgehend auf Eigenmeldungen der Firmen beruhend, nicht immer ganz zuverlässig sein können. Wenn sich ein Film nicht mehr in der aktuellen Verleihauswertung befindet, ist der letzte zu ermittelnde Verleih in Klammern angegeben, dazu, wenn vorhanden, ein Schmalfilmverleih (Zusatz »16 mm«) für den nichtkommerziellen Einsatz. Im übrigen sei darauf hingewiesen, daß sich bei Filmen, die weder im Verleih noch auf Video zu haben sind, eine Anfrage bei Taurus-Film lohnen könnte, da die Kirch-Gruppe Kopien und unterschiedliche Rechte an den weitaus meisten deutschen Kästner-Verfilmungen besitzen dürfte.

Anmerkungen

1. Kästner: Mein liebes gutes Muttchen …, S. 245.

2. Ebenda, S. 63 ff.

3. Ebenda, S. 66. Hervorhebung von Kästner.

4. Ebenda, S. 69.

5. Ende 1932 schreibt Kästner z.B. der Mutter auch von einem »Kriminalstoff«, an dem er mit Preßburger arbeite (Mein liebes gutes Muttchen …, S. 190). Daraus wurde, vermutlich wegen der »Machtübernahme« der Nationalsozialisten, offenbar nichts.

6. Ebenda, S. 141.

7. Ebenda, S. 149.

8. Ebenda, S. 193.

9. Hippler: Die Verstrickung, S. 227.

10. Postkarte [!] an die Mutter vom 27.10.1941: »Seit Mittag sitze ich mit Albers u. den anderen Brüdern zusammen. Das Drehbuch hat sehr gefallen, soll aber erst im nächsten Jahr gedreht werden. Vorläufig soll ich was anderes umarbeiten« (Mein liebes gutes Muttchen …, S. 237). Vgl. dort auch den nächsten Eintrag. Mit der Umarbeitung könnte schon das Drehbuch zu ICH VERTRAUE DIR MEINE FRAU AN gemeint sein. Das Datum der Erteilung der Schreiberlaubnis (25.7.1942) geht allerdings nur aus dem Schreiben über die neuerliche »Berufsuntersagung« hervor, abgebildet in Enderle: Erich Kästner in Selbstzeugnissen …, S. 76. Ob eine schriftliche Genehmigung überhaupt vorlag, läßt sich anhand der Quellenlage nicht sagen, Enderle - immerhin gestützt auf Informationen von Kästner - verneint es. Der Zeitpunkt der obigen Karte spricht übrigens gegen Hipplers »Entdeckung« Kästners, da Hippler meint, im Oktober erstmals mit Kästner über Filmpläne gesprochen, nicht aber ein fertiges Drehbuch erhalten zu haben. Von einer schriftlichen Genehmigung spricht auch er nicht.

11. Rekonstruiert nach Kästner: Mein liebes gutes Muttchen..., S. 237-245.

12. Kästner: Gesammelte Schriften für Erwachsene. Bd. 6, S. 196 f.

13. Zur genaueren Datierung, die in NOTABENE 45 fehlt: »Der Film, den wir sehen sollen, ist noch nicht da!« schrieb Kästner am 26.11.1942 aus Zürich an seine Mutter (Mein liebes gutes Muttchen …, S. 250).

14. Enderle: Erich Kästner in Selbstzeugnissen …, S. 74. Hippler (Die Verstrickung, S. 254) bestätigt das Eingreifen Hitlers, das auch zu seiner, Hipplers, Absetzung und Versetzung zum Militärdienst geführt habe, datiert dies aber auf die Zeit nach der Uraufführung des Films am 4.3.1943, also auf einen Zeitpunkt nach der offiziellen Aufhebung der Schreiberlaubnis.

15. Gesammelte Schriften für Erwachsene. Bd. 6, S. 197. Das Schreiben zur Aufhebung der Schreiberlaubnis stammte von der Reichsschrifttumskammer. Görtz/Sarkowicz haben in ihrer soeben erschienenen Kästner-Biographie (s. Literaturverzeichnis) weitere Dokumente zu dem Fall zutage gefördert, ohne daß damit sonderlich viel mehr Licht in diese Angelegenheit gebracht würde.

16. Vgl. Anmerkung 1.

17. Damit dürfte das Team um Wolfgang Liebeneiner gemeint sein, das in der Lüneburger Heide (tatsächliche) Außenaufnahmen zu dem von Goebbels favorisierten Film »Das Leben geht weiter« drehte. Vgl. zu diesem verschollenen Film die ausführliche Dokumentation von Hans-Christoph Blumenberg: Das Leben geht weiter. Der letzte Film des Dritten Reichs. Berlin: Rowohlt, 1993.

18. Kästner: Gesammelte Schriften für Erwachsene. Bd. 6, S. 102.

19. Vielleicht habe ich Kästners filmtheoretische Äußerungen in Relation zu dem, was es seinerzeit an Filmtheorie gab, auch ein wenig unterschätzt. Zonneveld (Kästner als Rezensent, S. 157-204), der die Gesamtheit von Kästners Rezensionen in der entscheidenden Zeit 1923-1933 komplett ausgewertet hat (bei Erscheinen meines Buches von 1989 lag davon noch nichts gedruckt vor!), würdigt Kästners filmtheoretische Äußerungen ausgiebig, so daß ich mir ein weiteres Eingehen darauf sparen kann. Auch Zonneveld kommt allerdings an einer Stelle zu dem Schluß: »Da eine Theorie der Filmkunst nach Meinung Kästners noch immer aussteht, sieht er sich 1930 veranlaßt, auf die Notwendigkeit der theoretischen Grundlage hinzuweisen … Kästner selber versucht nicht, ausführlich zu theoretisieren«. (S. 168)

20. Zonneveld (Kästner als Rezensent) spricht von immerhin 50 Filmkritiken in der Berliner Zeit (1927-1933), sein Register der Rezensionen Kästners insgesamt (Theater, Roman, Film) umfaßt rund 800. Wieviel davon auf Theater, wieviel auf Roman entfällt, wird nicht gesagt.

21. Vgl. »Hätten wir das Kino!«. Außer Kästner wurden befragt: Rudolf Braune, Hans Georg Brenner, Hermann Kesten, Hanns Vogts, Werner Türk, Anton Betzner, Josef Breitbach, Kurt Kläber, F.C. Weiskopf, Ernst Glaeser und Klaus Herrmann.

22. Ophüls: Spiel im Dasein, S. 139.

23. Kästner: Mein liebes gutes Muttchen …, S. 141.

24. Ebenda, S. 57. Das Stück sollte wohl, wie einer anderen Stelle zu entnehmen ist, KLAUS IM SCHRANK heißen (S. 54).

25. Kästner: Mein liebes gutes Muttchen …, S. 58 als Befürchtung fürs laufende Jahr und S. 64 (unter Datum 15.8.27, also kurz nach der Übersiedlung nach Berlin): »Nun hat der Oesterheld-Bühnenvertrieb den ›Klaus‹ zurückgeschickt: wäre zwar originell und heiter, doch bißchen zu modern für ein Weihnachtsstück und gegen Schluß auch monoton. Na ja, wenn die andern 3 auch so denken, kann ich also den Klaus wirklich in den Schrank stecken.« Weitere Hinweise auf das Stück fehlen.

26. Ophüls: Spiel im Dasein, S. 139 f.

27. Ebenda, S. 141 f.

28. Vgl. Literaturverzeichnis. Ein Vergleich mit dem fertigen Film ist leider weiterhin nicht möglich.

29. Hembus/Bandmann: Klassiker des deutschen Tonfilms, S. 220.

30. Zitiert aus der Kritik Marcuses nach: Verleihkatalog Nr. 1. Deutsches Institut für Filmkunde; Stiftung Deutsche Kinemathek. Redaktion: Hans Helmut Prinzler; Dorothea Gebauer, Walter Seidler. Frankfurt am Main; Wiesbaden; Berlin 1986, S. 158.

31. Kästner: Mein liebes gutes Muttchen …, S. 240 ff.

32. Koschnitzki: Filmographie Kurt Hoffmann, S. 30.

33. Kästner: Mein liebes gutes Muttchen …, S. 240.

34. Bemmann: Erich Kästner, S. 327.

35. Ball, Gregor; Spiess, Eberhard: Heinz Rühmann und seine Filme. München: Goldmann, 1982, S. 109.

36. Kästner: Mein liebes gutes Muttchen …, S. 240.

37. Ball/Spiess: Heinz Rühmann und seine Filme, S. 109.

38. Das verwendete Agfacolor-Material erwies sich allerdings auf Dauer nicht als konkurrenzfähig.

39. Hembus/Bandmann: Klassiker des deutschen Tonfilms, S. 146.

40. Kästner: Münchhausen, S. 79.

41. Ebenda, S. 152 f.

42. Ebenda, S. 153 f.

43. Diesen Vorwurf erhebt gegen Kästner besonders scharf Mank (Erich Kästner im nationalsozialistischen Deutschland, S. 153-162). Im simplifizierenden, mit gestelztem Wissenschaftsjargon pseudowissenschaftlich verbrämten Schwarzweißbild dieses Autors folgt aus der Tatsache, daß Kästner nicht emigrierte, kein aktiver Widerstandskämpfer war und weiter seinem Beruf nachzugehen versuchte, automatisch, daß er im Interesse des Regimes arbeitete.

44. Bemmann: Erich Kästner, S. 307.

45. Einen Überblick über die Vorwürfe gegen den Film gibt der »Münchhausen«-Artikel in: Zentrale Filmographie Politische Bildung. Bd. 2.

46. Vgl. insbesondere Schneyder: Erich Kästner, S. 188 u.ö.

47. Neben dem »Münchhausen«-Artikel in: Zentrale Filmographie Politische Bildung, Bd. 2 auch Filmdienst 31, 1978, Nr. 20823.

48. Filmdienst 31, 1978, Nr. 20823.

49. Vgl. Literaturverzeichnis unter »Münchhausen«.

50. Zusätzlich denunzierend wirkt Klapdors Methode: eine Montage aus Zitaten, die teils dem Drehbuch bzw. Film, teils zeitgenössischen Quellen oder der Sekundärliteratur entnommen sind, ohne daß ein Einzelnachweis geführt würde, ohne daß also Herkunft und Kontext der einzelnen Äußerungen erkennbar oder nachprüfbar wären.

51. Kreimeier, Klaus: Die UFA-Story. München: Hanser, 1992. Zitiert nach der Ausgabe Heyne, 1995, S. 389. Kreimeiers ausgezeichnetes Buch brilliert u.a. vor allem auch durch die differenzierte Art, mit der (z.B. durchgehend im 24. Kapitel) die Filmschaffenden der Zeit des Dritten Reichs in ihrer so gegensätzlichen Einstellung zum Regime (von Schünzel über Albers und Liebeneiner bis Harlan und Ritter, um nur einige das gesamte Spektrum repräsentierende Beispiele zu nennen) charakterisiert werden. So hebt Kreimeier eine Gruppe hervor, die durch »resignativen Eskapismus« (S. 334) und dennoch immer wieder listige Subversion gekennzeichnet ist. Dieser Gruppe wäre auch Kästner zuzuordnen. Daß Kreimeier dies bei der Betrachtung von MÜNCHHAUSEN nicht stärker hervorhebt, liegt sicher daran, daß er sich mit dem Film nicht so intensiv beschäftigt hat, wie es dieses umstrittene Werk erfordert hätte. Er behandelt es ein wenig en passant.

52. Neben Filmdienst 31, 1978, Nr. 20823 auch Franz Ulrich in: Zoom - Filmberater 16/1980, S. 21-25, der aber insgesamt eine ausgezeichnete, zwar eher kritische, aber immer vorsichtig abwägende, mehr auf die Verhaftung des Films im Zeitgeist, als auf eine mögliche Prägung durch den Faschismus hinweisende Kritik geschrieben hat. Beim Erscheinen dieser Kritiken lag das Drehbuch seit rund 20 Jahren gedruckt vor!

53. Inzwischen liegt eine um nochmals rund zehn Minuten längere Fassung vor, die in unserem Zusammenhang aber keine weiterreichenden Erkenntnisse bringt.

54. Das seit den Publikationen Luiselotte Enderles über Kästner überall in der Literatur tradierte Erscheinungsdatum 1928 beruht, wie in jüngerer Zeit die Lektorin des Cecilie-Dressler-Verlags Ursula Heckel eruiert hat, auf einem Erinnerungsfehler Kästners, der seine Lebensgefährtin Enderle mit seinen Lebensdaten versorgt hat. Tatsächliches Erscheinungsdatum ist der Herbst 1929, wie auch indirekt den Briefen Kästners an seine Mutter zu entnehmen ist. Z.B. unter dem 15.10.1929: »Heute kam Frau Jacobsohn vorbei … und brachte mir das erste Exemplar von ›Emil und die Detektive‹.« (Mein liebes gutes Muttchen..., S. 86)

55. Kästner: Mein liebes gutes Muttchen …, S. 143.

56. Ebenda.

57. Kästner: Gesammelte Schriften für Erwachsene. Bd. 6, S. 229.

58. Cziffra: Im Wartesaal des Ruhms, S. 75.

59. Sinyard, Neil; Turner, Adrian: Billy Wilders Filme. Berlin: Spiess, 1980, S. 20.

60. Kästner: Mein liebes gutes Muttchen …, S. 123.

61. »Also, mir hat der Film nicht besonders gefallen.« (anläßlich einer Vorbesichtigung des eben fertiggestellten Films im Oktober 1931. Mein liebes gutes Muttchen …, S. 159).

62. Bei Kästner vergißt Anton den Geburtstag der Mutter und entwickelt aufgrund ihrer überdeutlich gezeigten Enttäuschung derart starke Schuldgefühle, daß er verzweifelt davonläuft. In Thomas Engels Film reißt er aus, weil die Mutter ihn ungerechtfertigt verdächtigt, Geld gestohlen zu haben. (Tatsächlich hat es ihm Pünktchen heimlich in die Jackentasche gesteckt.)

63. epd Film 2, 1987, S. 25 f.

64. Kracauer: Von Caligari zu Hitler, S. 236. Kracauer folgert allerdings auch, »daß es der demokratischen Haltung, wie sie sich in diesem Film kund gab, an Lebenskraft gebrach.« (S. 237)

65. Daß übrigens Kinder noch nichts von Verhältnismäßigkeit der Mittel wissen und das mögliche Interesse der Polizei an ihren Dumme-Jungen-Streichen überschätzen, entschuldigt nicht, daß Hembus/Bandmann nicht zwischen berechtigter (»M«) und unberechtigter bzw. übertriebener (EMIL) Angst vor der Polizei unterscheiden können. Daß andererseits die Polizei in einer nachwilhelminischen, alles andere als demokratischen Gesellschaft sich unberechtigterweise für diese Streiche interessieren könnte, spürt man in Buch und Film auf unbehagliche Weise. Das ändert aber nichts an der Tatsache bzw. ist sogar ein weiterer Beleg dafür, daß die Konstellation hier genau umgekehrt ist wie in »M«. Es gereicht übrigens unter diesem Aspekt R.A. Stemmle zur Ehre, daß er sich bemüßigt fühlte, in seiner 1954-er Version des Stoffes die Motivation für Emils Angst vor der Polizei zu verstärken, die Berechtigung dieser Angst durch ein tatsächliches »Delikt« (Diebstahl, wenn auch aus edlen Gründen) zu unterstreichen.

66. Variety 27.2.1935.

67. Quinlan, David: British Sound Films. The Studio Years 1928-1959. London: Batsford, 1984, S. 63.

68. Auch das Erscheinungsdatum dieses Buches ist seit den Publikationen Enderles mit »1934« falsch tradiert.

69. Barthel: So war es wirklich, S. 137.

70. Lexikon des Internationalen Films. Das komplette Angebot in Kino und Fernsehen seit 1945. Reinbek bei Hamburg: Rowohlt Taschenbuch Verl., 1987. Bd. 2, S. 855. In der zweiten Auflage von 1995 urteilte man, vielleicht aufgrund der Wiederaufführung Ende 1988, differenzierter: »Unterhaltsame Neufassung des Kinderromans von Erich Kästner, die dessen erfrischende Abenteuerlichkeit durchaus einfängt; die erzählerischen Konventionen des Unterhaltungskinos der 50er Jahre wirken formal wie thematisch leicht glättend und vergröbernd. Faszinierend ist der Film vor allem durch die authentischen Bilder aus dem Berlin der 50er Jahre.«

71. Hembus/Bandmann: Klassiker des deutschen Tonfilms, S. 49.

72. Und die mir Dr. Eva Schubert dankenswerterweise übersetzt hat.

73. Einen Schritt in diese Richtung ist schon das deutsche Remake von 1954 gegangen, doch dort wird ein weiterer Bankeinbruch (nach dem von Grundeis vor Beginn der Handlung bereits verübten) nur geplant und Grundeis' Spießgesellen bleiben dezent im Hintergrund; er telefoniert lediglich mit ihnen.

74. Die bei den brasilianischen Straßenkindern noch weit mehr als bei uns üblichen »Kriegsnamen« - etwa dem »fliegenden Hirsch« der deutschen Fassung entsprechend - sind nur schwer ins Deutsche zu übertragen. Ich habe es - mit Hilfe von Dr. Eva Schubert - dennoch versucht, die portugiesische Bezeichnung aber beigegeben. Die Entsprechungen mit den Personen Kästners lassen sich mangels umfassenderer Informationen über den Film in einigen Fällen nur vermuten.

75. »Ich wollte meinen Film machen...«, S. 26.

76. Ich kann mich im folgenden weitgehend auf die ausgezeichnete Analyse von Albert Schwarzer und Bert Schmidt (s. Literaturverzeichnis) stützen.

77. »Ich wollte meinen Film machen ...«, S. 27.

78. Ebenda, S. 26.

79. Die Äußerungen des Regisseurs zu Sabine Eggerth und Peter Feldt ebenda, S. 28.

80. Laut einem Schreiben des NDR-Archivs an den Verfasser dieses Buches.

81. In einem Brief an den Verfasser dieses Buches.

82. Lutz-Kopp: »Nur wer Kind bleibt ...«, S. 71.

83. Dagegen spricht auf jeden Fall, daß man es angesichts statischer Ablichterei offenbar nirgends für nötig hielt, die Mitwirkung eines Kameramannes zu erwähnen.

84. Bemmann (Erich Kästner, S. 374) gibt an, daß Kästner dem Titel einer bayerischen Dialektfassung fürs Theater von EMIL UND DIE DETEKTIVE, die »Seppl und die Detektive« hätte heißen sollen, die Zustimmung verweigert habe, während er Dialektfassungen an sich toleriert habe.

85. In einem Interview mit der Münchner Abendzeitung vom 25./26.7.1998.

86. Mittlerweile hat allerdings Peter Zenk auch die Rechte zur Verfilmung dieses Buches für seine Lunaris Film erworben.

87. Das Impressum dieser Ausgabe besagt Stuttgart: Perthes, 1933. Dahinter steckt die Deutsche Verlagsanstalt. Kästner spricht zweimal (Mein liebes gutes Muttchen ..., S. 194 und 195 unter dem 8. und dem 11. Dezember 1933) davon, daß das Buch in Buchhandlungen »sogar im Schaufenster!« ausliege. Zu dieser Zeit liefen auch - letztendlich erfolglose - Bemühungen, ihn in die Reichsschrifttumskammer aufnehmen zu lassen, die Voraussetzung für jegliche Betätigung als Schriftsteller im Inland.

88. Nach Enderle (Erich Kästner in Selbstzeugnissen ..., S. 68 ff.) war der Sitz des Verlags Basel, sein Büro unterhielt Maschler aber in Wien, da er in der Schweiz keine Aufenthaltsgenehmigung hatte. Die Auslieferung erfolgte durch den befreundeten Kittls Verlag in Mährisch-Ostrau.

89. Kästner für Kinder. Bd. 2, S. 13.

90. Knut Hickethier zeigt in seiner ausgezeichneten Kritik in epd Film (1/89, S. 32 f.) anläßlich einer Wiederaufführung den nostalgischdokumentarischen Charakter auf, den der Hoffmann-Film heute hat.

91. Wenn allerdings Bäumler (Die aufgeräumte Wirklichkeit des Erich Kästner, S. 229) sich dadurch an Schulmädchen- und (wegen der Liebesgeschichte zwischen »Nichtraucher« und Schwester Beate, die es notabene schon in der Erstverfilmung gibt) an Schwestern-Reports, Sexfilm-Klamotten also!, erinnert fühlt, so ist man

versucht zu sagen, daß sie damit nur mangelndes Unterscheidungsvermögen beweist und eine gehässige Voreingenommenheit allem gegenüber, was mit Kästner zu tun hat, wie sie ihrem ganzen Buch zugrundeliegt.

92. Nach der noch durchaus ernstzunehmenden Verfilmung der »Lausbubengeschichten« von Ludwig Thoma (1964, Regie: Helmut Käutner), begann Seitz als Produzent und Drehbuchautor 1967 mit »Die Lümmel von der ersten Bank« eine durchweg klamottigen, Schülerstreiche verklärenden, oft die Grenzen zum Sadismus überschreitenden Filmen und landete damit einen der größten Kinoerfolge der sechziger Jahre. Andere Produzenten hängten sich an den Erfolg an. Seitz, der auch eine Vorliebe für ambitionierte Literaturverfilmungen hat und auf diesem Gebiet eine Reihe von Achtungserfolgen verbuchen kann, beutete im entfernteren Zusammenhang mit dieser nach dem ersten Film benannten Lümmelfilmserie des weiteren noch die immergrüne »Feuerzangenbowle« (1970 Helmut Käutners trauriger Abschied vom Kinofilm) und Karl Valentin (»Die Jugendstreiche des Knaben Karl«, 1977, nach Valentins Jugenderinnerungen; Regie: Franz Seitz) aus. Und auch fünf weitere an Thomas »Lausbubengeschichten« angelehnte Filme, wie die meisten Lümmelfilme unter der Regie von Werner Jacobs, unterscheiden sich kaum noch von diesen.

93. Luiselotte Enderle verwechselt offenbar Treatment und Drehbuch, wenn sie angibt, daß das Drehbuch vor dem Roman geschrieben worden sei (Erich Kästner in Selbstzeugnissen …, S. 95).

94. In einem Gespräch hat Luiselotte Enderle, die langjährige Lebensgefährtin Kästners, mir erzählt, daß Kästner auf die Idee mit den Zwillingen Luise und Lotte gekommen sei, weil sie ihm von ihren kindlichen Phantasien erzählt habe, in denen sie sich als Zwillingspaar Luise und Lotte Mitschüler und Lehrer verwirren sah.

95. In einem Zeitschriftenartikel (abgedruckt in »Deutscher Fimpreis 1951-1975«, S. 25-27) schildert Kästner den Prozeß, in dem sich sein Autorenverständnis von den Figuren an die realen Personen, die diese Figuren im Film schließlich spielten, angepaßt habe.

96. Z.B. in der Münchner »tz« vom 29.10.1987.

97. Magill's Survey of Cinema. Vol 3, S. 1297.

98. Monthly Film Bulletin Vol 28, 1961, No. 332; Saturday Review 27.5.1961; The New York Times 22.6.1961; Time 7.7.1961; gerdezu hymnisch: Variety 3.5.1961; etwas reservierter, aber insgesamt positiv: The New York Herald Tribune 22.6.1961. Und sehr positiv auch in der Rückschau Magill's Survey of Cinema. Vol. 3, S. 1296-298.

99. In allen amerikanischen Verfilmungen und Anlehnungen (einschließlich dem PARENT-TRAP-Plagiat »Eins und eins macht vier«, vgl. dazu das letzte Kapitel) ist die vom Vater in Betracht gezogene Kandidatin eine zickige Kuh, die auf die Urteilsfähigkeit des Vaters ein ziemlich schlechtes Licht wirft und nur als unglaubwürdiger Aufhänger für ein paar Klamauk-Szenen dient. Da wirken die sehr ernstzunehmenden Konkurrenten in den deutschen Filmen, die weltmännisch-elegante, wenn auch etwas berechnende Senta Wengraf und der unter umgekehrten Vorzeichen antretende, soigniert-verständnisvolle Hanns Zischler (die Wiederverheiratungspläne hat in CHARLIE & LOUISE die Mutter, aber auch April Hailer als kumpelhafte Möchtegern-Freundin des Vaters ist positiver gezeichnet) nicht nur darstellerisch, auch konzeptionell wesentlich überzeugender.

100. Dies jedenfalls versicherte mir zu meiner Beruhigung der Testamentsvollstrecker Kästners, der mir dankenswerterweise auch die Sichtung des Originals ermöglichte.

101. Z.B. H.G. Pflaum in der Süddeutschen Zeitung vom 19./20.2.1994; Horst Peter Koll im Filmdienst 47, 1994, Heft 4 und Knut Hickethier in epd Film 4/1994. Unter eher positiven Vorzeichen Ponkie in der Münchner Abendzeitung vom 18.2.1994 und Eva Maria Lenz in der Frankfurter Allgemeinen Zeitung vom 21.2.1994.

102. Bemmann: Erich Kästner, S. 381.

103. U.a. in Gesprächen mit dem Verfasser dieses Buches.

104. »Nur wer Kind bleibt …«, S. 131.

105. Kästner: Gesammelte Schriften für Erwachsene. Bd. 2, S. 52.

106. Ebenda, S. 53.

107. Ebenda, S. 193.

108. Nach freundlicher Auskunft des Kästnerschen Testamentsvollstreckers.

109. Filmdienst 33, 1980, Nr. 22445. Ich zitiere diese Kritik, weil ich beim Sehen des Films exakt denselben Eindruck hatte. Zum gleichen Thema Hans C. Blumenberg in der "ZEIT" (18.4.1980): »Manchmal bewegen sich seine [Gremms] Statisten-Scharen so zielbewußt ziellos durch das Bild, wie es eben nur Statisten können.« Doch macht Blumenberg auch eine sehr schöne positive Bemerkung: »Natürlich ist es auch eine Frage der (filmischen) Moral, wenn man, wie Gremm, einer Figur den Respekt erweist,

ihre vorsichtigen Bewegungen durch Räume mit unauffällig elegantem Kamera-Fahrten zu begleiten (und nicht mit schludrigen Zooms). Durch seine offensichtliche Liebe zum Kino drückt Gremm auch seine Liebe zu Fabian aus. Der wundert sich darüber, wie in Zeitungen mit Tatsachen umgegangen wird. Entsprechende Schlampereien läßt sich Gremm in seinem Metier nicht zuschulden kommen.«

110. Schneyder: Erich Kästner, S. 54. Schneyders Meinung, daß der FABIAN »eigentlich ein verkapptes Filmbuch« sei (S. 53), kann ich allerdings gerade auch aus diesem Grunde nicht teilen. Die sarkastische Allegorik dieses Romans entzieht sich jeder unmittelbaren, sozusagen wörtlichen Umsetzung in Filmbilder.

111. »Der Stil des Films soll der einer authentischen Reportage sein«, hat Gremm selbst einem Bericht über die Dreharbeiten von Kurt Habernoll in der Münchner Abendzeitung (22.8.1979) zufolge, gesagt.

112. Im sehr witzigen Vorwort zu dem Roman schreibt Kästner, wie er und sein Freund Robert in der Eisenbahn auf den Stoff gestoßen seien und ausgehandelt hätten, daß er, Kästner, einen Roman daraus mache und Robert ein Lustspiel. Man darf annehmen, daß Kästner die Geschichte von der Entstehung des »Zerbrochenen Krug« kannte, die Geschichte um den Wettbewerb von vier Freunden, die aus einer auf einem Stich dargestellten Szene ein Lustspiel (Kleist), eine Novelle (Heinrich Zschokke) und - ich weiß nicht mehr was noch für literarische Produkte herstellen wollten. Einmal mehr fällt auch Kästners ironisches Spiel mit dem eigenen Pseudonym auf. Sven Hanuschek glaubt übrigens, in seiner für Januar 1999 angekündigten Kästner-Biographie nachweisen zu können, daß Kästners Freund Werner Buhre das Pseudonym Robert Neuner nicht nur, um Kästner zu decken, als seines ausgegeben, sondern die Dramatisierung des Romans selbst verfaßt habe, was Görtz/Sarkowicz (Erich Kästner, S. 189) eher für unwahrscheinlich halten.

113. Kästner: Mein liebes gutes Muttchen …, S. 247. Auch Gustav Waldau nannte ihn Kästner zufolge »die Rolle seines Lebens« (ebenda, S. 198; Hervorhebung von Kästner).

114. Kästner: Mein liebes gutes Muttchen …, S. 201. Auch an die UFA hatte Kästner das Stück kurz vorher, in welcher Rolle auch immer, offenbar zu verkaufen versucht und zusammen mit seinem Freund Werner Buhre wohl sogar schon an einem Drehbuch gearbeitet, wie aus Andeutungen in Briefen an seine Mutter hervorgeht (ebenda, S. 197 f.).

115. Kästner: Mein liebes gutes Muttchen …, S. 207. Ob die Mutter über die wahre Identität Neuners informiert war oder ob Kästner ihr

diese zu ihrem Schutz verschwieg, ist aus den Quellen nicht ersichtlich.

116. In dem Teil des Kästner-Nachlasses, der beim Testamentsvollstrecker lagerte.

117. Bemmann: Erich Kästner, S. 276.

118. Görtz/Sarkowicz: Erich Kästner, S. 211.

119. Nicht, wie Görtz/Sarkowicz angeben, L' Oiseau rare.

120. In der Deutschen Kinemathek, Berlin.

121. Barthel: So war es wirklich, S. 223.

122. Svensk filmografi. Bd. 3, S. 281. Übersetzung von Bianka Seger.

123. Variety 19.1.1938.

124. Kästner: Gesammelte Schriften für Erwachsene. Bd. 3, S. 184.

125. Kästner: Mein liebes gutes Muttchen …, S. 248. Falsche Schreibung des Namens Ullrich bei Kästner. Kästner lieferte auch die Begründung für das Nicht-Antreten von Luise Ullrich. Nach Felix Moeller (Der Filmminister, S. 442) hatte Goebbels im April 1942 eine streng geheime Anweisung erlassen, Luise Ullrich für mindestens ein Jahr nicht mehr im Film einzusetzen. Ob ihre Schwangerschaft oder Goebbels' Verbot für ihre Ersetzung ausschlaggebend war, läßt sich nicht eindeutig sagen. Vermutlich verhinderte ihre durch die Schwangerschaft bedingte Absage, daß sie, von Eberhard Schmidt fest vorgesehen, durch eine höhere Charge ausgebootet worden wäre. Luise Ullrich selbst berichtet in ihren Memoiren (Komm auf die Schaukel, Luise. Percha: R.S. Schulz, 1973; hier zitiert nach der Ausgabe Frankfurt am Main: Fischer Taschenbuch Verl., 1975, S. 147-149) etwas melodramatisch von einem Besuch Kästners und Eberhard Schmidts in ihrem Haus, bei dem sie ihnen die Absage erteilte. Weitere Aufschlüsse liefert auch diese Erzählung nicht.

126. Etwa um die Entstehungszeit der SALZBURGER GESCHICHTEN begann der bundesdeutsche Film, die Welt für den deutschen Touristen zu entdecken. Hauptreiseziel auch für die Filmleute war zunächst Italien. Aber Salzburg und die Salzburger Festspiele haben ihren nicht unerheblichen Anteil, neben unserem Film etwa in »Ein Amerikaner in Salzburg« (1957), »Schlußakkord« (1960) oder »Bis daß das Geld Euch scheidet« (1960).

127. Für den Hinweis auf diesen Sachverhalt habe ich ebenfalls dem ehemaligen Testamentsvollstrecker Kästners zu danken. Sven

Hanuschek hat die Information mit dem Hinweis auf Keindorffs zu vermutende Mitautorschaft präzisiert, die sich zumindest im Falle von SEINE MAJESTÄT GUSTAV KRAUSE durch einen Brief Keindorffs an Kästner belegen läßt.

128. Géza von Cziffra: Ungelogen, S. 219 f. Etwas weniger dramatisch ausgeschmückt aber im Kern genauso erzählt Cziffra die Episode auch schon in »Im Wartesaal des Ruhms« (S. 77 f.), also drei Jahre früher. Leider kamen mir beide Bücher nicht rechtzeitig vor Cziffras Tod in die Hände, so daß ich ihn nicht über Einzelheiten befragen konnte.

129. Deutsches Literatur-Lexikon. Biographisch-bibliographisches Handbuch. Begr. von Wilhelm Kosch. 3. völlig überarb. Aufl. Bern; München: Francke. Bd. 5: »Filck-Fux«. 1978, Sp. 267.

130. Bemmann, die die bis zu den jüngsten Jubiläumsproduktionen ausführlichste Biographie Kästners geschrieben hat, führt sehr viele dieser Pseudonyme an; Foerster kennt auch sie nicht.

131. Kästner: Gesammelte Schriften für Erwachsene. Bd. 5, S. 85.

132. Cornelsen, Peter: Helmut Käutner. Seine Filme - sein Leben. München: Heyne, 1980, S. 42.

133. Kästner »spielt« in seinen Werken mit Autobiographischem, mit Erlebnissen, Eindrücken, Randerscheinungen aus seinem Alltag ebenso, wie er mit Bildungsgut spielt, letzteres wie gesehen zum Beispiel, indem er im MÜNCHHAUSEN ein ironisches Kaleidoskop aus den Klischees der europäischen Geschichte des 18. Jahrhunderts schafft. (Der Einsatz von Bildungsgut ist nicht immer so geglückt, wirkt oft, gerade in den Dialogen seiner Stücke, etwas bemüht.) Dieses, meist ironische, Montieren von Versatzstücken seiner eigenen Biographie wie seiner Bildungserlebnisse, das man durchaus nicht als »seine transfigurierte Autobiographie in 35 Bänden« (Hermann Kesten im Vorwort zu Kästner: Gesammelte Schriften. 1959. Bd. 1, S. 7) mißverstehen darf, mag manchmal einen Mangel an Imaginationsfähigkeit bei Kästner belegen, ist aber Quelle intellektuellen Vergnügens für Eingeweihte, ohne Kästners Werk für nicht Vorbelastete unzugänglich zu machen. Es ist aber selbstverständlich auch Quelle für manche Mißverständnisse, wo das ironische Spiel zu wörtlich genommen wird.

134. Kästner für Kinder. Bd. 1, S. 549 ff.

135. Tagebucheintrag vom 19.8.1942, zitiert nach Moeller: Der Filmminister, S. 278 f.

136. Brief von Siegfried Wischnewski an den Verfasser dieses Buches.

137. Alle Zitate nach Briefen aus dem Kästner-Nachlaß im Deutschen Literatur-Archiv Marbach, die mir Sven Hanuschek dankenswerterweise in Kopie zur Verfügung gestellt hat.

138. Kästner: Gesammelte Schriften für Erwachsene. Bd. 5, S. 151.

139. Ebenda, S. 117.

140. Ebenda, S. 85.

141. Ein Exemplar ist im Besitz der Deutschen Kinemathek, Berlin.

142. In der Rubrik »Theater« ist das Drehbuch auch in den »Gesammelten Schriften« (1959) abgedruckt.

143. Dieses Wort des Historikers Hermann Heimpel hat Walther Schmieding (Kunst oder Kasse. Der Ärger mit dem deutschen Film. Hamburg: Ruetten & Loening, 1961, S. 26 ff.) treffend auf den deutschen Film der fünfziger Jahre gemünzt.

144. Schneyder: Erich Kästner, S. 9 ff.

145. Ebenda, S. 16.

146. Kiesel: Erich Kästner, S. 22.

147. Ebenda, S. 19. Zu dieser Argumentation paßt natürlich auch sehr gut die im MÜNCHHAUSEN-Abschnitt geäußerte These von den Gegenwelten, die Kästner mit seinen Werken in der nationalsozialistischen Zeit geschaffen habe. Beim Satiriker der Zeit vor 1933 waren diese Gegenwelten noch latent. Als der Satiriker verstummen mußte, stellte er sie in den Vordergrund.

148. Beutler: Erich Kästner, S. 265.

149. Daß es in späteren Zeiten nicht einmal mehr die gab, daß Kinderfilm in der Bundesrepublik Deutschland so gut wie nicht mehr stattfand, steht auf einem anderen Blatt.

150. Eine Thematik, die Kästner ganz offensichtlich lag, vielleicht wußte er deshalb so genau um ihre Gefahren in puncto Plagiatsvorwürfe! Doppelgänger- und Rollentauschmotive ziehen sich durch sein gesamtes erzählerisches und dramatisches Werk, finden sich am ausgeprägtesten in EMIL UND DIE DREI ZWILLINGE, DREI MÄNNER IM SCHNEE, DIE VERSCHWUNDENE MINIATUR, DER KLEINE GRENZVERKEHR, VERWANDTE SIND AUCH MENSCHEN, DIE FRAU NACH MASS, DAS DOPPELTE LOTTCHEN, den Fragmenten DIE DOPPELGÄNGER und DER ZAUBERLEHRLING und last but not least in DIE SCHULE DER DIKTATOREN.

151. Kästner: Mein liebes gutes Muttchen …, S. 245. Bei Kästner ist allerdings, die eigene Potenz betonend, der Begriff »haben« hervorgehoben. Ein kleines Aperçu am Rande, ein Vorkommnis von 1935: »Am Donnerstag kommt einer aus München, wegen der Schneemänner [DREI MÄNNER IM SCHNEE, d. Verf.], Film, weil sie etwas Ähnliches drehen wollen. Ich kriege vielleicht eine kleine Abfindung, damit ich nicht muckse.« (Mein liebes gutes Muttchen …, S. 206).

152. Horst von Hartlieb (Handbuch des Film-, Fernseh- und Videorechts. 3. Aufl. München: Beck, 1991, S. 211) sieht urheberrechtliche Relevanz auch dann als gegeben, wenn Teile eines Werks, das sind »prägnante Figuren, Szenen, Dialoge oder Texte« in einem Filmwerk Verwendung finden. Wie weit künstliche Veränderung dieser Teile einer »freien Benutzung« (ebenda, S. 210, Musterbeispiel: die Parodie) entspricht oder vielmehr eine quasi Tarnung einer mißbräuchlichen Verwendung ist, wird dort nicht gesagt.

153. Kästner: Mein liebes gutes Muttchen …, S. 148.

154. Illustrierter Film-Kurier, Berlin. 13. Jahrgang 1931. Nr. 1700.

155. Kästner: Mein liebes gutes Muttchen …, S. 178.

156. Vermutlich Druckfehler; »Posse« reimt sich - auch in Analogie zu »Sprosse« in der nächsten Strophe - besser und ergibt mehr Sinn.

157. Es handelt sich, unter dem Titel des seinerzeit geplanten Films »Das verlorene Gesicht«, um eine Dokumentation der Filmexpedition nach Mayrhofen, die zwar wegen der gezeigten Einstellungen der heutigen Bewohner von Mayrhofen interessant ist, Kästner betreffend aber über dessen Tagebuch NOTABENE 45 hinaus nichts bringt.

Literaturverzeichnis

Allgemeine biographische oder literaturwissenschaftliche Literatur über Kästner wird hier nur in repräsentativer Auswahl angeführt. Ansonsten enthält das Literaturverzeichnis hauptsächlich solche filmhistorische Werke, in denen Nennenswertes über Kästner-Verfilmungen enthalten ist, ohne auch hier Vollständigkeit anstreben zu können. Beiträge zu einzelnen Filmen sind nur angeführt, wenn sie größeren Umfang haben; für Filmkritiken sei auf die bekannten Filmzeitschriften, hauptsächlich »Filmdienst«, »(Evangelischer) Filmbeobachter«, »epd Film« verwiesen.

Bäumler, Marianne: Die aufgeräumte Wirklichkeit des Erich Kästner. Köln: Prometh-Verl., 1984.

Barthel, Manfred: So war es wirklich. Der deutsche Nachkriegsfilm. München: Herbig, 1986.

Bauer, Alfred: Deutscher Spielfilm Almanach. Band 1: 1929-1950. Nachdruck. München: Winterberg, 1976. Band 2: 1946-1955. München: Winterberg, 1981.

Bemmann, Helga: Humor auf Taille. Erich Kästner - Leben und Werk. Berlin (Ost): Verl. d. Nation, 1983. Aktualisierte Neuausgabe unter dem Titel »Erich Kästner. Leben und Werk«. Frankfurt am Main; Berlin: Ullstein, 1994. Zitiert ist nach dieser Ausgabe.

Beutler, Kurt: Erich Kästner. Eine literaturpädagogische Untersuchung. Weinheim; Berlin: Beltz, 1967 (Marburger Pädagogische Studien. Neue Folge; 1).

Český hraný film II. 1930 bis 1945. Prag: Národní filmový archiv, 1998.

Courtade, Francis; Cadars, Pierre: Geschichte des Films im Dritten Reich. München: Hanser, 1975.

Cziffra, Géza von: Im Wartesaal des Ruhms. Bergisch Gladbach: Lübbe, 1985.

Cziffra, Géza von: Ungelogen. Erinnerungen an mein Jahrhundert. München; Berlin: Herbig, 1988.

Dann schon lieber Lebertran. Das Drehbuch von Erich Kästner und Emmerich Pressburger. In: Filmexil 2/1993. S. 31-49.

Deutscher Filmpreis 1951-1975. Ein dokumentarischer Rückblick. Hrsg.: Gerd Albrecht. Filmprotokolle: Karin Mahlberg. Wuppertal: Staats GmbH, 1975.

Drewniak, Boguslaw: Der deutsche Film 1938-1945. Ein Gesamtüberblick. Düsseldorf: Droste, 1987.

Enderle, Luiselotte: Erich Kästner in Selbstzeugnissen und Bilddokumenten. Reinbek bei Hamburg: Rowohlt-Taschenbuchverl., 1966 (Rowohlts Monographien; 120).

Erich Kästner. Werk und Wirkung. Hrsg.: Rudolf Wolff. Bonn: Bouvier, 1983 (Sammlung Profile; 1).

Filmkultur für junge Leute. Fünf Jahre Kinderkino »Sternschnuppe« Hildesheim. Redaktion: Helmut Kommer. Hildesheim: Lax, 1989.

Fischer, Robert; Hembus, Joe: Der Neue Deutsche Film. 1960-1980. München: Goldmann, 1981.

Görtz, Franz Josef; Sarkowicz, Hans: Erich Kästner. Eine Biographie. München; Zürich: Piper, 1998.

Das große Erich Kästner Buch. Hrsg. von Sylvia List. Mit einem Geleitwort von Hermann Kesten. München; Zürich: Piper, 1975. Neuausgabe als: Das Erich Kästner Lesebuch. München: Deutscher Taschenbuch Verl., 1999.

Hätten wir das Kino! Forderungen und Vorschläge der Jungen für den deutschen Film. In: Die Neue Bücherschau 7, 1929. S. 89-92, 152-154, 216-219. Darin: Stellungnahme Erich Kästners S. 218.

Hanuschek, Sven: Keiner blickt dir hinter das Gesicht. Das Leben Erich Kästners. München: Hanser, 1999.

Happe, Heinrich: Die Konferenz der Tiere. Ein Film von Curt Linda nach dem satirischen Roman von Erich Kästner. Begleitheft [zum Atlas-Medienpaket]. Duisburg: Atlas Film + AV, 1983.

Hembus, Joe; Bandmann, Christa: Klassiker des deutschen Tonfilms. 1930-1960. München: Goldmann, 1980.

Hippler, Fritz: Die Verstrickung. Einstellungen und Rückblenden von Fritz Hippler ehem. Reichsfilmintendant unter Josef Goebbels. 2., rev. u. erw. Aufl. Düsseldorf: Verl. Mehr Wissen, o.J. [1982].

»Ich wollte meinen Film machen und das Geld war eben da«. Interview mit Thomas Engel, Regisseur des Films PÜNKTCHEN UND ANTON (Österreich/BRD 1953). Von Theda Kluth und Ulrike Filgers. In:

Kinder- und Jugendfilm-Korrespondenz 22, 1985. S. 25-29.

Kästner, Erich: Gemischte Gefühle. Literarische Publizistik aus der »Neuen Leipziger Zeitung« 1923-1933. Hrsg.: Alfred Klein. Zürich: Atrium-Verl., 1990.

Kästner, Erich: Gesammelte Schriften. 7 Bde. Zürich; Berlin; Köln: Atrium-Verl., 1959.

Kästner, Erich: Gesammelte Schriften für Erwachsene. 8 Bde. München; Zürich: Droemer Knaur, 1969.

Kästner, Erich: Kästner für Kinder. 2 Bde. Zürich: Atrium-Verl., 1985.

Kästner, Erich: Mein liebes gutes Muttchen, Du! Dein oller Junge. Briefe und Postkarten aus 30 Jahren. Ausgewählt und eingeleitet von Luiselotte Enderle. Hamburg: Knaus, 1981.

Kästner, Erich: Münchhausen. Ein Drehbuch. Frankfurt am Main; Hamburg: Fischer Taschenbuchverl., 1960.

Kiesel, Helmuth: Erich Kästner. München: Beck, 1981 (Autorenbücher; 26).

Klaus, Ulrich J.: Deutsche Tonfilme. Lexikon der abendfüllenden deutschsprachigen Spielfilme (1929-1945). Bisher 9 Bde. Berlin: Klaus, 1988 ff.

Knorr, Günther: Deutsche Kurz-Spielfilme 1929-1940. Eine Rekonstruktion. Ulm 1977.

Koschnitzki, Rüdiger: Filmographie Kurt Hoffmann. Wiesbaden: Deutsches Institut für Filmkunde, 1980.

Kracauer, Siegfried: Von Caligari zu Hitler. Eine psychologische Geschichte des deutschen Films. Frankfurt am Main: Suhrkamp, 1984.

Lämmerzahl-Bensel, Uta: Erich Kästner. Eine Personalbibliographie. Gießen: Dux-Verl., 1988.

Lutz-Kopp, Elisabeth: »Nur wer Kind bleibt …« Erich Kästner-Verfilmungen. Frankfurt am Main: Bundesverband Jugend und Film, 1993.

Magill's Survey of Cinema. English Language Films. First Series. Volume 3. Ed. by Frank N. Magill. Englewood Cliffs, N.J.: Salem Press, 1980.

Mank, Dieter: Erich Kästner im nationalsozialistischen Deutschland. Frankfurt am Main u.a.: Peter Lang, 1981.

Materialien zu vier Kinderfilmen von Erich Kästner. Zusammenstellung und ergänzende Texte: Albert Schwarzer. Duisburg: Atlas Film + AV, 1993.

Messias, Hans: Kinderfilme - nicht nur für Kinder. Erich-Kästner-Verfilmungen auf Video. In: Film-Dienst 9/1989. S. 255-258.

Moeller, Felix: Der Filmminister. Goebbels und der Film im Dritten Reich. Berlin: Henschel, 1998.

Münchhausen. Hrsg.: Rainer Rother. Berlin: Deutsches Historisches Museum, 1992 (Ufa-Magazin; 19).

Ophüls, Max: Spiel im Dasein. Eine Rückblende. 2. Aufl. Dillingen: Queißer, o.J. [1981].

Riess, Curt: Das gab's nur einmal. 5 Bde. Durchges., erw. Ausg. Wien; München: Molden, 1977.

Schneyder, Werner: Erich Kästner. Ein brauchbarer Autor. München: Kindler, 1982.

Schöning, Jörg: Erich Kästner - Autor. In: Cinegraph. Lexikon zum deutschsprachigen Film. Hrsg. von Hans-Michael Bock. Loseblattausgabe. München: Ed. Text und Kritik, 1984 ff.

Schwarzer, Albert; Schmidt, Bert: Ein Stockfabrikant stellt Strümpfe her. Pünktchen und Anton - Ein klassisches Beispiel für eine Literaturverfilmung. In: Drehbuchwerkstatt Kinder-Spielfilm. Vom 13.-16.3.1985 beim Kinder- und Jugendfilmzentrum. Dokumentation. Bearbeitet und zusammengestellt von Theda Kluth und Renate Zylla. München 1985 (Kinder- und Jugendfilm-Korrespondenz. Sonderdruck).

Schweizer, Werner R.: Münchhausen und Münchhausiaden. Werden und Schicksale einer deutsch-englischen Burleske. Bern; München: Francke, 1969.

Sigl, Klaus; Schneider, Werner; Tornow, Ingo: Jede Menge Kohle? Kunst und Kommerz auf dem deutschen Filmmarkt der Nachkriegszeit. Filmpreise und Kassenerfolge 1949-1985. München: Filmland Presse, 1986.

Stawinski, Michael: Erich Kästner im Transformationsprozeß der Literaturverfilmung. Magisterarbeit (masch.) Düsseldorf 1992.

Svensk filmografi. Hrsg. von Lars Ahlander. Bd. 3: 1930-1939. Stockholm: Svenska Filminstitutet, 1979.

Tornow, Ingo: Curt Linda, Animationsfilmer. In: BAG-Filmmaterialien. Regisseur- und Schauspielerbiographien; 520. 1988. S. 169-182.

Tornow, Ingo: München im Film. München: Filmland Presse, 1995.

Tornow, Ingo: Piroschka und Wunderkinder oder Von der Vereinbarkeit von Idylle und Satire. Der Regisseur Kurt Hoffmann. München: Filmland Presse, 1990.

Zentrale Filmographie Politische Bildung. Hrsg. vom Institut Jugend Film Fernsehen, München im Auftrag der Bundeszentrale für politische Bildung. Bisher 7 Bde. Opladen: Leske + Budrich, 1981-1993.

Zonneveld, Johan: Erich Kästner als Rezensent 1923-1933. Frankfurt am Main u.a.: Peter Lang, 1991 (Europäische Hochschulschriften. Reihe I: Deutsche Sprache und Literatur; 1256).

Namen- und Titelregister

Die literarischen Werke Kästners sind im Register durch GROSSDRUCK, Filme nach Kästnerschen Vorlagen oder Drehbüchern oder mit sonstiger Beteiligung Kästners durch *Kursivdruck*, mehrere gleichlautende Filmtitel durch Beifügung des Entstehungsjahres gekennzeichnet. Von Übersetzungs- oder deutschen Verleihtiteln wird immer dann verwiesen, wenn sie anders lauten, als Kästnersche Vorlagen. Bestimmte und unbestimmte Artikel sind in der Ordnung übergangen, Zahlen ordnen wie die entsprechenden Zahlwörter. Personen sind nur aufgeführt, wenn sie im Text erwähnt oder auf einer der Abbildungen zu sehen sind, nicht, wenn sie nur in den filmographischen Angaben am Schluß der Kapitel stehen.

154

Bildquellennachweis

Cinemateca de Museu do Arte Moderna, Rio de Janeiro 37
Linda-Film, München 15 unten, 71, 72, 73, 74, 124
©BAVARIA Filmverleih und Produktion GmbH
LUNARIS Film- und Fernsehproduktion Peter Zenk
47, 49, 60 rechts, 64 rechts, 65 rechts, 67
Erich Kästner Archiv
(Nachlaß Luiselotte Enderle) RA Peter Beisler, München
6, 14, 15, 123, 124
J.K. Plaas, Augsburg 58
Sandrew-Film, Stockholm 85, 86
Ullstein Bilderdienst 16, 17, 134
Regina Ziegler Filmproduktion 77, 78, 79, 80
alle anderen: Archiv des Autors

Trotz Bemühungen konnten nicht alle Rechteinhaber ermittelt
bzw. erreicht werden. Der Verlag verpflichtet sich, rechtmäßige Ansprüche
jederzeit in angemessener Form abzugelten.

Danksagung

Für unschätzbare Hilfestellung, für die Erlaubnis, den seinerzeit zugänglichen Teil des Kästner-Nachlasses einzusehen und die Songtexte Kästners aus DIE KOFFER DES HERRN O.F. abzudrucken, sowie für die große Geduld einem Autor gegenüber, der fast täglich neue Fragen und Anliegen hatte, danke ich besonders herzlich Herrn Dr. Ulrich Constantin, bis Ende 1997 Testamentsvollstrecker Erich Kästners. Dankenswerterweise hat auch der neue Rechtsvertreter des Kästner-Erben, Peter Beisler, das Entstehen dieses Buches mit großem Wohlwollen begleitet.

Für Rat und Unterstützung danke ich ferner: Jörgen Burberg (Svenska Institutet), Yoshiko Czech, Sandra Figini (Schweizer Fernsehen DRS), Dr. Sven Hanuschek, Stefanie Knorr, Udo Langhoff, Curt Linda, Caroline Link, Cosme Alves Netto (Cinemateca do Museu de Arte Moderna, Rio de Janeiro), Dr. Werner Schneider, Peter Schöbach, Dr. Eva Schubert, Peter B. Schumann, Bianka Seger, Siegfried Wischnewski, Mária Zahora, Peter Zenk (Lunaris-Film), Ernst Zimmermann, Dr. Johan Zonneveld. Zu danken habe ich auch Maria Schedl-Jokl, Brigitte Kröplin und Stephan Schöll für die gute Betreuung im Deutschen Taschenbuch Verlag und vor allem meiner Frau Heidi Horny-Tornow für Geduld, Zuspruch und viele kleine und große Handreichungen, nicht zuletzt für unermüdliches Korrekturlesen.

Erich Kästner im dtv

»Erich Kästner ist ein Humorist in Versen, ein gereimter
Satiriker, ein spiegelnder, figurenreicher, mit allen
Dimensionen spielender Ironiker ... ein Schelm und
Schalk voller Melancholien.«
Hermann Kesten

**Doktor Erich Kästners
Lyrische Hausapotheke**
dtv 11001

**Bei Durchsicht meiner
Bücher**
Gedichte · dtv 11002

Herz auf Taille
Gedichte · dtv 11003

Lärm im Spiegel
Gedichte · dtv 11004

Ein Mann gibt Auskunft
dtv 11005

Fabian
Die Geschichte eines
Moralisten
dtv 11006

Gesang zwischen den Stühlen
Gedichte · dtv 11007

Drei Männer im Schnee
dtv 11008

**Die verschwundene
Miniatur**
dtv 11009 und
dtv großdruck 25034

Der kleine Grenzverkehr
dtv 11010

Die kleine Freiheit
Chansons und Prosa
1949 – 1952
dtv 11012

Kurz und bündig
Epigramme
dtv 11013

Die 13 Monate
Gedichte · dtv 11014

**Die Schule der
Diktatoren**
Eine Komödie
dtv 11015

Notabene 45
Ein Tagebuch
dtv 11016

Ingo Tornow
**Erich Kästner und
der Film**
dtv 12611

Das Erich Kästner Lesebuch.
Hrsg. von Sylvia List
dtv 12618